शुभवर्तमान

शुभवर्तमान

भारत सासणे

हिन्दी अनुवाद

दामोदर खड़से

वाणी प्रकाशन

वाणी प्रकाशन
4695, 21-ए, दरियागंज, नयी दिल्ली 110 002
शाखा
अशोक राजपथ, पटना 800 004
फ़ोन: +91 11 23273167 फ़ैक्स: +91 11 23275710
www.vaniprakashan.in
vaniprakashan@gmail.com

SUBHVARTMAAN
by Bharat Sasne
Translated by Damodar Khadse

ISBN : 978-93-5000-282-7
Collection of Short Stories

आवृत्ति 2013
मूल्य : ₹ 350

न्यू कृष्णा ऑफ़सेट, दिल्ली-110 093 में मुद्रित

वाणी प्रकाशन का लोगो मक़बूल फ़िदा हुसेन की कूची से

दो शब्द

'शुभवर्तमान' नया कहानी संग्रह पाठकों को सौंपते हुए मुझे बहुत खुशी हो रही है।

अथक साधना के बाद लेखक अपनी शैली सिद्ध करता है और सिद्धता से सृजन करता रहता है। परन्तु, कभी-कभी पुनरावृत्ति के कारण या आत्मानुकरण के कारण लेखक चक्रवात में फँस सकता है। सजग रहकर ऐसे चक्रवात की शुरुआत नकारना लेखक के लिए चुनौती होती है। कठिन आंतरिक लड़ाई के बाद, (चक्रवात में घिरने से) कुछ लेखक लिखना ही बंद कर देते हैं, तो कुछ लेखक होशियारी से 'वही-वही' लिखते रहते हैं। एक तीसरा और रचनात्मकता के क्षेत्र का साहसी मार्ग है, सतत प्रयोगशील रहकर अभिव्यक्ति की नई राहों, नई सम्भावनाओं की तलाश करना। मैं इस तीसरे मार्ग से गया हूँ। शिल्प को अंकित करना लेखक के लिए चुनौती होता है, परन्तु स्वयं को शैली के हवाले न कर सतत नवीनता की तलाश करते रहना लेखक की रोमहर्षक उपलब्धि होती है। इस कारण कुछ शैली के प्रयोग मैं करता रहा हूँ। ऐसे प्रयोग तयशुदा नहीं हो पाते। वे आशय की आत्मा से अपने आप खिल उठते हैं। इसलिए मुझे लगता है, ऐसे आरोप कृत्रिमता के आरोप से मुक्त होते हैं। ऐसी ही कुछ विविध शैलियों और विविध शैली प्रयोगों की ये कुछ कहानियाँ हैं। कहानी बयान करते समय स्वाभाविक प्रवाह में नाट्यांश का उपयोग करना या 'रिपोर्ताज' पद्धति का उपयोग करना या श्रुतिका के माध्यम से कहानी का खिलते चला जाना, ऐसे ये कुछ सहज उभरे प्रयोग हैं। ऐसी अलग शैलियों में कहानी लिखते समय मुझे स्वतः आनंद की अनुभूति हुई और इसकी रचना में मैं खो गया। 'ठकी के विवाह का नाटक' या 'नाटक' कहानियों की ओर इस दृष्टि से देखा जा सकता है। मुझे विश्वास है कि ये कहानियाँ पाठकों को पसंद आएँगी।

—भारत सासणे

अनुक्रम

ठकी के विवाह का नाटक

मोहनीश 'वुडकार्विंग' कर रहा है। एकाग्र होकर। खिड़की से बाहर बारिश उतर रही है, हल्की-हल्की, बिना आवाज के, निर्विघ्न। खिड़की से सट कर बेल चढ़ी है। बड़ा-सा पत्ता, सूचीपर्णी। उस पर से एक-एक बूँद नीचे ढुलक रही है। बाकी सब स्तब्ध, शांत। कुछ-कुछ मोहनीश के औजारों की आवाज। 'वुडकार्विंग' धीरे-धीरे आगे बढ़ रही है।

बाहर आवाज का एक अपवाद है, कठफोड़वा पक्षी 'टोक...टोक...' की आवाज से ठूँठ में छेद करने की कोशिश कर रहा था। दोनों वुडकार्विंग कर रहे हैं। दोनों उसी समय सोच-विचार कर रहे हैं–दोनों बढ़ई।

आदिवासी कला की तरह एक आड़ी पट्टी। उस पर कुछ मिनिएचर्स। मोर। फूलों की लड़ी। खास यानी एक लड़की–आदिवासी लड़की। अब वह उभरने लगी है। उसका चेहरा, उसकी आँखें, माथा और उसके 'विवाह का मुकुट'। सेहरा भी। यह आदिवासी लड़की विवाह के लिए तैयार है। उसका बाकी शरीर अभी दृष्टिगोचर होना बाकी है। मोहनीश कार्विंग कर रहा है। स्तब्ध है वातावरण। धीमे-धीमे, बिना आवाज के बारिश हो रही है।

इसका कोई तो नाम रखना चाहिए। अन्यथा उसे व्यक्तित्व मिलेगा कैसे? वह मुस्कुरा रही है। मुस्काना शर्मीला है। यह विवाह के लिए तैयार है। क्या हो इसका नाम? ठकी?–हाँ, ठकी ही। और हाथ और पैर और शरीर। इसे अभी कुछ समय और लगेगा। धीरे-धीरे प्रकट हो रही है, ठकी। और शरीर से परे का मन? प्राण? उसे भी साकार करना होगा। मोहनीश कार्विंग कर रहा है। विचार भी कर रहा है।

इस ठूँठ पर फिलहाल छोटा-सा छेद काफी है–कठफोड़वा कह रहा है, अपने आपसे। धीरे-धीरे भीतरी गूदा खोदना पड़ेगा, भीतर जाने लायक। अर्थात् पक्षी के भीतर जाने लायक। बाद में तो मुँह बंद ही करना होता है। पर वह बाद में। पहले यह काम। भीतरी हिस्सा पोला करने का काम। इस काम के लिए एकाग्रता आवश्यक है। आवाज का व्यवधान न हो। कोई तो बढ़ईगीरी कर रहा है। वह आवाज स्पष्ट-सी आ रही है। पर उसका इतना व्यवधान नहीं है। टोक...टोक...।

मोहनीश सुनता है और कुछ बिगड़ता है। साथ के कमरे में गौरी आयी लगता है, बाहर से। वह बारिश के बारे में किसी से शिकायत करती है। रेनकोट उतार देने की आवाज। 'मैं आती हूँ अब'—वह कहती है। फिर, वाशबेसिन की आवाज। गौरी चेहरे पर रुक-रुक कर पानी डाल रही है शायद। स्प्लॅश, स्प्लॅश, स्प्लॅश। 'उसे हमसे शायद कुछ बात करनी है।' उसकी माँ कहती है। माँ अर्थात ममा। 'तुम्हें कैसे मालूम?' उसके पिता-बाबासाहब पूछते हैं। ''वह कल ही कह रही थी,'' ममा कहती है। वाशेबेसिन का नल अब बंद हो चुका है। मोहनीश सुनता है। खिड़की पर बारिश का झीना परदा। सूचीपर्णी पत्ता धीमी गति से हिलता है, बिना आवाज के। परन्तु, अब बूँदों की लड़ियाँ हैं। दूर कहीं टोक...टोक...टोक...।

गौरी अब लगता है सोफा में बैठ रही है। हमेशा ही वह ऐसी ही बैठती है, धप्प से। मतलब अब सभी पड़ोस के कमरे में बैठ गये हैं—आमने-सामने। बाबा साहब धार्मिक नहीं हैं, परन्तु वे—'श्रीराम-श्रीराम' कहते रहते हैं। उनका यह कहना 'ओ गॉड...ओ गॉड' जैसा लगता है। काँच के गिलास की टकराहट से उठी टिन...टिन की आवाज। गिलास में कुछ उँड़ेलने की आवाज। बारिश बरस रही है। 'कितनी बारिश हो रही है।' ममा कहती है।

यह फूल अब खिलने लगा है, लकड़ी का। मोगरे का फूल है। बस्तर में देखा था। परन्तु वहाँ उसे कुछ और ही कहते हैं। यह ट्रेडिशनल त्रिकोण। ठकी के हाथ में ऐसे ही फूलों का हार चाहिए। वह विवाह के लिए पूरी तरह तैयार है न। भौंहें बच गयी हैं कुछ। पंचतंत्र की कथा है बढ़ई की रू वह काष्ठ-मूर्ति बनाता है। अलंकृत करता है, पर प्राण नहीं फूँक पाता। यहाँ प्राण फूँकना है। फूलों की गंध भी आ रही है अब, मोगरे की गंध। बारिश उतर रही है और वहाँ दूर...टोक...टोक...

छेद, छोटा-सा बन गया है, परन्तु उसे बढ़ाया जा सकता है। परिश्रम करना पड़ना है। परन्तु, यह करना ही पड़ता है। वह भीतर जाएगी बाद में, इस छेद से-इस घर में। बारिश उतर रही है—धीमे-धीमे पंखों पर भी। एकाग्रता लगती है, पर दूर कोई लकड़ी फोड़ रहा है—ठक...ठक...

गौरी को कुछ तो कहना है। वैसे वह कल भी कह रही थी। मोहनीश ने वह सुन लिया कल ही। आज, अब भी उसे कहना है। 'उसके मित्र नहीं आए आज?' बाबासाहब पूछते हैं। ममा कहती है, 'आएँगे...बारिश कितनी है।' 'पर, नाटक खेलना है, तुम लोगों को। रिहर्सल समय पर ही करनी चाहिए।' बाबासाहब कहते हैं। गौरी तौलिया झटक रही है शायद। अर्थात् वह अब तक सिर और चेहरा और बाल पोंछ रही होगी। फिर काँच के गिलास की टिन-टिन।

ठकी मुस्काती है। उसे विवाह करना है। वैसे उसने हामी भरी है। इसलिए वह खड़ी है अब, हाथ में फूलों की माला लिये। गाल पर एक छोटी-सी बिंदी है। गाल में गड्ढा। आदिवासी ठकी के गाल में गड्ढा? हमारी अनुभूतियाँ नागरी हैं।

मोहनी...श कार्विंग कर रहा है। धीरे-धीरे। पत्ता, खिड़की में थरथराता है, निःशब्द। बूँद-बूँद की माला। अचानक आवाज आती है—सूक्ष्म, टप...टप...

"ममा, मुझे बात करनी है," गौरी कहती है। आवाज कुछ दबी हुई है। कुछ भर्रायी हुई या कुछ अस्पष्ट-सी। पर मोहनीश सुनता है। ममी शायद उस ओर की खिड़की बंद करती है, फटाक् से। बाबासाहब कहते हैं, 'खुली खिड़की से बारिश सही समझ में आती है।' ममा कुछ अप्रकट बोलकर उम्र की याद दिलाने-सी लगती है। इस बारे में बाबासाहब शिकायत करते हैं। ममा हँसती है। गौरी कहती है कि उसे कुछ कहना है। 'बोल ना...बोल...।' ममा कहती है।

उधर शांति है काफी समय से। लगता है गौरी को कुछ कहना है पर तपाक् से बोलने जैसा नहीं लगता। उधर ठकी को भी कुछ कहना है। धीरे-धीरे उसके प्राणों की कलियाँ थरथराएँगी। अँगुलियाँ थरथराएँगी। पलकें फड़फड़ाएँगी। होंठ थोड़े से विलग होंगे। वे लोग आदिवासी-हृदय को 'जुहू' कहते हैं, 'जुहू' अर्थात् कबूतर। वह फड़फड़ाएगा। अब ठकी विवाह के लिए तैयार होती है। कौन जीतेगा मन! कौन जीतेगा जुहू? जो मन जीतेगा वह ठकी को पाएगा। धीरे-धीरे, हौले-हाथों से मोहनीश कार्विंग कर रहा है। दूर कहीं टोक...टोक...टोक...

लकड़ी छीलने वाला आदमी लगता है रुक गया है अब। उसके औजारों की आवाज अब नहीं आती है। परन्तु पानी की एक बारीक-सी, सूक्ष्म धारा शरीर पर गिरती है, ऊपरी पत्तों से। पर ठीक है, इसके अलावा और कोई व्यवधान नहीं। यह तो एकाग्रता का काम। यह छेद—यह घोंसला केवल उसके लिए नहीं, उनके लिए है। वे दिखने वाले प्राणी, जो महान परम्परा के होंगे।

'बोलो न...' बाबासाहब कहते हैं। अब उनका गिलास खनकता नहीं। 'बोल री...' ममा कहती है। गौरी हुश्शश्-सी आवाज निकालती है। कोई तो पंखा चला रहा है। पड़ोस के कमरे का फैन ठीक नहीं है। वह आवाज करता है। यहाँ आवाज नहीं चाहिए आवाज। यहाँ प्रकटेगा कुछ और वह मौन से प्रकट होगा। स्तब्धता से साकार होगा। ठकी प्रकट होगी यहाँ। 'तभी तो कह रहा था, खिड़की बंद मत करो—अब गर्मी लग रही है।' मुझे कुछ कहना है, गौरी कहती है फिर धीरे से। 'बोल न बोल...' बाबासाहब कहते हैं। मोहनीश सुनता है। फूल खिलता है मोगरे का। ठकी के गाल का गड्ढा मुस्काता है। आदिवासी लड़की के गाल में भी गड्ढा हो सकता है। ममा भी गौरी के पास बैठी है शायद। सोफे से आवाज आती है। 'बोल तो...' ममा कहती है। मोहनीश सुनता है। वह कार्विंग करता है।

बारिश बरस रही है। बहुत बारिश है। परन्तु, आवाज नहीं है। ज्यों अपरिहार्य। गहरे बहुत मौन के संगीत की तरह। अविरत सुन्दर। ठकी की पुतलियाँ फड़फड़ाने लगीं। हाथ...उसके हाथ उकेरने बाकी हैं। 'जुहू कौन जीतेगा मेरा? जुहू' वह कहती है। 'कुछ कहना है न तुम्हें?' बाबासाहब पूछते हैं। 'कुछ विशेष बात है?'

ममा पूछती है। 'मुझे कुछ तो कहना है?' गौरी कहती है। वैसे तो आज उसके दोस्त न आएँ। वे तो पास के कमरे में खूब चिल्लाते हैं। नाटक की रिहर्सल करते हैं। आवाज नहीं चाहिए आवाज। उतरता है यही कुछ तो अज्ञात से! मोहनीश कार्विंग करता है। 'आज मेरा हाथ ओम ने माँग लिया।' गौरी कहती है 'आज? फिर तू कल क्या कहने वाली थी?' ममा पूछती है। 'कल सोम ने मेरा हाथ माँगा था।' बाबासाहब हँसते हैं। उनकी हँसी कोई मंजिलों वाली नहीं होती, पर वे हँसते हैं, चरणबद्ध। 'क्यों हँस रहे हैं?' ममा नाराज होती है। 'वे हमारा मजाक उड़ा रहे हैं।' बाबासाहब कहते हैं। गौरी उठ गयी है शायद। क्योंकि सोफा फिर बजता है। वह कहती है, 'मैं मजाक़ नहीं कर रही। आइ एम सीरियस' 'तो यह ओम और बाद में यह सोम कौन?' ममा ठीक कर सुधार देती है। गौरी की हामी। फिर काफी देर शांति। फिर पास की खिड़की कोई खोलता है। बारिश की सूक्ष्म आवाज। 'सोम स्मार्ट लड़का है। मुझसे सीनियर है। ग्रुप से ही है। उसके पिता जज हैं। ऊँचा, साँवला-गोरा, सुदृढ़ है, बाबासाहब स्पष्ट करते हैं।' 'मतलब तगड़ा, बॉडीबिल्डर नहीं है वह, पर स्वस्थ है। मूँछें रखता है।' 'और ओम?' ममा पूछती है। 'वह-यानी ओम, ऊँचा है, सांवला-गोरा है, स्मार्ट और सुदृढ़ है। उसके पिता भी जज हैं। और वह भी मूंछें रखता है। थोड़ा दुबला है।' 'थोड़ा दुबला है।' यह वर्णन ओम का है या सोम का? बाबासाहब पूछते हैं। 'यह वर्णन ओम का है, पहले सोम का था।' 'पर पहले सोम ना? बाद में ओम। फिर पहले सोम का वर्णन बताना था न?' पहले सोम का वर्णन किया, पर दोनों का वर्णन एक जैसा है। 'तो दोनों दिखने में भी एक जैसे ही हैं क्या?' 'हाँ बहुत कुछ। हैं तो अलग-अलग। तो पहले सोम ने कल और ओम ने आज पूछा कि शादी करोगी क्या?' यही कहना है गौरी को। कल से उसे कुछ कहना है। पर कल ही क्यों? सदियों से गौरी को कुछ कहना है। सारा कुछ गौरी ने कहा नहीं अभी। अनकहा अव्यक्त में चला जाता है। अव्यक्त में सम्भावना होती है। सम्भावनाओं में निर्माण होता है। आवाहन के रूप में कुछ नहीं पर अव्यक्त के इच्छानुरूप यहाँ कुछ अवतरित होता है रू ठकी और फूल और त्रिकोण और कबूतर? कबूतर?—ये कैसे बीच में आ टपका? मोहनीश वुडकार्विंग करता है...।

'ठकी ऽ, इसमें रोने जैसा क्या है?' ममा पूछती है। मोहनीश चौंकता है। 'हँ! इस काम में चौंकने से क्या होगा। यहाँ गलतियों के सुधार का 'चान्स' नहीं। थोड़ा भी हाथ थरथराया, थोड़ा औजार फिसला तो सब गलत। पर गौरी का तखल्लुस ठकी है?' ममा पूछती है गौरी को। गिलास का खनकना। बाबासाहब का 'श्रीराम-श्रीराम।' गौरी सोफा पर बैठ गयी फिर शायद। फिर 'धप्प'-सी आवाज। 'ठकी इसमें रोने जैसा क्या है?' 'मुझे ठकी मत कहिए!' 'वो ठीक है, पर रोने जैसा...।'

बारिश अब बढ़ गयी, मोहनीश कहता है, स्वयं से ही। काँच पर बूँदों की नक्काशी है। सूचीपर्णी के पत्तों में रिपिटेशन है शायद। पर वह पत्ता अब काँच पर

टकराता है। टक...टक...टक...धीरे-धीरे लकड़ी का आवरण दूर हो रहा है। भीतर पहले से रहा कुछ तो दिखाई दे रहा है, प्रकट हो रहा है। दूर पेड़ पर कहीं वह पक्षी आवाज कर रहा है—टोक...टोक...टोक परन्तु वह व्यवधान नहीं। उस आवाज में एक रिदम है। संगीत है। गौरी का दूसरा नाम ठकी है। यहाँ ठकी प्रकट हो रही है—धीरे-धीरे!

'सुन्दर लड़कियों को लड़के चाहते ही हैं। इसमें रोने जैसा क्या है?' ममा कहती है। बाबासाहब कहते हैं कि 'तुम्हें कुछ कहना था न?' ममा कहती है कि 'अजी उसने सब बता दिया।' मोहनीश सुनता है, काम करते-करते। 'परन्तु बोलने और कहने में कोई फर्क है कि नहीं?' बाबासाहब पूछते हैं। पंखा खट-खट करता है। 'बोल न, गौरी-ओम और सोम-बाबासाहब कहते हैं।' ममा कहती है, 'तुम्हारे मित्र आएँगे। फिर विषय पिछड़ जाएगा। उनके सामने बोलना तो सम्भव नहीं होगा। बोल, गौरी, बोल।'

यह कबूतर यहाँ कार्विंग में क्यों आता है बीच-बीच में? माना कि जुहू यानी हृदय यानी कबूतर। परन्तु यहाँ अचानक इस आदिवासी कला की ट्रेडिशनल वुडकार्विंग मिनिएचर में कबूतर कैसा? कौन जीतेगा जुहू? कौन जीतेगा हृदय? ठकी की मद्धिम मुस्कान खिल उठी। ठकी विवाह के लिए सिद्ध हो गयी है। मोहनीश वुडकार्विंग कर रहा है। बारिश उतर रही है।

पहले ओम या सोम? बाबासाहब पूछते हैं। 'पहले ओम। उसके बारे में बताया उसने। बाद में, सोम। अर्थात् आज। उसके बारे में भी उसने बताया। दोनों के पिता जज हैं।' ममा कहती है। 'एक ही?' बाबासाहब पूछते हैं। ममी डाँटती है, 'बेटी के सामने कैसे बोला जाए, मालूम नहीं।' कहती है। बाबासाहब सॉरी कहते हैं। गिलास खनकता है। पंखा घर्राता है। गौरी की नाक से 'सूं...सूं' की आवाज आती है। 'पहले रोना बंद कर।' ममा। मतलब हमें भी समझ में आएगा। फिर तू बोल। अर्थात् रोते हुए जो बताया जाता है, वह समझ में नहीं आता क्या? मोहनीश स्वयं से कहता है। दो कदम पीछे जाता है। गर्दन टेढ़ी कर देखता है। मोहनीश वुडकार्विंग करता है।

जनन-मरण की श्रेष्ठ परम्परा से यहाँ, इस छेद में नया-सा कुछ प्रकट होने वाला है। इसलिए यह अविरत काम। परन्तु, इसमें आनंद है—इसमें आनंद है। प्रकृति की जिम्मेदारी है। पर वह आदमी क्यों रुक गया है? नहीं, उसके औजारों की सूक्ष्म आवाज आज व्यवधान पैदा नहीं कर रही। उसमें रिदम है। संगीत है। निर्माण की लय है। उस धुन में यह काम हो जाएगा। रहने दे। बारिश रहने दे...।

'तुमने किसी के लिए हामी भरी है...' ममा पूछती है। 'नहीं अभी तक', गौरी कहती है। 'फिर समस्या क्या है? बाबासाहब पूछते हैं। ममा कहती है, 'यही तो समस्या है।' 'फिर तुमने क्या सोचा है?' बाबासाहब पूछते हैं। 'मैंने कुछ तय नहीं किया है।' 'तो तय कर ले न!' ममा नाराज होती है। कहती है कि 'ऐसा कैसे कहते

हैं? इतना आसान होता है क्या? किसी एक लड़के ने भी पूछा तो लड़की पर कितना टेंशन आ जाता है। यहाँ दो हैं। दोनों दिखने में एक जैसे। अच्छे हैं। फिर वह कैसे तय करे? है न री ठकी?' ऊपर की पट्टी पर के फूल अब खिलने लगे थे। अनावश्यक लकड़ी अब छीली जा चुकी, अपने आप अलग हो जाती हुई। ठकी के गाल और गला। उसके गले में माला? मंद मुस्कान तो कब की खिल चुकी। ठकी शादी के लिए तैयार हो रही है।

फिर एक कबूतर। एक महादेव होता है, एक पारबती। दोनों की शादी होती है। उनकी आदि-एकांत कथा में अग्नि या कोई कबूतर के रूप में जाता है। गवाक्ष में बैठता है। देखता है, सुनता है। महादेव पहचान लेता है, हँसता है। तन्मय-कथा भंग होती है। पारबती कबूतर को शाप देती है। फिर उःशाप। प्रत्येक आदिवासी लड़का महादेव, लड़की पारबती। शादी में कबूतर जरूर होता है। इसलिए आया होगा। यहाँ, ठकी के विवाह में। हृदय यानी जुहू। कबूतर यानी जुहू। कौन जीतेगा जुहू? कौन जीतेगा? मोहनीश वुडकार्विंग कर रहा है। एकाग्र होकर। धीरे-धीरे। बारिश उतर रही है। पत्तों के छोर पर बूँदों की माला। अब पानी टपक रहा है, दूसरे पत्तों पर। टप-टप-टप। यही एक सूक्ष्म आवाज। कबूतर अब थोड़ा-सा फड़फड़ाता है—थोड़ा-सा।

'गौरी, तू बोल। सुनिए जी।' ममा कहती है। मोहनीश भी कार्विंग करते-करते सुनता है। 'पहले सोम, फिर ओम। दोनों ने अलग-अलग पूछा कि क्या शादी करोगी? दोनों अलग-अलग जजों के बेटे हैं। एक की मूँछ बारीक है। दोनों सांवले-गोरे, ऊँचे, स्मार्ट हैं। मैंने किसी को भी हाँ नहीं कहा है।' गौरी बताती है। तरल पदार्थ डालने की आवाज और गिलास की खनक। बाबासाहब का बुदबुदाना कुछ तो। फिर वे पूछते भी हैं, 'समस्या क्या है?' ममा बताती है, 'यही तो समस्या है।' गौरी फिर उठकर सोफे पर बैठ गयी है 'शायद, 'धप्प'-सी आवाज़। 'कितनी बारिश है!' बाबासाहब कहते हैं। 'तुझे जो पसंद हो उसे हाँ कहना।' बाबासाहब आगे कहते हैं। ममा कहती है, 'यह इतना आसान नहीं ही होता। पर, गौरी इन दोनों में से तुम्हें कौन पसंद है?' चिढ़कर गौरी पता नहीं क्या कहती है। फिर कहती है, 'यह मैं तय नहीं कर पा रही हूँ कि मैं किसे चुनूँ?' बाबासाहब कहते हैं कि जो मन जीत ले उसी को हाँ कर। 'जो मन जीत ले ठकी।' गौरी धीरे-धीरे बोलती है। बारिश की आवाज में उसकी बात घुल गयी है और बारिश की आवाज उसकी आवाज में घुल गयी है। दूर-दूर तक स्तब्धता, आसपास बारिश। अपरिहार्य रूप में उतर रही बारिश। दूर कहीं वह पक्षी आवाज कर रहा है—टोक...टोक...टोक...मोहनीश वुडकार्विंग कर रहा है...।

'किसी ने दिल जीत लिया यह कैसे तय करना? कोई दिल नहीं जीत सका यह कैसे तय करना? दोनों ने तो पूछा ही है। दोनों तो ट्रेक्ट हो ही गये हैं। दोनों स्मार्ट हैं। दिल जीतना यानी क्या? हारना यानी क्या? ये क्या कोई सौदा है?' गौरी

कुछ चिढ़ते हुए कुछ गुस्से में बोल-पूछ रही है। 'वह हम अपने आप समझ लेते हैं।' ममा कहती है। वह यहाँ गौरी को कुछ पुचराती-सी कर रही होगी। क्योंकि यह उसकी आदत है। 'आपके ध्यान में आ रहा है क्या?' ममा पूछ रही है। बाबासाहब 'हुम्म' का स्वर निकालते हैं। गिलास की खनक। कहते हैं, 'बताओ'। 'पहले सोम, बाद में ओम। दोनों ने उसे शादी के लिए पूछा है। उसे कौन पसंद है यह वह तय नहीं कर पा रही है। किसे हाँ कहे यह उसने तय नहीं किया है। उसने किसी को हाँ नहीं कहा है। परन्तु दोनों अच्छे हैं। निर्णय करना है-उसे निर्णय करना है। यह समस्या है। कुछ समझ में आ रहा है?' 'हाँ' गिलास की खनक। ठकी के हाथ बन रहे हैं, वक्ष के पास के। उसमें फूलों की माला होगी। ठकी मुस्काती है। उसे कोई समस्या नहीं। वह स्थिर है। उसकी प्राण-कलियाँ थरथराती हैं। पलकें फड़फड़ाती हैं। कबूतर फड़फड़ाता है। जो दिल जीतेगा, उसे ठकी मिलेगी। ठकी प्रकट हो रही है, धीरे-धीरे...

गौरी की बात शायद पूरी हो गयी। अब बात आगे बढ़ी तो केवल चर्चा ही सम्भव है। वह फिर चेहरे पर पानी छिड़कती है।—स्प्लॅश-स्प्लॅश। 'चाय पिएँ क्या? कुछ ठंड भी है न?' ममा पूछती है। टॉवेल झटकने की आवाज। गौरी कहती है, उसे कब से चाय की इच्छा है। 'अब तू रो मत ठकी, हम विचार करेंगे।' ममा समझाती है। गौरी की हँसने की आवाज। कहती है, 'अब रोना बस, अब हँसूँगी मैं।'

...ऊपर से पानी की हल्की-सी धार गिर रही है, परन्तु इस छेद में पानी जाने का उपयोग नहीं है। उनकी खुसर-पुसर रुक गयी लगता है। वैसे भी उनकी बातों की आवाज तो थी ही। और वह आदमी रुक क्यों गया? उसकी आवाज नहीं आ रही लकड़ी छीलने की। वहाँ लगता है कोई समस्या है। वर्तमान में नहीं जी रहा है न वह, इसलिए। कठफोड़वा स्वयं से ही कह रहा है, वुडकार्विंग करते हुए...

मोहनीश कप-सॉसर की आवाज सुनता है। ठकी तैयार हो उठती है। ठकी अवतरित होती है। ठकी विवाह के लिए तैयार है। मोहनीश वुडकार्विंग कर रहा है।

'दोनों में से एक कैज्युअल है और एक इन्टेन्स है, ऐसा कुछ लगा क्या तुम्हें?' ममा पूछती है। 'नहीं, ऐसा कुछ नहीं लगा, उल्टे मैं घबरा ही गयी थी न—' गौरी कहती है। 'परन्तु, यह तुम्हारे सौंदर्य का सम्मान। इसमें घबराने जैसा क्या है?' ममा कहती है। 'वो तो ठीक है ममा, परन्तु, एकदम शादी की बात है न, इसलिए घबराहट हुई।' गौरी। 'पर तुझे तो निर्णय लेना चाहिए न?' ममा कहती है। 'यह आवश्यक है क्या ममा?' गौरी का बुदबुदाता स्वर। 'क्या मतलब?' ममा का पूछना। 'मतलब, उन्होंने पूछा इसलिए मेरा निर्णय लेना क्या जरूरी है? इज इट कम्पलसरी?' गौरी द्वारा ऐसा पूछे जाने पर चुप्पी। फिर ममा कहती है, 'तू पहले चाय ले ले। तेरे दोस्त आ जाएँगे। फिर तुम्हारा चीखना-चिल्लाना चलता रहता है, 'तू अब कम्प्लसरी और नान् कम्पलसरी जैसे मुश्किल गणित की ओर बढ़ रही है। तू सिर्फ निर्णय ले। तुम्हारे बाबा कहते हैं वही सही है, जो दिल जीतेगा उसे ही हाँ कहो।'

पारबती कहती है, 'शंकरदेवा ऽ...मैं विवाह के लिए खड़ी हूँ। यह जुहू भी यहाँ आ गया है। (वह अग्नि ही है मूल रूप से)। आप आइए। मेरा हृदय उत्सुक है।' 'प्रत्येक आदिवासी लड़का महादेव, प्रत्येक आदिवासी लड़की पारबती...यह गीत ही है बस्तर में,' मोहनीश कहता है। महीन नोक का औजार हल्के-हल्के कबूतर के चारों ओर घूमता है। ठक-ठक। माया का आवरण अलग होता है। प्रकट वही होता है, जो पहले से अंदर स्थित होता है। 'जुहू' का अस्तित्व कब मालूम होगा? वह फड़फड़ाएगा तब यह भी गाना ही है अर्थात् लोकगीत। और गौरी कहती है कि 'दिल जीत लिया यह कैसे जानें?' मतलब समझने वाला और, समझाने वाला और, ऐसा कुछ होता है क्या? ठकी, इसके ठीक विपरीत, यहाँ मुस्काती है, उसे विश्वास है।

गौरी उठकर चली गयी शायद। वह समझदार लड़की होने के कारण कप सॉसर भी धोकर रखती है। वह गुनगुना रही है, पर वह भीतर से खुश होगी, ऐसा नहीं है। वह सीने का बोझ हल्का कर रही है। बाबासाहब कहते हैं, 'अब?' ममा कहती है, 'अब क्या?' 'रुकिए कुछ। वह विचार करेगी, लेगी कुछ निर्णय।' मोहनीश सुनता है। बाबासाहब का कुछ बुदबुदाना। वे अक्सर कहते हैं, 'तुम लोगों का कम्पलसरी और नॉनकम्पलसरी क्या चल रहा था?' 'जाने दे—ममा, कहती है। 'तो अब सम्भावना क्या है?' बाबासाहब पूछते हैं। 'सम्भावनाएँ दो हैं' ममा कहती है। कहती है कि 'एक तो ओम के लिए हामी भरे या सोम को हाँ कहे। तब अगले मौसम में शादी करवा सकेंगे।' 'पर तीसरी सम्भावना भी है न?' बाबासाहब कहते हैं और गिलास की खनक। 'कौन-सी?' ममा पूछती है। 'वह दोनों को रिजेक्ट करेगी।' —बाबासाहब दबे स्वर में। पर ममा घबराती है, बहुत घबराती है। नहीं...नहीं, लड़की की यह उद्दंडता कैसी चलेगी?' वह कहती है। मोहनीश सुनता है, वुडकार्विंग करते हुए। बारिश हो रही है। खिड़की में पत्ते काँप रहे हैं। ठकी मुस्कुरा रही है। ठकी प्रकट हो रही है। बाबासाहब कह रहे हैं, क्या? 'क्या नहीं चलेगा?' 'उद्दंड-उद्दंड। अर्थात् गुस्ताख। लड़की से पूछने के बाद रिजेक्ट करने का सवाल ही कहाँ खड़ा होता है? आपके मित्रों की बेटियाँ घर में बैठी हैं, यहाँ लड़का खुद चलकर आया है। कृपया तीसरी सम्भावना उसके दिमाग में न ठूँसें।' बाबासाहब डिफेंस करते हैं! कहते हैं, 'मैं कहाँ दिमाग में कुछ डालता हूँ? मैंने यूँ ही कहा। जो दिल जीतेगा उसे हाँ कहना। यह मैंने उसे बताया।' मोहनीश सुनता है। बारिश जारी है। कबूतर-जुहू-पंख फड़फड़ाता है। मोहनीश वुडकार्विंग करता है। यहाँ प्राण फूँकने हैं, यहाँ—ठकी में....

खुसुरफुसुर रुक गयी शायद उनकी, कठफोड़वा कहता है। पर इधर समस्या कुछ और ही है। छेद छोटा है, उसे बड़ा बनाना है। चोंच में शक्ति नहीं। शरीर में शक्ति नहीं। शक्ति उसके पीछे की अन्तःप्रेरणा और विधाता के विधान में होती है। उसके अनुसार यहाँ घोंसला बनेगा, और यहाँ प्राण प्रतिष्ठा होगी। सम्भावनाओं का सवाल ही

नहीं उठता। कितनी स्तब्धता है। कहीं कोई खास व्यवधान नहीं। बारिश है—फैली हुई बारिश है। टोक...टोक...टोक...

साथ के कमरे में गौरी के मित्र आए हैं शायद? उनकी खुसुरफुसुर शुरू हो गयी है। अब शुरू होगा चीखना-चिल्लाना, संवाद याद करना, सुझाव, चर्चा आदि। यहाँ आवाज नहीं चाहिए। आवाज। यहाँ मौन से, स्तब्धता से उतरता है कुछ रहस्यमय। गौरी आयी है, उनके स्वागत के लिए, क्योंकि लड़कियाँ खुशी के मारे खिलखिला रही हैं। शायद एक-दूसरे का हाथ थामकर, ज्यों सदियों बाद मिली हों। उनमें एक लिली है। एक नीलिमा है। एक अलग नाम की—प्रावदा है। मोहनीश सुनता है, जान-बूझकर प्रयास न करते हुए। मोहनीश वुडकार्विंग करता है। यह मिनिएचर पैनल अब साफ दिखाई दे रहा है। और उसके नीचे ठकी है-ठकी। उसका सेहरा ज्यों हिल रहा है। होंठ हँस रहे हैं। पर केवल होंठ ही क्यों—आँखें भी।

'कितनी बारिश है!' एक लड़का शिकायत करता है। लड़कियाँ इस पर अपनी-अपनी समस्याएँ गिनाती हैं। एक साइकिल से आयी है—भीगती हुई। उसे चाय चाहिए। टॉवेल झटकने की आवाज। 'मुझे भीगना अच्छा लगता है।' एक लड़की मस्ती से कहती है। फिर कोई छींकता है। सब हँसते हैं। धप्प से कोई बैठ जाता है। यह सब इधर के साथ वाले कमरे में चल रहा है। ममा—बाबासाहब के कमरे में नहीं हैं। वहाँ से गिलास खनकने की आवाज आ ही रही है। इधर से भी अब आवाजें। पर ठीक है, काम तो करना ही चाहिए, एकाग्रता से। हाथ, ठकी के हाथ अब स्पष्ट हो रहे हैं। भीतर से, लकड़ी के भीतर से अब थरथराहट-सी लगती है। ठकी का निर्णय हो गया। पारबती का निर्णय हो गया। पर हाथ तो काँपेंगे ही न पुष्पमाला लिए हुए! लगता है यह स्पंदन हो रहा है। ठकी प्रकट हो रही है यहाँ। क्रमबद्ध ढंग से। धीरे-धीरे। समय लगेगा। रहने दे, आवाज रहने दे।

'देर हो गयी है पहले ही, हम कुछ करें क्या?' डाइरेक्टर लड़का पूछता है, कुछ चीखकर। वह तंग आ गया है, क्योंकि सब हँस रहे हैं और अलग-अलग बातें कर रहे हैं। परन्तु, फिर भी यह जो सार्वजनिक शांति और स्तब्धता है, वह भंग नहीं हो पाई। गौरी उसे 'शू ऽ' कहकर शायद डाँट रही है। अपना एक किराएदार वुडकार्वर होकर घंटों न बोलते हुए, आवाज न करते हुए काम करता रहता है, इसका उन्हें कुछ अहसास है।

मोहनीश सुनता है। नजर कार्विंग की ओर। अब फूल खिलेंगे अच्छे। कुछ मही ऽ न काम रह गया है। यह त्रिकोण। स्वर्ग-पृथ्वी-पाताल का। पारबती कहती है, 'महादेवा ऽ आप तीनों लोक के स्वामी।' वह लड़का कहता है, 'चलो, शुरू करेंगे।' वह डाइरेक्टर है। उसे अपना रोब-दाब चलाना चाहिए। लिली को चाय चाहिए। खिड़की का पत्ता फिर आड़ा-तिरछा हिलता रहता है। फिर बूँदों की माला बरसती है...टप...टप...टप...फिर आसपास बारिश उतर आयी है...निःशब्द, निर्ध्वनि।

मोहनीश वुडकार्विंग कर रहा है। एकाग्र होकर।

'ए ऽ' नाटक का नाम निश्चित हुआ क्या?' गौरी पूछती है। डाइरेक्टर लड़का घमंड से कहता है कि 'नाम निश्चित किया है, हुआ नहीं है। अर्थात् मैंने ही किया है और अच्छा बन गया है। नाम है : ''ठकी के विवाह का नाटक।'', इस पर गौरी 'ई ऽ ऽ' का उच्चारण करती है। 'तू ई ऽ ऽ मत करो। आगे सुनो।' 'पर यह नाटक का नाम है?' गौरी पूछती है। डाइरेक्टर उस नाम का, अकड़ के साथ उल्लेख करता है, ज्यों वह कोई अनाउंसमेंट कर रहा हो। थोड़ी हँसी, थोड़ी व्यस्तता, थोड़ी चर्चा और एकदम शांति। दीर्घ शांति। इधर बाबासाहब पंखे के बारे में शिकायत करते हैं कि कितनी आवाज करता है। यहाँ बारिश हो रही है, पर आवाज नहीं। दूर वह पक्षी टोक...टो़क...टोक।

'शुरू करें?' डाइरेक्टर लड़का पूछता है। हाँ तो कोई नहीं कहता, लेकिन सभी तैयार होंगे। 'थीम क्या है?' गौरी पूछती है। 'थीम मैंने बतायी है। इनफैक्ट और दो-तीन प्रसंग भी हमने बिठाए हैं।' डाइरेक्टर लड़का कुछ नाराज होकर कहता है। 'नहीं, वो बात नहीं। लेखक कुछ परिवर्तन करके देने वाले थे, इसलिए वह पूछ रही है।' लिली कहती है। उसकी आवाज जानी पहचानी है, कुछ भर्रायी-सी। वह जोर से हँसती है। प्रावदा की आवाज मेलोडियस है। 'ओ. के. देन। फिर बताता हूँ।' डाइरेक्टर लड़का कहता है। मोहनीश सुनता है। मोहनीश वुडकार्विंग करता है। एक नई घटना घटित होती है, एक भौंरे-सा उड़ने वाला कीड़ा आया है भीतर। वह 'गूँ...गँ' करता है। गोल-गोल घूमता है। पर ठीक है। उसका व्यवधान नहीं है। उसकी हलचल से, नृत्य से संगीत ही बाहर आता है। ठकी प्रकट होती है यहाँ, ठकी। वुडकार्विंग धीरे-धीरे आगे बढ़ता है।

'इसके नाटक में नाटक है।' डाइरेक्टर लड़का कहता है। 'कितना एक्साइटिंग है।' कोई तो कहता है। ममा इधर के कमरे में खाँसती है। 'नायिका नाटक में काम करती है—नायिका। नायिका अपनी ठकी। नाटक पौराणिक है।' 'पौराणिक?' गौरी पूछती है। 'हाँ। आगे सुन।' डाइरेक्टर लड़का कहता है। 'नाटक के नाटक में जो समस्या है, उसे नाटक के नाटक में ब्लंटली सुलझानी होती है।' 'ब्लंटली। मतलब?' प्रावदा। 'मतलब मोटे तौर पर। परन्तु यही समस्या जब रियल लाइफ में आती है तब उसके घर के लोग, रिश्तेदार, मित्र यही समस्या मोटे तौर पर सुलझाना चाहते हैं।' डाइरेक्टर बताता है। मोहनीश सुनता है। मोहनीश वुडकार्विंग करता है। मोहनीश ठकी को देखता है। मोहनीश ठकी को माध्यम बनाकर प्रकट करता है। परन्तु, वह भी सच नहीं है। ठकी ही प्रकट हो रही है, केवल निमित्त की सहायता से। पारबती कहे, 'मैं नदी हो गयी, बूँद की सहायता से, महादेवा। मैं फूल हो गयी झोंके की माया से। मैं राख हो गयी अग्नि के क्रोध से। अब प्रकट हो रही हूँ अनुराग से, महादेवा आपके बाण से मैं बिद्ध हूँ महादेवा।' ठकी विवाह के लिए सिद्ध है।

कबूतर की आँखें रह गईं आँखें। मोहनीश कहता है। मोहनीश सुनता है।

'क्यों, कैसे?' गौरी पूछती है। 'अर्थात् ऐसे कि वह उर्वशी है। उसके सामने मित्र विवाह का प्रस्ताव रखता है, फिर वरुण भी विवाह का प्रस्ताव रखता है।' गौरी जोर से 'ई ऽ ऽ' कहती है। डाइरेक्टर उस पर नाराज होता है। कहता है, 'तू ही नायिका है। ठीक से सुन। देअर इज नथिंग टू मेक ई ऽ ऽ, क्या?' लिली को चाय चाहिए। वह भीतर जाकर ममा के साथ खुसुर-फुसुर कर रही है। बाबासाहब 'श्रीराम-श्रीराम' जप रहे हैं। वे अब तक लगता है सोफा से उठे नहीं हैं। नाटक के नाटक में उर्वशी को सारी सलाहें देते हैं, तो तू उसे हाँ कह दे। डाइरेक्टर कह रहा है। 'फिर आगे?'–प्रावदा या नीलिमा। 'रियल लाइफ में ऐसा ही प्रसंग, ऐसे में घरवाले यही कहते हैं। तब ठकी कहती है कि ऐसे में दिल जीतने का कोई अर्थ नहीं क्या?'–डाइरेक्टर। 'ग्रेट।'–अन्य। 'फिर वह क्या निर्णय लेती है वह आगे आएगा ही।'

लिली भीतर कप तोड़ती है और 'सॉरी, सॉरी' कहती है। बारिश तिरछी आती है। क्षणभर घुँघरुओं की तरह बजती है, फिर मौन हो बरसती रहती है। नाटक के प्रसंगों की लगता है शुरुआत हो चुकी है। क्योंकि शांति है, स्तब्धता है। उधर नाटक साकार होने लगा है। आंतरिक उत्कटता से। इधर भी साकार होने लगा है कोई, लकड़ी से, नहीं, अज्ञान से। इधर ठकी है। उधर भी शायद।

उर्वशी : दो-दो देवताओं ने विवाह का प्रस्ताव रखा? फिर तेज हवा में थरथर काँपने वाले पत्तों-सी हृदय हो जाने वाली यह उर्वशी क्या करेगी?

सखी : पर मित्र ऐश्वर्यसंपन्न है! वह देगा तुझे वैभव! वह देगा तुझे संपत्ति, सुख!

उर्वशी : सुख, सुख क्या संपत्ति से मापा जा सकता है, सखी?

सखी : संरक्षण, मुलायम, सुखदायी वस्त्र और आभूषण...

उर्वशी : पर वरुण? उसका भी मुझ पर प्रेम नहीं है क्या? उसका अस्वीकार मैं कैसे करूँ?

सखी : कहो उससे, 'वरुणा ऽ! साभार अस्वीकार! साभार अस्वीकार!'

'यह साभार अस्वीकार कुछ अधिक ही हो रहा है, हं ऽ।' प्रावदा कहती है। मोहनीश सुनता है। 'उसका हम ध्यान रख सकते हैं। फाइनल इंटोनेशन कहाँ बैठा है अभी?, डाइरेक्टर कहता है। 'पर यह ऐसी थीम है। नाटक के नाटक में यह सब मेलोड्रामाटाइज करना है, परन्तु प्रत्यक्ष घटना घटती है तब वह सब अंडरप्ले करना है।' 'मैं चाय लेकर आयी।' लिली कहती है। 'कहाँ है?' नीलिमा पूछती है। 'मतलब?' 'तू लेकर आयी कहा, इसलिए पूछा कि कहाँ है, दिखती नहीं इसलिए।' 'ओ.के. पुअर जोक।' किसी ने 'शू' किया। मोहनीश ने सुना। स्वर्ग-पृथ्वी-पाताल का त्रिकोण स्पंदन पा रहा है। जीवन हो रहा है। स्वस्तिक उसमें का। वह

मांगल्यपूरित। फूल खिलते हैं। ठकी तैयार है, खड़ी है, गाल में गड्ढा बनाकर मुस्कुरा रही है, ठकी विवाह के लिए सिद्ध है।

'अगला दृश्य तुरन्त बैठा दें क्या? ठकी, तू इधर आ। अभिनेता आज नहीं हैं। मैं ही उसका डायलॉग पढ़ता हूँ। अर्थात् मैं बाबा। प्रावदा, तू माँ।' 'इश्श-' प्रावदा कहती है। डाइरेक्टर डाँटता है। कहता है, 'पहले ही देर हो चुकी है, चलो ऽ।' फिर शांति। शायद पोजिशन लेना चल रहा होगा। ममा फिर खाँसती है। उसकी तबीयत ठीक नहीं रहती आजकल। बाबासाहब गौरी को हँसकर बता रहे थे कि उन्होंने ममा के सामने जब विवाह का प्रस्ताव रखा तो ममा ने हामी भरी ही नहीं काफी दिन। बाद में भी हाँ कही कि नहीं किसे मालूम! पर ममा गम्भीर है। उसने उस प्रश्न का भी उत्तर नहीं दिया। उसे ठकी का विवाह करना है, पर उसे ठकी को सुखी भी करना है। ममा खाँसती है। मोहनीश सुनता है। मोहनीश वुडकार्विंग करता है।

अब आधा शरीर पंखों सहित भीतर जा रहा है। अर्थात् प्रगति अच्छी है। पर वह आदमी, धीरे-धीरे लकड़ी छीलने वाला, अब ठहर गया क्या? उसके काम का, घर्षण का संगीत रुक तो नहीं गया? नहीं, नहीं अब कुछ नहीं रुकना चाहिए। आ रही है, सृजन की सुगबुगाहट आ रही है। और यहाँ प्राण प्रकट होंगे, विधि के विधान की तरह। टोक...टोक...टोक...कठफोड़वा कह रहा है। काम कर रहा है। मोहनीश वुडकार्विंग कर रहा है। मोहनीश सुन रहा है।

पिता : आओ न, ठकी!

ठकी : हाँ!

पिता : क्या कहना है?

ठकी : मुझे बात करनी है! सदियों से बात करनी है!...मन की सतह से कुछ कहना है, बाबा!

पिता : बोल–ठकी, बोल!

ठकी : मुझे आज 'अ' ने और कल 'ब' ने विवाह का प्रस्ताव दिया है।

माँ : तो तुम्हें कौन पसंद है?

पिता : तूने किसका प्रस्ताव स्वीकार किया?

ठकी : अभी तक नहीं।...पर जो दिल जीतेगा–जो हृदय जीतेगा उसी का!

पिता : ऐसा कुछ नहीं होता! किताबों में होता है! जो सुख से रखेगा, पैसोंवाला है, सिक्युरिटी दे सकता है, उसे हाँ कहना चाहिए, ठकी !

ठकी : मतलब यह प्रेक्टिकल हुआ!

पिता : सारी जिंदगी जीना प्रेक्टिकल होता है, ठकी!

माँ : अजी उसे निर्णय लेने दीजिए! एक तो वह 'अ' को चुनेगी या तो 'ब' को!

पिता : तब? तीसरी सम्भावना है? तीसरी सम्भावना होती है? तीसरी सम्भावना नहीं होती!

'अब इसमें रोने जैसा क्या है, गौरी?' डाइरेक्टर लड़का पूछता है। वह अब तक पिता के बेयरिंग में ही है। 'उसमें से रोना आदि पौराणिक पीस में करना है, यहाँ नहीं।' 'सबके लिए चाय लाऊँ ?' गौरी सूं सूं करती पूछती है। 'बारिश बहुत है।' कोई तो कहता है, सम्भवतः नीलिमा। 'चलो, लिली–' गौरी कहती है। 'मैंने कप तोड़ा है, मेरा भीतर जाना मना है।' लिली हँसकर कहती है। 'चल री।' ममा खाँसती है। बाबासाहब का गिलास खनकता है। भौंरे-सा कीड़ा 'गूं ऽ ऽ गूं' करता है। खिड़की पर बारिश का परदा है। दूर, स्तब्धता है। मोहनीश वुडकार्विंग कर रहा है। मोहनीश सुनता है। प्रावदा कहती है कि 'यह दिल जीतने की बात नाटक में अस्पष्ट रह जाती है। वह स्पष्ट होनी चाहिए।' डाइरेक्टर लड़का कहता है कि 'यह काव्यात्मक है। दिल जीतने की कल्पना सट्ल है।'

ये कानों के कुंडल, ठकी के। उस पर का काम बहुत बारीक है। उसे समय लगेगा। हाथ-उसके हाथ कुछ थरथरा रहे हैं। ये शकुन के कंगन, कलाई के। कंगन कलाई पर चढ़ाकर माँ कहती है, ठकी, तू पारबती है। पारबती कहती, भगवन ऽ, आप गंगा को मस्तक में रखिए ऽ, चंद्र कपाल पर, सर्प गले में, पर हृदय में रखे पारबती, ऐसी कीर्ति, त्रिलोक में। इसलिए त्रिलोक का यह त्रिकोण। माँ कहती है तू पारबती। हर लड़का महादेव, प्रत्येक आदिवासी लड़की पारबती। जुहू गुटूरगूं करता है, भगवन ऽ नंदी बैल की तरह डोलता है। मुझे भूलिए मत। मैं आपकी शक्ति हूँ। मैं ठकी। ठकी विवाह के लिए सिद्ध है। और उसकी अपनी कोई समस्या नहीं है। जो दिल जीतेगा, वह ठकी को प्राप्त करेगा। दूर वह पक्षी लकड़ी में घर बना रहा है। स्वप्न बुन रहा है। प्राण फूँक रहा है। इधर ठकी में प्राण फूँकना है। अब उसकी आँखें जीवंत हो रही हैं, पलकें फड़फड़ा रही हैं। उसका हृदय गुंटूरगूं कर रहा है। ठकी सिद्ध हो रही है, यहाँ।

'यह प्रश्न सामाजिक है, परन्तु, मन से भी जुड़ा है। इसलिए सोशियोसाइको प्रश्न है यह।' डाइरेक्टर लड़का कहता है। 'नायिका क्या निर्णय लेगी? वह 'अ' को चुनेगी कि 'ब' को, यह अन्त में बताया है तब भी नायिका का निर्णय ही नाटक है। यानी ठकी कहती है कि ऑबव्हियस मैथेमैटिक्स इज नाट द लाइफ। परन्तु दुनिया की रीति यही है। ठकी इसी तरह रौंदी जाती है। परन्तु, ठकी अन्तिम ठकी नहीं होती। बहुत ठकी हैं इसमें। इसलिए यह नाटक।' डाइरेक्टर कहता है। मोहनीश सुनता है, गर्दन कुछ टेढ़ी कर, कठफोड़वा पक्षी की तरह। प्रावदा पूछती है कि, 'अन्त क्या है फिर? ठकी क्या निर्णय लेती है। विवाह करती है या नहीं? किसे चुनती है?' नीलिमा पूछती है। डाइरेक्टर कहता है कि, 'चुनती है? वह कैसे चुनेगी? 'अ' और 'ब' ने उसे चुना है, विवाह का उसके सामने प्रस्ताव रखा है।' 'वह तो ठीक है, पर अन्त?' प्रावदा। 'वह अभी तय होना है–' डाइरेक्टर कहता है। सारे उसे मारने दौड़े हैं शायद। कुछ चीख-चिल्लाहट। थोड़ा हँसी-मजाक। कुछ चिढ़ना, कुछ चिढ़ाना।

थोड़ा आश्चर्य कि सचमुच अन्त तय नहीं हुआ? फिर? फिर कैसे करें नाटक?

...पेड़ के ऊपर फूलों की डाली हवा से ठक-ठक टकराती है। इससे पानी का फव्वारा उड़ रहा है पंखों पर। परन्तु, इतना ही नहीं, सर्वत्र जल-कण का परदा है। ठीक है, इतना छोड़ दें, तो और कोई व्यवधान नहीं है। होता आया है, काम होता आया है। सब कुछ नहीं हो गया है अभी। पर वह जा सकेगी। नहीं, चोंच नहीं दुख रही, थकान नहीं। यह तो चिरंतन का आदेश है। यहाँ प्राण प्रकट होंगे। करते रहना है काम, करते रहना है। और उस आदमी का लकड़ी का काम किस तरह सूक्ष्म-सुन्दर संगीत निर्माण कर रहा है। कुर-कुर-खट।

आवाज मंद हो गयी। लगता है गौरी के मित्र चले गये हैं। ठकी के विवाह का नाटक स्तब्ध हो गया, स्थिर हो गया। पर, समाप्त नहीं हुआ। वे हैं ही। होते ही हैं। प्रकृति में कुछ भी नष्ट नहीं होता, रूप बदलता है, बस। गौरी आ गयी है मित्रों को बिदा कर। लगता है बाबासाहब उठकर चले गये। पहले बाथरूम की आवाज, फ्लश की आवाज। फिर वे गये शायद बेडरूम में। भौंरा 'गूं ऽ गूं' कर रहा है। खिड़की के पास का पत्ता हिल रहा है। थरथरा रहा है। फिर मनके-सी बूँदों की लड़ी। प्रकट रही है–ठकी प्रकट हो रही है। हाथ बनते आ रहे उसके। पुष्पमाला भी। महीन नक्काशी बाकी है। कबूतर की एक ही आँख बची है, एक ही आँख। वह फड़फड़ा रही है। स्पंदित हो रही है। ठकी सिद्ध है विवाह के लिए।

ममा कहती है कि 'तूने कुछ तय किया क्या?' गौरी कुछ आश्चर्य से पूछती है 'किस बारे में?' मोहनीश सुन रहा है। मोहनीश कार्विंग कर रहा है। मोहनीश कुछ थक जाता है। मोहनीश फिर वुडकार्विंग शुरू करता है। अब रुकना सम्भव नहीं है। अब जो उतर रहा है, वह उतरता रहेगा। अब हम केवल माध्यम, मोहनीश कहता है, स्वयं से। अब वह उत्तेजित हो गया है। अब थरथराहट महसूस होने लगी। ठकी सिद्ध हो रही है विवाह के लिए। ममी कहती है, 'ओम या सोम?' फिर लंबे समय तक सन्नाटा रहा। पर महसूस होता रहा कि पास के कमरे से दोनों उठकर चले नहीं गये हैं। चूड़ियाँ बज रही हैं। साँसें भी सुनाई दे रही हैं। मोहनीश सुनता है। मोहनीश कार्विंग करता है। मोहनीश ठकी को तराश रहा है या उसका प्रत्यक्ष अस्तित्व केवल साकार कर रहा है। त्रिकोण गोचर है। स्वस्तिक दिखाई दे रहा है। कबूतर फड़फड़ा रहा है। कपाल शुभ लक्षणों से युक्त। पलकें थरथरा रही हैं। ठकी विवाह के लिए सिद्ध है। गाल में गड्ढा बनाकर मुस्काती है। कीड़ा 'गूं ऽ गूं' करता है। पत्ता हिलता है। पानी का परदा, सपनों की झड़ी। मनके-सी एक-एक बूँद। बूँद मोहनीश को प्रतिबिंबित करती है।

'मैंने तय नहीं किया अब तक सोम या ओम। मैं तय नहीं कर सकती, ऐसा भी मुझे नहीं लगता, ममा।' गौरी कहती है। 'फिर?' ममा पूछती है। 'मैं यह सोचती हूँ कि ओम ने और सोम ने मुझे चुना है और पसंद किया है। परन्तु मनुष्य के रूप

में मेरी डिग्निटी क्या है? किसी के द्वारा पसंद किए जाकर, चुने जाने से अब या कालांतर में इन दोनों में से एक को अन्यथा तीसरे किसी को ही मैं स्वयं चुन सकूँगी या नहीं?' गौरी कहती है, पूछती है। उसकी आवाज नाटकीय नहीं है। उसमें अभिमान नहीं है। यूँ ही वृथा बुद्धिवाद नहीं। वह सहज, स्वयं से संवाद करती लगती है। वह सहज स्पंदित होती लगती है। वह थरथराती लगती है, स्वयः ही। वह स्वयं को खोज रही है। उसकी पलकें थरथरा रही हैं। उसका दिल धड़धड़ा रहा है। कुछ तो उतरकर आ रहा है। कुछ तो अज्ञात से अवतरित हो रहा है। वह, जो था माया के आच्छादन के नीचे, वह अस्तित्व उतर कर आ रहा है। वह सहज, स्वतः से बातें कर रही हो ज्यों। गौरी स्वयं से प्रश्न पूछती है। ममा की आवाज भयभीत, कुछ दरकती हुई, रुआँसी आ रही है 'यानी तू दोनों को नकार कर तीसरी सम्भावना पर विचार कर रही है ठकी?' ममा डरकर पूछती है। गौरी उत्तर नहीं देती। फिर गौरी कहती है, 'ऐसा कुछ नहीं है। ओम या सोम या तीसरा कोई, जो मन जीतेगा, जो हृदय जीतेगा यह तो सच है, परन्तु पसंद किए जाकर चुने जाने से उसे जो अच्छा लगे, जब अच्छा लगे, तब चुन सकूँगी? ममा कुछ चिल्लाकर कहती है, 'यह रोमांटिक हो रहा है, ठकी। ऐसा मत करो।' पर फिर ममा भावुक लगती है। ममा पूछती है, 'अपनी पसंद से तुम कोई चुन सकोगी?' सच ऐसा कर सकेगी? गौरी शायद चकित है। मैं कहती हूँ, इसमें रोने जैसा क्या है? मैंने निर्णय लिया क्या? मैंने कुछ कहा क्या? मैंने तीसरी सम्भावना में से चौथी सम्भावना के बारे में कहा। लगता है कम्पलसरी और नॉन कम्पलसरी के पार कुछ तो है। उस बारे में मैंने कहा।' ममा की आदत है। वह ठकी को थपकियाँ दे रही है शायद। ममा को आनंद भी हुआ शायद। लगता है, दुख भी हुआ। बाद में दोनों के बीच खामोशी ही रही। मोहनीश खामोशी सुनता है। मोहनीश वुडकार्विंग करता है।

ठकी में प्राण आ गये। ठकी मुस्कुरा रही है। ठकी के गालों पर गड्ढे उभर आए। ठकी मोह लेने के लिए सिद्ध है। ठकी की पलकें फड़फड़ा रही हैं। ठकी का हृदय गुननुना रहा है। जुहू फड़फड़ा रहा है। फूलों में गंध है, सुगंध है। हाथ की पुष्पमाला में झूला है। ठकी की मंद मुस्कान उभरी है। वह स्थिर है। ठकी को कोई समस्या नहीं। जो दिल जीतेगा उसे ठकी मिलेगी। पारबती को समस्या नहीं। वह स्थिर है। भीलनी के रूप में उसने महादेव का चयन किया है। प्रत्येक आदिवासी लड़की पारबती है। उसके विवाह का मुकुट रत्नजड़ित है। शकुन का कंगन चंद्र की छाया है। पारबती कहे, भगवन् ऽ मैं तुम्हारे प्राणों की प्राण-ज्यों मन का सिद्ध बाण। जुहू फड़फड़ा रहा है। (यह मूलतःअग्नि देव) मंडप ऽ डोल रहा है। सबको खुशी हुई है। मैं राह देख रही हूँ। ठकी का काम अभी बाकी है, परन्तु, बाद में वह होगा पूरा। ठकी में प्राण फूँके हैं। ठकी में प्राण आ गये हैं।

...पूरा हुआ, घोंसला पूरा हुआ अब। है, केवल थकान। पर परिपूर्णता है।

आह्वान के लिए घोंसला तैयार है। वह भीतर जा सके इतना छेद बन गया है। यह विधि का विधान। अब यहाँ प्राण अवतीर्ण होंगे। लगभग हो गया है, घोंसला बन गया है। वह व्यक्ति भी रुक गया है शायद, उत्तेजित होकर। क्या, वहाँ भी प्राण आ गये? कठफोड़वा पक्षी स्वयं से पूछता है।

फूलों में गंध है, मोगरे की। विवाह का मुकुट रत्नजड़ित। सेहरा मोतियों का, हिलते, डुलते। पुष्पमाला हाथों की स्पंदन लिए हुए। पलकें फड़फड़ाती हुईं। लज्जापूर्ण मुस्कान। ठकी जीवंत हो रही है। ठकी विवाह के लिए सिद्ध हो रही है। जिसे चुना, वह महादेव। पारबती राह देख रही है। ठकी राह देख रही है। पर वह जग गयी है। जीवंत हो गयी है। उसमें प्राण आ गये हैं। मोहनीश उत्तेजित हो गया है। मोहनीश की सुध-बुध खो गयी। मोहनीश एकाग्र है। मोहनीश फिर भी गौरी के स्पंदन सुनता है। मोहनीश वुडकार्विंग करता है। भौंरा 'गुंऽ गू' की आवाज करता है। खिड़की का पत्ता रोमांचित होता है, आगे, पीछे हिलता है। पत्ते पर पानी की हल्की-सी धार है। मनके-मनके से पानी की बूँदों का हार बन गया है। बूँदें गिर रही हैं नीचे टप-टप। बूँदों में मोहनीश, शिल्प के साथ प्रतिबिंबित है। मोहनीश वुडकार्विंग कर रहा है। मोहनीश ठकी को बुला रहा है। उसके अक्षय स्पंदन सुनता है, आहट लेता है। ठकी अब स्थिर स्मित अंकित कर विवाह के लिए सिद्ध है। गौरी का तखल्लुस ठकी है। ठकी के विवाह का नाटक लुप्त नहीं हुआ है। वह लुप्त नहीं होता। वह होता है—होता ही है। मोहनीश कहता है स्वयं से ही। मोहनीश वुडकार्विंग करता है। दूर कठफोड़वा पक्षी भी वुडकार्विंग करता है, टोक...टोक...टोक...और आसपास स्तब्धता। बारिश है। खिड़की पर पानी का परदा। ठकी की पलकें फड़फड़ा रही हैं। ठकी गाल में गड्ढा बना कर हँसती। गौरी शायद खिड़की में खड़ी है अब। वह शांत, स्थिर है। मोहनीश वुडकार्विंग कर रहा है। दूर एक कठफोड़वा पक्षी आवाज कर रहा है, टोक...टोक...टोक...गौरी का तखल्लुस ठकी है।

कोलाज और केऑस

1. भोथरा बंगला,
निर्विकार रास्ता,
भावनानगर

प्रिय मित्र,

सस्नेह स्मरण।

आपको मेरी दया नहीं आती क्या? मैं लेखक हूँ, ज्यों यह मेरा अपराध हो। आसपास जो दिखता है, वह मैं आपको बताऊँ, यह आपका आग्रह है। सच तो यह है कि यह सब बेचैन कर देने वाला होने के कारण यह फिर बताना अधिक क्लेशदायक हो जाता है। हर बार दो रसायन एकत्र आने पर एक नया रसायन तैयार होता है और वह अधिक दाहक होता है। परन्तु, वह नया रसायन तैयार होते समय जो नया तापमान निर्माण होता है, वह साक्षीभाव रखनेवाले लेखक-निरीक्षक को भोगना होता है। फिर इसमें से यह सारा मैं प्रकट करूँ, यह आपका आग्रह है। इसलिए कहा कि आपको मेरी दया नहीं आती क्या?

आपका मित्र,
लेखक

2. फर्स्ट क्लास-ए–2

रेलवे का फर्स्ट क्लास का डिब्बा, वातानुकूलित। विधायकों की भीड़। वापस लौट रहे हैं ये लोग राजधानी से। यहाँ मतदाता नहीं हैं सुनने-देखने के लिए। उसे प्रभावित करने का यहाँ प्रयोजन नहीं। सारे स्वच्छंद हैं। कुछ जिह्वाएँ स्वच्छंद फूट पड़ी हैं। शराब का परिणाम हो। आपस में एक-दूसरे का हँसी-मजाक चल रहा है। कुल मिलाकर उनका यह कहना है कि हमारा लोकतंत्र परिपक्व नहीं है। यदि परिपक्व होता तो मतदाता जनता हमारे चूतड़ पर लात मारकर हमें घर बिठा देती। परन्तु, फिलहाल यह समय आने वाली नहीं है। अभी लोकतंत्र बाल्यावस्था में है। अभी घुटनों के बल चल रहा है। मूलभूत सुविधाओं का आश्वासन दिया तो आज की

ग्रामीण जनता मतदान करती है। और उन्हें चाहिए भी क्या? चुनाव आए तो शराब और मांस दिया तो नाचने वाले मिल जाते हैं। वे किनके लिए नाचते हैं? तो उसके पीछे कोई उद्देश्य नहीं होता। वे किसी के लिए भी नाचते हैं, वाद्यों के ताल पर। कभी ग्राम पंचायत के चुनाव पर, कभी विधायक के चुनाव पर। 'पीने के पानी के लिए टैंकर पर जितना खर्च होता है, उतने खर्च में हमेशा के लिए नल-योजना हो सकती है, तो वह क्यों नहीं बनती?' ऐसा सवाल जब तक जनता नहीं पूछती, तब तक उनका शोषण कर लोकतंत्र का राज्य चलाया जा सकता है, तब तक हमारा ठीक है। एक ने कबूल किया कि आजादी के बाद 'जन-प्रतिनिधि' के रूप में यह एक नया धंधा उभरा है। जिसे बुद्धि और श्रम के जीवन में नहीं रहना है (या वह पात्र नहीं है) वह इस नये चालाक व्यवसाय में अब भी आ सकता है और लहर पर सवार होकर जनता का शोषण कर सकता है। ऐसे में निंश्चत रहो। अब भी खतरा नहीं है। अब भी जनता को मूर्ख बनाया जा सकता है। नये-नये खिलौने तो देने ही पड़ते हैं। कभी राम मंदिर होगा। कभी प्रादेशिक विकास होगा। कभी युद्ध होगा। कभी सीमावाद होगा। कभी नौकरशाही का बढ़ता वेतन होगा। इन खिलौनों के कारण जनता रूपी बालक मग्न रह सकता है। इतने समय में जो कल्याण करना है, वह किया जा सकता है। फिर दस अण्णा हजारे भी आकर चिल्ला गये तो क्या फर्क पड़ता है?

यहाँ ईमानदार आत्म-परीक्षण है। हँसी-मजाकयुक्त। यहाँ मंच नहीं। यहाँ सुनने वाला मतदाता राजा नहीं। यहाँ कोई किसी को प्रभावित करने का सवाल ही नहीं। परन्तु यहाँ एक लेखक सुन रहा है, पेपर में सिर घुसाकर। इन सबको ईमानदार आत्मबोध है, यह भी महत्त्वपूर्ण लगता है, लेखक को।

3 घमंडी युवक

खिन्न दिखने वाला, दसवीं फेल, दिशाहीन-सा बेकार युवक 'वीडियो पार्लर' चलाने के लिए परमिट लेने के लिए आया था। पैसा कमाने के लिए यह धंधा उसे ठीक लगा था। आवश्यकतानुसार अश्लील फिल्में दिखाने के लिए वह तैयार था। सरकार के दरबार से उसे परमिट नहीं मिल रहा था, इसका आक्रोश उसके मन में था। तहसीलदार और उससे ऊपर सभी दोषी, भ्रष्ट लग रहे थे उसे। नियम में नहीं बैठता ऐसा मेरा अकेले का मामला आपको दिखता है क्या? उसका यह संतप्त सवाल होता! बाद में, संविद सरकार के कालखंड में यह युवक मंत्री बना तब लेखक से मंत्रालय में मिला। अब उसके हाथ में मोबाइल था, कपाल पर बड़ा टीका था। दाढ़ी बढ़ी हुई थी। घमंड बढ़ा हुआ था। जन-सेवक के रूप में वह खड़ा था, मगर उसके व्यवहार-बोलचाल में तामसी गुण उफन रहे थे। उसके पीछे उससे अधिक तामसी और घंमडी युवकों की टोली थी। वे सारे उसके पीछे-पीछे चल रहे थे, ज्यों किसी नशे में थे वे। नशा सत्ता का था। नशा पैसों का होगा। तुच्छता तो थी ही।

लिट पर अपना ही अधिकार। कतार में खड़े रहने का कारण ही नहीं। अपना अधिकार सबसे आगे। गुंडागर्दी कर मगरूरी से अनुयायियों की यह टोली सभ्यता को रौंद रही थी। उनका एक असभ्य, परीक्षाओं में फेल होने वाला, पर चालाक प्रतिनिधि अब राज-काज चलाने वाला बन गया, तो नियमों का पालन करने की उनको आवश्यकता ही नहीं। वे लिटमन की पिटाई कर सकते हैं। कतार तोड़ सकते हैं। प्रत्येक के हाथ में मोबाइल है। प्रत्येक में एक मस्ती है। कुसुमाग्रज कवि की स्वातंर्त्य-देवी हाथ जोड़कर ज्यों इन्हीं से गिड़गिड़ा रही है। लेखक देख रहा है, इनके धक्के खाते हुए।

4. अकस्मात मुलाकात

मंत्रिमंडल के विस्तार के बाद ज्योति स्तंभ की हरियाली का विध्वंस हो गया। क्योंकि यह बहुत सारे ग्रामीण लोक-संगीत पर नाचे। ढेर सारा गुलाल उड़ाया गया। हरियाली पर बहुत भीड़ थी। लेखक को अचानक एक किसान मिला यहाँ। लेखक जब तहसीलदार था तब यह किसान हमेशा आता किसी काम के सिलसिले में। वह गुलाल से सराबोर था।

उससे हुआ संवाद कुछ ऐसा :

लेखक : अरे, यहाँ कहाँ आ गये, मुंबई में?

किसान : नाचने आ गया!

लेखक : नाचने के लिए?

किसान : नाना मंत्री हो गये! वे ही लाए! ढेर सारे लोग आए हैं। मैं अकेला नहीं हूँ।

लेखक : क्यों आए हैं आप? लाए गये इसलिए?

किसान : उधर भी क्या है? फिर इस मुंबई की जगमग कब देखेंगे? उधर तो अकाल ही है!

लेखक : कैसे आए हैं?

किसान : उन्होंने किराए से बस ली है! खाना-पीना उन्हीं की ओर! हम आकर केवल नाचें!

लेखक : पीना भी है क्या?

किसान : (लजाते हुए) हाँ!...उसके बिना नाचना सम्भव नहीं!

लेखक : नाना मंत्री बन गये तो आपके नाचने का प्रयोजन क्या है? आपको सचमुच खुशी हुई क्या?

किसान : नहीं!...पर खाने-पीने को मिल जाता है! और क्या?

लेखक : आपको किसने लाया?

किसान : उन्होंने!

उनका संयोजक एक युवक है। वह भेड़ हाँकने की मुद्रा में खड़ा है। हाथ में चाबुक नहीं, पर मोबाइल है। वह चेहरे से कठोर है। वह भी ग्रामीण इलाके से ही आया होगा। पर यहाँ आकर उसने अपना एक स्थान निश्चित बनाया होगा। यह स्थान 'आदमी सप्लाई' करने का है। उसने बड़ी कठोरता से लेखक की ओर देखा। उसने किसान से कहा, 'चलो ऽ!' और ढेर सारे भूखे लोग उसके पीछे जाने लगे। उन्हें खिला-पिलाकर बस से वापस भेजने का उसका काम है। 'अनाड़ी' आदमियों का जत्था यंत्रवत् उस संयोजक के पीछे चलने लगा है। यह संयोजक उनकी बुद्धि हीनता और विवशता का शोषण कर रहा है। किसान सफेद-शुभ्र बड़ी बस में बैठ गया। बैठते हुए उसने लेखक की ओर हाथ लहरा दिया। अब उसका प्रयोजन खत्म हुआ। अब उसके पृष्ठभाग पर लात जमाकर उसे अकालग्रस्त क्षेत्र में वापस भेजा जाएगा। वह 'नाचने के लिए' आया था। नाना मंत्री हो गये इसलिए उसने पसीना बहाया। उसके साथ 'बहुत' लोग आए थे। संयोजक युवक था, इसलिए सफल हुआ। लेखक ने किसान का हाथ उठकार विदा दी।

5. एक स्वच्छ बुद्धिवादी वाचनालय की घटना!

पुणे के एक बुद्धिवादी (और बुद्धिजीवी) संस्था की स्वच्छ वाचनालय की इमारत। चमकदार काँच की आलमारियाँ। काँच की शेल्फ, साउंडप्रूफ वातावरण। पिन गिरने पर भी सुनाई दे, ऐसी शांति। लेखक पत्र-पत्रिकाएँ पलट रहा है। बुद्धिवादी लोग कुछ 'रिफरेशर कोर्स' के लिए आए हैं। हल्की आवाज में उनकी खुसुरफुसुर, केवल इतना ही अपवाद। लेखक चौंक जाता है। वह अखबार में एक फोटो देखता है। फोटो में 'हिंदूहृदयसम्राट' हैं। उन्हें तत्कालीन मुख्यमंत्री झुककर नमस्कार कर रहे हैं। झुकना पैंतालीस अंश का। नम्रतापूर्ण। किसी बुद्धिवादी ने गुस्से और मौन निषेध के रूप में काले पेन से, झुके तत्कालीन मुख्यमंत्री की कुत्ते की टेढ़ी दुम खींच दी है। वह रेखाचित्र छायाचित्र में घुल-मिल जाता है। सच ही लगता है। लेखक थोड़ा हँसता है। एक बुद्धिवादी चौंकता है।

'क्या हुआ?'

लेखक उन्हें फोटो दिखाता है। बुद्धिवादी हँसता है। 'यह बिना बोले की गयी टिप्पणी है।' 'परन्तु, यह एक कायर टिप्पणी है! खुलकर बुद्धिवादी कुछ स्पष्ट रूप से क्यों नहीं बोलते?'

बाद में दो-तीन लोग पास आते हैं। एक चर्चा होती है। उसका निचोड़ ऐसा है :

—खुलकर बोलना अर्थात् अपना विनाश कर लेना नहीं है क्या?

—बुराई लेना किसके लिए आसान है?

—राज करने वाले बुद्धिवादियों को 'यूज एण्ड थ्रो' करते होंगे, तब भी बुद्धिवादियों को राज चलाने वाले करीबी ही लगते हैं।

—नीति का पालन करना ही होता है।

कोई कहते हैं कि तत्कालीन मुख्यमंत्री का व्यवहार, झुककर नमस्कार करना नाट्यमय है। यह 'हृदयसम्राट' को भी मालूम होगा ही। वहाँ भी यही खेल है। यूज एण्ड थ्रो!

6. एक पत्र!

प्रिय लेखक,
बोथरा बंगला,
निर्विकार रास्ता,
भावनानगर।

सस्नेह नमस्कार

अपने मार्गदर्शन और सद्भावनाओं से मेरे बेटे को नौकरी तो मिल गयी पर उसे नई ही तकलीफ शुरू हो गयी है। यह तकलीफ जातीयता की है। हम कहते हैं कि नगर और महानगर में क्रमशः जातिवाद कम होता गया है और ग्रामीण स्तर पर जातिवाद मजबूत है। पर वास्तविकता यह है कि ग्रामीण स्तर पर जातिवाद ईमानदार और स्थूल होकर, क्रमशः ऊपर वह बेईमान और सूक्ष्म है। अच्छे-अच्छे विचारवान और बड़े लोग अन्ततः जातीयवादी ही सिद्ध होते हैं, यह कितनी दुखांत बात है? मैं स्वयं ही आकर चर्चा करूँगा आपसे। दूसरी तकलीफ इसमें से यह है कि वे इस नये बच्चे को सारे भ्रष्टाचार सिखा रहे हैं और 'बॉस' के लिए पैसे लेने के लिए मजबूर कर रहे हैं। अर्थात् उसे अनैतिक बनाने के लिए व्यवस्था काम में लग गयी है। इन्कार किया तो भी तकलीफ, इन्कार नहीं किया तब भी तकलीफ। साथ ही, उनका एक ग्रुप है। जातिवाद व्यक्तिगत है ही। साथ ही, वह सामूहिक भी है। अब यह नई-नई नौकरी में लगा बच्चा करे क्या, बताइए?

आपका

×××

7. रामदेव राव!

रामदेव दलित युवक है। बुद्धिमान और लिखनेवाला, पढ़नेवाला है। उसे कायदे-कानून मालूम हैं। वह सरकारी नौकरी में है। नौकरी में 'मराठा लॉबी' है। सामंतशाही के अवशेष यहाँ सँभालकर रखे जाते हैं। रामदेव अकेला ही दलित है यहाँ। लेखक ने ऐसा सुना कि यहाँ का उत्कृष्ट अधिकारी सामंतशाही के घर पानी भरता है। अर्थात् अक्षरशः नहीं। परन्तु उसके पीछे-पीछे चलता है। उनके छोटे-बड़े काम करता है। लेखक ने उसे छेड़ा। लेखक ने कहा कि प्रतिगामी शक्तियों का अनुनय कर तुम्हारी और तुम जैसे दूसरों की वैयक्तिक और सामूहिक उन्नति नहीं होती। अन्ततः ये लोग इस्तेमाल कर लेने के बाद फेंक देते हैं। ऐसे में आत्मभान

रखना आवश्यक है। रामदेव राव का इस पर कहना ऐसा था कि सत्ता में हिस्सेदारी यदि न मिलती तब भी सत्ताधीशों के साथ उठना-बैठना महत्त्वपूर्ण है। इस बहाने आप 'मुख्य धारा' से जुड़े रहते हैं। स्वाभिमान आदि कल्पना बटोटकर मायनॉरिटी की मंडली छिटकी ही रही। उन्हें इन लोगों के साथ रहकर ही अस्तित्व सिद्ध करना चाहिए, यह बदलते समय की आवश्यकता है। उसका कहना विचारणीय है। अब वह मराठा अधिकारियों के साथ होता है, पर अक्षरशः उनके पीछे-पीछे चलता है। बहुजन समाज का आंदोलन उसने दस वर्ष पीछे धकेल दिया है। लेखक इस बदलती मानसिकता को देख रहा है।

8. फिर एक पत्र!

प्रिय लेखक,

सप्रेम नमस्कार

महाराज आकर चले गये हैं। मैं आपको उनके घर चलने के लिए कहता हूँ, परन्तु आप आते नहीं हैं। आते ही, उन्होंने चाँदी की मूर्ति निकाली। उन्हें आश्रम बनाना है। जगह देखी है। आप जैसों को आध्यात्मिक शक्ति का लाभ उठाना चाहिए। मेरे सारे बच्चे उनके पैरों में हैं। मुख्यमंत्री आकर गये हैं। महाराज अवतार हैं। महायोगी हैं। समर्पित होइए!! डिवोशन के बिना कुछ नहीं मिलता।

जय गुरुदेव!

आपका

×××

9. सब्जियाँ और सोना-चाँदी!

सब्जियों के भाव अचानक आसमान छूने लगे तब अखबारों में समाचार आने लगे। कहते हैं निम्न-मध्यवर्ग को आँच लगी। और बिक्री न होने के कारण मेहनतकश श्रमजीवी विक्रेताओं को भी झटका लगा है। निचले स्तर पर अर्थव्यवस्था संकट में आ गयी है। लेखक भाजी बाजार में गया तो यही चर्चा थी। माल नहीं आ रहा है। जो आ रहा है, वह महंगा बेचा जाता है। दलाल लूटते हैं। अर्थ-व्यवस्था उनके हाथों में है। सब्जियाँ बेचने वाले मुश्किल में हैं।

गुरुपुष्यामृत योग के कारण उसी दिन लेखक सराफा के दुकान में गया, पत्नी के साथ। वहाँ की भीड़ देखकर उसे धक्का ही लगा। सब्जियों की तरह सोना बिक रहा था। लोग नोटों के बंडल फेंक रहे थे, सोना खरीद रहे थे। खड़े रहने के लिए जगह नहीं थी। काउंटर से सर्विस देते-देते नाक में दम हो जाता। प्रत्येक स्त्री सराफ का ध्यान अपनी ओर खींचने की कोशिश करती। किसी को सोना तोड़कर और खरीदना होता। किसी को मुहूर्त साधना था। किसी को केवल दस ग्राम सोना खरीदना था। अंगूठियाँ, चेन्स, चूड़ियाँ, कंगन आदि। क्लोज सर्किट केमरा, एसी की

हवा, भीड़, कोलाहल, नोटों के बंडल, चमकते सोने के धातु, चमकती आँखें—भारतीय मानसिकता!—भारतीय अर्थ-व्यवस्था!

10. बुद्धि का क्षेत्र!

हर वर्ष की तरह दसवीं-बारहवीं के परीक्षा-फल घोषित हुए। बच्चों से पूछा गया कि आगे क्या बनना है। सबने एक स्वर में उत्तर दिया कि उन्हें डॉक्टर-इंजीनियर बनना है। ज्यों जीने की ये केवल दो ही राहें हैं। लेखक बहुजन समाज के अपने मित्र से मिलने गया। मित्र का बेटा बारहवीं पास हुआ था। पेढ़े वगैरह खाने के बाद—

'क्या, बच्चे को डॉक्टर बनाओगे?'

'कैसे बनाएँगे?'

'क्यों? बच्चा होशियार है!'

'है।...पर इस डॉक्टरी नामक बौद्धिक क्षेत्र पर सभी हक न जताएँ , ऐसी व्यवस्था की गयी है!'

'बेमतलब चिढ़ रहे हैं!...कैसे बताइए ऽ ऽ—'

'पहले बताया, अंग्रेजी में पचास प्रतिशत वाले पास! अर्थात् ग्रामीण विद्यार्थी और हमारे बंडू जैसे विद्यार्थी इस परीक्षा में बैठ ही नहीं सकते!...यू आर टोमेटिकली प्रोटेक्टिंग द इंटरेस्ट ऑफ यूज....'

'परन्तु, आप यह अंग्रेजी में ही बोल रहे हैं...'

'हमारे बच्चों को इतनी अंग्रेजी नहीं आती!...पर सुनते हैं अब यह नियम बदल गया है ऽ ऽ'

'फिर?'

'अब निगेटिव मार्क की झंझट!'

'वह नियम भी हटा दिया गया है—'

'हटा दिया गया है!...परन्तु यह परीक्षा अधिक से अधिक कठिन बनाकर सामान्य लोगों के लिए मुश्किल बना देने की चाल है।'

'चाल?'

'चाल ही!...आपके बच्चे डॉक्टर न बन सकें!...वे मेहनत का काम करें... हमारे बच्चे विदेश जाएँ, ज्ञान-यश और पैसा कमाएँ, आप हैं वहीं रहें...'

'अरे...पर...'

'बहुत हुआ तो आयुर्वेद आदि में वैद्य हो जाएँ, पर हम एम.बी.बी.एस. होने नहीं देंगे। क्योंकि, उस बौद्धिक क्षेत्र पर हमारा एकाधिकार है!'

लेखक ने मित्र से कहा,

'फिर तूने क्या तय किया है?'

'मैं? मैं लड़के को डॉक्टर बनाऊँगा!' मित्र ने कड़ुवाहट सहित कहा।

11. अजीब विवशता!

सुबह ही लेखक के पास कुछ युवक आए। वे सलाह लेने आए थे। एक का कहना था कि उसे नौकरी लग रही है, पर कोई तो उससे पैसे माँग रहा है।

'कौन? और कितना?'

'पचास हजार!...स्वयं विधायक...'

'मत दो...!'

'फिर बेकार बैठूँ? चारों ओर भ्रष्टाचार है!...पर बेरोजगारी स्वीकार कर बैठूँ? कितना भयानक फ्रस्ट्रेशन आ रहा है।'

'फिर?'

'कुछ तो व्यवस्था करता हूँ। पूछने के लिए आया हूँ कि खेती बेच दूँ क्या?' दूसरे बेटे को शादी करनी है, पर लड़की 'निचली जाति' की है। विरोध है। क्या करूँ, आप कुछ बताएँ। तीसरे बच्चे को कुछ सूझ नहीं रहा, कोई 'क्वालिफिकेशन' नहीं है, पत्रकारिता करूँ या राजनीति में, गुंडागर्दी करूँ या विधायक का प्रतिनिधि बनूँ या रिश्वतखोरी का बिचौलिया बनूँ या क्या करूँ?

लेखक केवल सुनता है। वह चेतनाहीन हो गया है।

12. मनोविज्ञान, जातिवाद और एक पत्र

एक विद्वान से मुलाकात हुई। विद्वानों से लेखक ने इस देश के जातिवाद के बारे में पूछा। उनका कहना था कि जातिवाद संस्कार बनकर अर्धजाग्रत मनों में प्रवेश कर गया है। बौद्धिक स्तर पर सोचने-समझनेवाला व्यक्ति जातिवाद को नकारता होगा, तब भी व्यक्तिगत जीवन में जातिवाद नकारना उसके लिए क्लेशदायक होता है। उदाहरणार्थ, दलितों के साथ रोटी-बेटी व्यवहार, विशेषतः बेटी व्यवहार। सैद्धान्तिक स्तर पर जातिवाद निषेधात्मक माना तब भी वैयक्तिक निर्णय लेते हुए जातिवाद तो माना जाता है। इसलिए समाज दो दांभिक स्तरों पर जीता हुआ दिखता है। लेखक ने फिर इस अर्धजाग्रत चेतन मन के ऐसे संस्कार पर उपाय पूछा। विद्वानों के पास इस पर उपाय नहीं था। बुद्ध ने या बसवेश्वर ने उपाय बताये हैं। परन्तु, समाज के अर्धजाग्रत चेतन मन के जातिवादी संस्कार पर कुछ उपाय नहीं। लेखक विदा लेने को हुआ तब विद्वान चाय का आग्रह करने लगे। बाद में मालूम हुआ कि उनके लड़कों के लिए रिश्ते ढूँढ़ने का काम चल रहा है। उन्हें लड़की अपनी ही जाति-उपजाति की चाहिए।

लौटने पर एक पत्र मिला। एक नए उम्मीद से भरे लेखक का, छोटे गाँव में रहने वाले का। उसका पत्र इस प्रकार है—

आदरणीय सर, बोथरे बंगले से, निर्विकार रास्ते से जाते हुए हमेशा ही मिलने की इच्छा होती है। परन्तु हिम्मत नहीं होती, इसलिए यह पत्र। छोटे स्थान के लेखकों

के अपने प्रोब्लेम होते हैं। उदाहरणार्थ, मैं एक के बाद एक पुरस्कार हासिल कर रहा हूँ। परन्तु, यहाँ के लोग ध्यान ही नहीं देते, क्योंकि उन तक महत्त्व ही नहीं पहुँचता। ये लोग उच्चवर्ण के, उच्च जाति के, मुट्ठीभर और अहंकारी हैं। कूपमंडूप हैं। नया कुछ नहीं पढ़ते। उन्हें 'पढ़ने' के लिए कौन आगे बढ़ाएगा। उनका पठन-पाठन साठ साल के बाद कुछ नहीं है। मैं अपने लेखन में नये-नये प्रवाह लाने का प्रयत्न कर रहा हूँ, यह इनके गाँव में भी नहीं। अपनी जाति से आगे कुछ देखना नहीं और सावरकर-विवेकानंद के आगे जाना नहीं। फिर मेरी उपेक्षा नहीं होगी तो क्या होगा?

आपका,

×××

उर्फ 'धूमकेतु'

टिप्पणी–"जातिवाद व्यक्तिगत हो सकता है, परन्तु वह नये युग में भी सामूहिक कैसे हो सकेगा? उदाहरणार्थ, कोई राजनीतिक पार्टी जातिवादी कैसी हो सकेगी? विशेषतः ऐसी पार्टी जो सत्ता पक्ष बन जाती है तब? आप जाहिरा तौर पर, नीतिगत रूप से वरिष्ठों के हित सम्बन्ध सँभालने की घोषणा करते हैं, तब आपकी नीतियाँ नैतिक रहती हैं क्या? न होने पर भी आप राजनैतिक पार्टी के रूप में रहना चाहते हैं, यह इस सदी का चमत्कार ही माना जाना चाहिए। ऐसे चमत्कार भारत में घटते हैं। यह विनाश की ओर की यात्रा है।" इस टिप्पणी पर किसी ने ध्यान नहीं दिया। यह लेखक के ध्यान में आया। क्योंकि कोई प्रतिक्रिया नहीं थी। रथ-यात्रा की तैयारी तो चलती रही।

12. कोलाज और केऑस

यह देश सुपर पावर हो जाएगा ऐसी घोषणा हो रही है। इसका आधार नेस्त्रादेमस की भविष्यवाणी से लिया जाता है। कुछ अन्य अंदाजों का आधार लिया जाता है। सामान्य व्यक्ति इससे आनंदित होता है। उसके 'हिंदू' होने के अहंकार की तृप्ति होती है। वह जो अखबार पढ़ता है, उसमें सतत मुसलमान विरोधी सामग्री छापी जाती है। सतत जम्मू-कश्मीर के बारे में छापा जाता है। युद्ध होना चाहिए। सबक सिखाना चाहिए, ऐसा भी लिखा जाता है। सामान्य व्यक्ति यह पढ़ता है। बोलता है। प्रत्यक्षतः युद्ध का और उसका कोई सम्बन्ध नहीं। उसका युद्ध उसके अपने बॉस से है, आर्थिक परिस्थिति के साथ है, रोज के जीने से है, वैयक्तिक दुःखों से है।

प्रतिनिधि रूप में एक सोलह साल की लड़की से लेखक ने कुछ प्रश्न पूछे थे। उसने भी कहा कि युद्ध होना चाहिए। शासन करने वाले इस सोलह साल की लड़की से अधिक बुद्धिमान नहीं लगते। उनका भी ऐसा ही विचार है, यह छापा जाता है। युद्ध होने पर हम फिर पीछे फेंक दिए जाएँगे, सुपर पावर होना सम्भव नहीं। वह खर्च हमारे लिए भारी पड़ेगा, यह विद्वान कहते हैं। परन्तु, हमें राम मंदिर

चाहिए। हम 'कौन यह महात्मा?' जैसा सवाल करते हैं। हमारे लेख लिखने से दलित-दलितेतर संघर्ष हो रहे हैं। दीवारें फोड़कर नोट चलन के लिए बाहर निकाले जा रहे हैं। पूर्व प्रधानमंत्री जेल की राह में होते हैं। रेलवे का डिब्बा जलाया जाता है। 'अच्छा हुआ, उन्हें सबक सिखाइए' जैसी घोषणा, उसके बाद के दंगों के बाद सफेदपोश समाज दे रहा है। जलनेवालों का जल रहा है, इनका जातिवाद अबाधित है। फिर भी हम कहते हैं कि कलकी ने जन्म लिया है। वह दक्षिण में बड़ा हो रहा है। वह दिशा देगा। हम 'सुपर पावर' होंगे। विश्वशांति का मार्गदर्शन हम विश्व को देंगे। इधर हजारों गरीब भूखे हैं। उधर हमें 'सुपर पावर' होना है। लेखक यह सब देखता है, पढ़ता है, विचार करता है। उसे क्लेश हो रहा है। और आप कहते हैं, यह सब बताइए? और किसे बताएँ? ये पीढ़ियाँ सुनने के 'मूड' में हैं क्या? उन्होंने विवेक का प्रकाश देखा है? एक शायर कहता है—

'इन नई नस्लों ने सूरज आज तक देखा नहीं।
रात हिंदुस्तान में है, रात पाकिस्तान में'

बरसात की रात

बारिश हो रही है। चमकते आईने की तरह धूप आती है और जाती है। वातावरण मंद, उदास। जगदीश के एसएमएस के संदेश के अनुसार मैं तयशुदा जगह पर खड़ा, राह देख रहा हूँ। घड़ी दौड़ रही है। सभी पार्थिव-अपार्थिव में से समय प्रवाहित हो रहा है।

लोग रुक गये हैं। लोग जा रहे हैं। प्रारब्ध उन्हें खींच रहा है। दयनीय-सी अपरिहार्य गति सबके साथ। और जो रुक गये बारिश में ओट में, उनकी कुछ मजबूरी। मैं देख रहा हूँ, इन सबकी ओर। घड़ी की ओर देखता हूँ। शाम के रंग भीगे हुए। रात दूर नहीं। धीमी गति से बारिश हो रही है। बिना आवाज के। ज्यों अनिवार्य...जगदीश जब आता है खिन्न लगता है वह। थोड़ा-सा हँसता है। इशारा करता है। रेनकोट सँभालते हुए मैं कार में। अब काँच पर बूँदों की कशीदेकारी।

'हमें गुरुजी के पास जाना है।'

मैं खूब चौंक जाता हूँ और ऊब जाता हूँ। यानी मध्यरात्रि तक का समय गया। 'अरे, पर अब...'

'तुम्हें समझ है इसलिए तुम्हें साथ लिया...'

'मैं पढ़ता हूँ थोड़ा-बहुत! पर समझ में आएगा ही जरूरी नहीं!'

'वही...वही! हमें पढ़ने का शौक नहीं!...इसलिए तुम्हें आने के लिए कहा!'

'अर्थात् गये पाँच-छह घंटे!'

'अं?'

'और नहीं तो क्या? मूड होगा तो बताएँगे!...न रहा तो बैठाकर रखते हैं!...उनकी पूजा...! भीड़...'

'जरूरत हमें है बाबा! उसके बिना क्या कोई समय खर्च करेगा?'

मैं चुप रहता हूँ, बाहर देखता हूँ। वैसे यह भी सही ही है। जरूरतमंद आदमी ही समय खर्च करता है, आवश्यकता की पूर्ति के लिए। और जरूरत किसे नहीं है? किसी को कोई दुख है तो किसी को कोई। घर बनाना है। सुयोग है क्या विवाह तय ही नहीं होता, अनुकूलता होने के बावजूद। नौकरी नहीं। संतान नहीं होती।

कोर्ट-कचहरी का काम रुक गया है। बीवी से बनती नहीं। बच्चे पूछते नहीं। बुढ़ापा अनाथ हो गया। बेटी ने बिना बताए शादी कर ली। बेइज्जत करके रख दिया। बॉस से जमता नहीं। नौकरी-धंधा टिकता नहीं। आमदनी है नहीं। दुख जाता नहीं। मन बेचैन रहता है। किसी का क्या, तो किसी का क्या। किसी को ईर्ष्यावश कहा कि तू तो भूस्वामी ही है। मतलब तुम्हारे पास तो जमीन ही है कुछ एकड़। इस पर वह कहता है कि छोटा भाई दुश्मन हो गया है। उसके दिमाग में पागलपन है। बंधु बैर लेकर जमीन का सुख कैसे लें? ऐसा ही, प्रत्येक के साथ कुछ न कुछ और सब जानना चाहते हैं कल के बारे में। पर तकदीर का पक्षी कुछ हाथ लगता नहीं। हर आदमी जरूरतमंद। इसके बिना समय कौन खर्च करेगा?

मैं गाड़ी से बाहर झाँकता हूँ। बारिश धीमे-धीमे उतरती है। लयबद्ध। संधि-प्रकाश तेजी से स्याह पड़ता जा रहा है।

'पर अपॉइंटमेंट ली क्या?'

'जगदीश सिर हिलाता है, नजर हटाए बिना। फिर खिन्न होकर कहता है,

'वह सब तय है। फोन किया था मैंने!...आने के लिए कह तो दिया है!...बाद में तुम्हें बताया!'

'वे बुलाकर तो रखते हैं!...पर बताएँगे ही यह जरूरी नहीं।' जगदीश कुछ बोलता नहीं। कार की हेडलाइट सड़क पर पड़ती है। उसमें बारिश की लकीरें दिखाई देती हैं।

'साला, सारा कॉम्प्लिकेटेड हो गया।'

'अं?'

'बेटी की शादी...'

'हो जाएगी रे!'

'अरे पगले! वैसा नहीं है!...बेटी को शादी ही नहीं करनी है! मैं उस विवंचना में रहूँ बाप के रूप में , पर...'

'पर...?'

'मैं राधा में इन्वाल्व होने लगा...तब देखना!'

मैंने सुन रखा था। मुझे कुछ-कुछ यह मालूम था। मुझे आश्चर्य भी हुआ था। चिंता भी हुई थी। कुछ विकृत कुतूहल भी हुआ था। पर मैं मित्र की भूमिका निभाने का निर्णय लेता हूँ। पानी का फव्वारा काँच से टकराता है। मैंने कहा—

'मुझे कुछ मालूम है और कुछ तूने ही बताया है!...पर यह तुम्हें ठीक लगता है?'

'ठीक यानी क्या?'

'मैं संकट में। व्याख्या किसे मालूम है यहाँ!' मैं कहता हूँ।

'अरे भाभी होते हुए!...साथ ही, बच्चे बड़े होते समय यह सही नहीं!'

'मतलब, गलती यही ना?...पर मैंने तलाक आदि के बारे में कुछ कहा क्या?'

'फिलहाल तो नहीं!'

'और वैसा कुछ मेरे दिमाग में नहीं है! मुझे तुम्हारी भाभी के बारे में आदर है।'

'और प्रेम?'

'आई डोंट नो!' इसीलिए तो कहा, सारा कॉम्प्लिकेटेड हो गया है!'

'और भाभीजी को मालूम है?'

'होगा! मतलब है! पर वह कुछ भी नहीं पूछती।'

'बेटी को?'

'वह उसी के प्राब्लेम में है! उसे शादी नहीं करनी है।'

'और राधा को?'

'उसे क्या? उसे सारा मालूम है! यानी यह इकतरफा वगैरह कुछ नहीं है!'

'हूँ!'

बारिश बढ़ रही है। सामने काँच पर बड़ी बूँदें गिर रही हैं। वाइपर अपनी गति से घूम रहा है। परन्तु, कुछ भी 'वाइप' नहीं हो रहा है। गाड़ी आगे दौड़ रही है। हम दोनों मौन रहते हैं।

'तुम्हारा निजी मामला है! व्यक्तिगत! टू पर्सनल!...पर एक पूछूं?'

'आई नो।...तू क्या पूछने वाला है? ऐसा क्यों? सब ठीक रहने पर, ऐसा क्यों?...यानी पैसा है, सोने-सी पत्नी यही न?'

'व्हाट डू यू मीन बाय इन्वाल्वमेंट?'

'अच्छा! ऐसा पूछना है?...सच कहूँ तो मुझे भी ठीक से नहीं मालूम!'

'भाभीजी की कुछ...'

'गलती? नहीं...नहीं! वह अच्छी औरत है!'

'तुम भी अच्छे आदमी हो! फिर ऐसा क्यों?'

उसका मोबाइल बजता है। वह कुछ पूछता है और सुनता है। फिर स्तब्धता, थोड़ी देर।

'कुछ देर लगेगी कहते हैं!...गुरुजी की पूजा चल रही है!'

'अभी?'

'उनका ऐसा ही है!'

'हूँ!'

'तू ही तो बोला था एक बार...! आदमी को रोज के जीवन में क्या चाहिए?... अच्छा भोजन, समय पर!...गुड सेक्स!...ईगो फुलफिलमेंट! सक्सेस!'

'हाँ तो?'

'हाँ, ऐसा ही कुछ!'

'तो वह सब मिल रहा है मुझे! पर...'

'पर?'

'यह 'पर' बहुत बुरा है! वह कुछ तो अपूर्णता रखता है!...वह क्या है, समझ नहीं पड़ता...एक बेचैनी, एक रिक्तता रह जाती है।'

'फिर इसका अंजाम?'

'मालूम नहीं! मैं राधा की ओर खिंचा चला जाता हूँ और मुझे मालूम है!... सारा कॉम्प्लिकेटेड हो गया है!'

'फिर'

'अपनी कुंडली नहीं है!...कहते हैं गुरुजी चेहरा देखकर बताते हैं! समय भी बताते हैं! राशि बताते हैं!...प्रोब्लेम पर उपाय सुझाते हैं—इसलिए लगा कि जाएँ—'

'इसके लिए तुम्हें अपनी कुंडली चाहिए?'

'तो? तुम्हीं तो तब से पूछ रहे हो न, ऐसा क्यों...ऐसा क्यों?...लॉजिकली इन सारी झंझटों का कारण तो मालूम होगा!'

मैं चकित-सा उसकी ओर देखता रहता हूँ। उसके ध्यान में आ जाता है मेरा प्वाइंटेड देखना। वह खिन्न, उदास-सा हँसता है। मैं पूछता हूँ—

'तुम्हारा विश्वास है? ये बातें उसमें होती हैं?'

'किसे मालूम!...गुरुजी की बहुत तारीफ सुनी है! तूने सुनी है!...आज जाने का तय है! अब पहुँच ही जाएँगे हम!'

सच है। तारीफ हमने भी सुनी है। पर तारीफ खुदा की करनी होती है, जिसने सृष्टि की रचना की है। तारीफ उसकी, जिसने ग्रह-तारे रचे। परन्तु कर्म अपना, जिम्मेदारी तो ग्रहों की। हम कहेंगे कि कुंडली के अमुक घर में अमुक इष्ट ग्रह आया होता तो ठीक हुआ होता। ग्रहों की तुलना में लोग हमारे चारों ओर घूमते रहते हैं। उसका क्या? अर्थात् यह सम्बन्धों का जाल है।

गाड़ी को ब्रेक लगता है। रास्ते में वान-युगल बीच में ही। विवश बारिश उन पर उतर रही है। जगदीश उन्हें गाली देता है। एक स्कूटरवाला जान हथेली पर लेकर पूरी गति से स्कूटर दौड़ा रहा है। क्या होगी उसकी मजबूरी? मैं अच्छे दोस्त की मर्यादित भूमिका नहीं छोड़ता।

'राधा...! उसका क्या कहना है!'

'वो? कुछ नहीं।'

'मतलब वह क्या रिलेशन्स इसी प्रकार मेंटेन कर सकेगी?'

'अरे बाबा, ऐसा कोई पूछता है क्या?...आई लाइक हर!...वह भी बंधन मुक्त होना चाहती है!...पर...यह 'पर' बहुत बुरा है! इसीलिए तो कहा कि कुंडली बनवा लेनी चाहिए। यह तनाव कुछ मालूम तो होंगे!' ऐसा क्या सब मालूम होता है? शनि सप्त स्थान की ओर देख रहा है। सप्तमेश शनि की ओर देख रहा है। सारे ग्रह

एक-दूसरे की ओर देख रहे हैं। नसीब हमारी ओर देखता है। हम नसीब की ओर देखते हैं। बड़ी उलझन है। चलिए, वैसे भी रात बारह तक छुट्टी नहीं है। जगदीश को बुलाने की इच्छा हो रही है। शायद, गुरुजी के सामने जो कुछ कहना है, उसकी अन्तिम रिहर्सल कर रहा हो या दुहरा रहा हो। उसकी निगाह सड़क पर। आदतन एक गति से गाड़ी दौड़ रही है। मैं रेनकोट झटकता हूँ। पानी ढुलकते हुए नीचे बह रहा है, इसका दबा अहसास मुझे होता है।

'राधा ने पति को छोड़ दिया है, बरसों पहले!...वह बकवास आदमी है!...'

'अं?'

मैं कुछ विस्मय से देखता हूँ। एक संपूर्ण आदमी के बारे में हम इतनी सहजता से कैसे प्रमाणपत्र दे सकते हैं। मुझे आश्चर्य हो रहा था। मैं नहीं बोल रहा था। उसका 'मेलंकली' मूड कायम था। 'उसे हमारे अफेयर के बारे में मालूम हुआ!... अब वह बार-बार राधा के पास आने लगा, ऐसा सुनते हैं!...साला सब कुछ कॉम्प्लिकेटेड हो गया।' मैं चिंतित हूँ। मुझे आश्चर्य होता है। मुझे सम्बन्धों के जाल का विस्मय और कुतूहल लगता है। आदमी कैसे जीता है और जीता रहता है।

गाड़ी रुकती है। हमारा 'ठिकाना' आ गया था। कोई तो अपार्टमेंट। कहते हैं गुरुजी का चौथा माला। पहले से गाड़ियाँ खड़ी थीं। रेनकोट सिर पर रखकर हम गाड़ी पार्क करते हैं। जगदीश को 'रिवर्स' ठीक ढंग से आता है। फिर भी मैं रेनकोट सिर पर रखकर यूँ ही 'आने दीजिए...आने दीजिए' जैसा मध्यमवर्गीय मार्गदर्शन करता हूँ। फिर सीढ़ियाँ। लिफ्ट बंद है। जीने से ऊपर के लोग उतरते तो हैं ही। एक बहुत महमहाती, सजी-सँवरी और संपन्न स्त्री। एक झिलमिल रेशमी गोरा व्यापारी। दो चिंताग्रस्त बूढ़े। मध्यमवर्गीय, नौकरीपेशा, धंधेवाले, उद्योगपति। नेता भी। मवाली लगने वाला भी। पत्रकार और फिरौतीवाले भी। मेरे पहचान के एक मंत्री का पी.एस. भी उतरता है। पहचान नहीं जताता। अगरबत्ती की ढेर सारी मिश्र गंध हमें रास्ता दिखाती है।

फ्लैट बहुत बड़ा है। शानदार दीवानखाना। पर आकार में छोटा। उससे सटकर गैलरी भी। पास में कमरे भी। मैं भीड़ की ओर देखता हूँ। कुछ लोग जा रहे हैं। कुछ लोग बैठे हुए हैं। कुछ प्रतीक्षा में ऊब चुके हैं। कुछ पहले से आए व्यवस्थित, गैलरी से टिककर तिरछे खड़े हैं। गैलरी से थोड़ा-थोड़ा पानी उतर रहा है। अगरबत्ती की गंध। गहरी गंध। समिश्र। दीवाल से लगकर गद्दियाँ बिछायी गयी हैं। सफेद स्वच्छ। उस पर कोई बैठा नहीं है। यह गुरुजी की गद्दी। और दीवारों पर चित्र-विचित्र बड़ी तस्वीरें। एक को मैं पहचानता हूँ। यह तस्वीर कार्तिकेय की है। उसमें मोर बड़ा ही खूबसूरत है। दूसरी तस्वीर मैं पहचान नहीं पाता। एक देवी है इतना तो निश्चित। त्रिनेत्रा। सम्भवतः शिव। पर कमलवासिनी है। हाथ में फंदा, धनुष का बाण, वरदा। मुख तेजस्वी, पर हाथ नीले। मतलब क्या है, पता नहीं। और ये चिह्न। फूलों की

सजावट। यह किसलिए? मैं स्वयं से पूछता हूँ।

एक गुजराती-सी लगने वाली स्त्री सामने आती है और बिना बोले संकेत से पूछती है। जगदीश बताता है धीमे स्वर में। वह रजिस्टर देखती है। गर्दन हिलाती है। फिर विचार कर कागज का एक टुकड़ा हाथ में देती है। तेरहवाँ या चौदहवाँ नंबर। मैं मन के मन में माथा ठोंक लेता हूँ। कोई तो उसे 'हंसाबेन' कहकर पुकारता है। हंसाबेन मेरी ओर अजीब गुस्से से देखकर आगे बढ़ जाती है। ज्यों वह कहना चाहती है कि तमाशबीनों का क्या काम? पर मैं ध्यान नहीं देता।

जगदीश नीचे बैठता है। मैं दीवार से टिककर खड़ा। एक व्यक्ति आकर पूछता है। मैं जगदीश की ओर इशारा करता हूँ। व्यक्ति जाता है। बाहर बिजली चमकती है। रोशनी खिड़की से अंदर। गैलरी के लोग चौंक जाते हैं। बारिश बढ़ रही है। कुछ लोग घड़ी की ओर देखते हैं। मैं नहीं देखता। अब मुझे जल्दी नहीं है। अब मैं यहाँ हूँ और देख रहा हूँ।

एक गंजा आदमी मेरे पास आकर खड़ा है।

'आप कितनी बार आए?'

'यहाँ? पहली ही बार!'

उसकी आँखों में दया। वह तरस खाने-सा मुझे देखता है। 'एक ही बार? मैं पाँच बार आया हूँ!...पर मुलाकात एक ही बार हुई! इसमें बड़प्पन क्या है मैं नहीं समझ पाया। मैं केवल देखता हूँ, कुछ-कुछ बुझा हुआ।

'पाँच बार गया तो एक बार नंबर लगा! बोले, तुम्हारे घर के पास कुआँ होना चाहिए! सौ प्रतिशत सही है!...पर आगे कुछ नहीं बताया!...आज छठवीं बार...'

'केवल देखकर बताते हैं?'

'केवल मुँह देखकर बताते हैं! जन्म कब हुआ है! राशि क्या है! कुंडली के ग्रह!...बाप रे!'

'कैसे?'

'ज्ञान!...सिद्धि!'

वह भक्ति भाव से सराबोर हो जाता है। मैं प्रभावित नहीं होता। मैं आसपास देखता हूँ। एक परदे का पार्टिशन। उस ओर कुछ कुर्सियाँ। कुछ लोग उधर बैठे हैं। एक मोटा-सा आदमी।

मैं कोने में बैठी पचास के असपास की औरत की ओर देखता हूँ। वे शांति से माला जप रही हैं। जब नंबर लगे तब लगे। मैं यूँ ही उनकी ओर देखता हूँ। दूसरों की तुलना में वे मुझे कुछ अलग और निश्चिंत लगती हैं। बाकी सबके चेहरे पर अधीरता है। बेचैनी है। छटपटाहट है। जल्दी है। इन सबमें किसी को जल्दी नहीं लगती, ऐसे केवल दो ही हैं। एक वे, दूसरा मैं। जगदीश तो नीचे बैठा हुआ ही। पर वह भी कुछ बेचैन। बीच में ही वह मुझे देखता है और नीचे बैठने का इशारा

करता है। मैं नजर अंदाज कर बारिश की ओर देखने लगता हूँ। भीतर से छोटी घंटियों की आवाज। आरती की आवाज। लगता है पूजा चल रही है।

एक मोटा आदमी अपने अनुभव बताने की कोशिश कर रहा है। मैं उसकी दिशा में जाता हूँ। सुनता हूँ। हंसाबेन कहीं से आकर फिर गुस्से से देखने लगती है। मैं उसकी आँखों में झाँककर धीमे-से मुस्काता हूँ। वह हड़बड़ी में निगाहें फेर लेती हैं। फिर लौटकर आकर बुदबुदाती है–

'आप बैठिए! नंबर लगेगा तब लगेगा!'

फिर वहाँ से चली जाती है। मोटा आदमी बताता है–

'केवल देखकर बताया, आपकी राशि कुंभ!...वास्तुदोष है!...यश नहीं!...फिर बोले आपका कोई घर-भेदी शत्रु है!...सौ टका!'

'तो आज फिर आ गये?'

'क्योंकि कुंडली मिल गयी मुझे!'

'कैसे?'

वह बताता है, तरीका बताता है। यानी जब नंबर लगा तो और उनका मूड हुआ तो गुरुजी एकटक देखते हैं, चेहरे की ओर। फिर बताते हैं। समय, राशि आदि। हंसाबेन लिख लेती हैं। फिर पास के कमरे की ओर। वहाँ पंचांग विभाग है। वहाँ एक कंप्यूटर है। वहाँ तत्कालीन ग्रह स्थिति 'वेरिफाई' होती है। (सही ही होती है समझिए वह!) बाद में अगला कमरा। वहाँ भी कंप्यूटर, एक व्यक्ति फीस जमा कर लेता है। 'कंप्यूटराइज कुंडली' बना देता है। यानी अंशात्मक आदि। दशा-महादशा भी तैयार कर दिए जाते हैं।

'फिर?'

'कुछ स्पेसिफिक प्रोब्लेम रहें तो फिर आना पड़ता है!'

'आप उसी तरह आए हैं?'

'न आना कैसे चलेगा?'

वह आदर से जीभ बाहर निकालता है।

'मतलब वास्तुदोष है न! घर के पास पीपल का पेड़। कहते हैं। ब्रह्मचारी की प्रेतबाधा है वास्तु को! मानसिक शांति नहीं, यश नहीं!...फिर मैं आया! देखें आज क्या बताते हैं!' मैं धीरे-धीरे ऊबने लगा। जेब टटोलता हूँ। चोरी से 'चुईंगम' निकालकर मुँह में डालता हूँ। चुपचाप मुँह हिलाता हूँ। इस कारण मैं कुछ निश्चिंत था। अब भी गुरुजी बाहर नहीं आए हैं। अब भी लोग बेसब्री से इंतजार कर रहे हैं। पर बैठे हैं। दो लोग पूछकर निकल गये। पर दो नए आ गये। धंधे में नुकसान झेला हुआ गंजा, मोटा, हलवाईनुमा लगनेवाला आदमी गद्दी के पास, तस्वीर के सामने बैठा है। पत्नी के साथ, हाथ जोड़कर। अब उसी का नंबर है।

मैंने गुरुजी के बारे में सुन रखा है, उनकी ख्याति। मंत्रालय के काफी

अधिकारी यहाँ आते हैं। केवल कुंडली तैयार करवा लेना कुछ उद्देश्य नहीं होता। वैसे यह तो है ही। क्योंकि सब लोग बचपन में कुंडली नहीं बनवाते। वह सम्भव भी नहीं होता। मोटे तौर पर यदि तारीख बतायी या वर्ष बताया तो फिर 'एकदम सही' कुंडली तैयार मिलती है। फिर उसके आधार पर आपके प्रश्न। समस्या, दुःखमय जीवन पर कुछ उपाय। किस की क्या तो किसकी क्या तकलीफ। किसी को फिल्मों में यश चाहिए। एक 'हिट' चाहिए। 'भीषण अकाल के समय' पैदा हुआ, ऐसा माँ ने कहा था, इसलिए मोटे तौर पर वर्ष बताकर मित्र कुंडली बनवाकर ले गया है। पैसे खाता है कहकर जाँच हो रही है। शिकायत करने वाले रिश्तेदार ही। एक-दूसरे की ठीक से चिंता नहीं और ग्रहों की चिंता। मैं उसाँस भरता हूँ। पहली बार घड़ी देखता हूँ। फिर जगदीश की चिकोटी काटता हूँ। हम दोनों गैलरी में।

'क्यों रे?'

'अरे स्साला, आज नंबर लगेगा?'

'तेरहवाँ नंबर है। परन्तु, पहले के लोग आए नहीं! लगेगा...देखेंगे!'

'तुम्हारे पास तारीख है?'

'मोटे तौर पर! लेकिन समय नहीं मालूम! वर्ष मालूम है!'

'अभी पूजा चल रही है। हंसाबेन को विनती करूँ क्या?' वह चौंकता है। उसे आश्चर्य होता है।

'तुम्हारी पहचान कैसी?'

'पहचान कैसी? यहीं तो पहचान हुई है न!'

'तो देखो!'

मैं भीतर देखता हूँ। हंसाबेन दिखाई नहीं देती। मैं सड़क पर आ जाता हूँ। बारिश उदास, धीमी गति से बरस रही है। ज्यों अपरिहार्य। सड़क पर छाता ओढ़कर जाता युगल। रोमांटिक-सा। उन्हें कुंडली, भविष्य और प्रारब्ध की चिंता नहीं। उनके हाथ गुँथे हुए। शायद उसमें वर्तमान सुरक्षित। आगे की आगे। मैं सभ्य मनुष्य-सा निगाहें फेर लेता हूँ। सामने के फ्लैट से दिखता है, खिड़की से। एक माँ गुस्से में आकर बच्चे को झाड़ू से पीट रही है। उसके पीछे कारण होगा? क्या होगा उनका नसीब? जीवन इस तरह जगह-जगह प्रवाहित हो रहा है। मैं फिर भीतर झाँकता हूँ। प्लाइवुड के पार्टिशन के पार कुछ हलचल। अधिकांश कुर्सियाँ खाली हो रही हैं। मैं एक चक्कर लगाता हूँ। हंसाबेन किसी से बात कर रही है। मैं आँखों में देखकर हँसता हूँ। वह स्तब्ध हो जाती है। कुछ बेचैन भी। मैं बुदबुदाता हूँ। हंसाबेन रजिस्टर के पन्ने पलटती है। कहती है–

'कोशिश करके देखती हूँ, पर गारंटी नहीं देती हाँ!'

यहाँ किसे गारंटी चाहिए। खासकर उसकी ओर से! वह जाती है, पर जाते समय मुस्काती है। मैं कम्प्यूटर रूम में जाकर देखता हूँ। वहाँ काम जारी था।

मैं लौट आता हूँ। मैं जगदीश को इशारा करता हूँ। धीरे से बताता हूँ। वह आश्चर्यचकित।

'वह किसी की नहीं सुनती, कहते हैं!...देख ही लोगे अभी, गुरुजी के बाहर आने पर!...तुझसे ठीक से बोली?' मैं हँसता हूँ। स्पष्टीकरण के रूप में नहीं, पर यूँ ही मुझे मेरी मोटी बीवी याद हो आयी। जगदीश मेरे पीछे था।

हम प्लाइवुड के पार्टिशन के पीछे रखी कुर्सी पर बैठते हैं। वहाँ एक स्त्री बैठी हुई है। मैं उड़ती नजर से देखता हूँ। सफेद साड़ी। सिर पर आँचल। उसका पूरा ध्यान हमारी ओर। वह विचलित लगती है। मैं गद्दी और कार्तिकेय और फिर दरवाजे की ओर देखता हूँ। अब शायद गुरुजी आएँगे। जगदीश एकदम चौंककर मेरा हाथ जोर से थामता है। मैं भी चौंकता हूँ। परन्तु मुझे कुछ नहीं समझ पड़ता।

'राधा?'

मैं उस स्त्री की ओर देखता हूँ। राधा की ओर। वह कब से आयी हुई है। शायद हमारे आने से पहले ही, हमारे आने से पहले से पार्टिशन के पीछे बैठी हुई होगी। उसने हमें उसी समय देखा होगा। वह तब से ही विचलित, बेचैन होगी। जगदीश विस्मय से एकटक देख रहा है। वह धीरे से, आत्मपीड़क-सी मुस्काती है।

'हाँ! मैं ही और तुम?'

'मैं भी! पर तुमने बताया नहीं, यहाँ आओगे...'

'और तुमने भी'

'हूँ!'

दोनों एक-दूसरे को देखते रहते हैं। जगदीश आगे झुककर कुछ उसकी ओर सरक जाता है। तकदीर द्वारा बनाई गयी दूरी कुछ पाटने की कोशिश करता है। मैं अब भी आश्चर्य से उबरा नहीं हूँ। मैं उस माला जपती और कुछ निश्चिंत-सी लगने वाली महिला की ओर देखता हूँ। तभी मैं कुछ गड़बड़ी सुनता हूँ। गुरुजी बाहर आते हैं। सच तो यह है कि उन्हें लाया जाता है। पकड़कर। उठाकर। साठ से ऊपर उम्र। लगभग लोंदा हुआ आदमी। अपनी ही तंद्रा में।

गुरुजी हाथ जोड़कर बैठते हैं। यह नमस्कार किसी के लिए नहीं। हंसाबेन पास में बैठती है। एक व्यक्ति अगरबत्ती का गुच्छा सुलगा कर रखता है। सुगंध की बौछार। कुछ दीये जलते हैं। चेहरे दिखने लगते हैं। अब चुप्पी फैल जाती है। फुसफुसाहट थम जाती है। धंधे में नुकसान झेला आदमी आगे बढ़ता है, पत्नी के साथ। मैं भी देखने लगता हूँ। दूसरे कमरे के 'प्रिंटर' की आवाज थम जाती है। ज्यों सबकी तकदीर अचल हो गयी, थम गयी।

'गुरुजी ऽ! ठीक है न ऽ...'

'अं ऽ'

'गुरुजी मसनद से टिककर सो जाते हैं, कुछ देर। उन्हें नींद नहीं है! बहुत

तनाव है, सब लोगों का!' हंसाबेन बताती है। फिर सबके बीच से मुझे खोजती है। मैं उसे देखता हूँ, दूर कुर्सी पर बैठा हुआ। फिर वह दूसरों की ओर देखती है।

'गुरुजी ऽ...'

'अं?'

'तबियत सारो ऽ छे?'

'अं?'

'इन्हें देखिए गुरुजी!...इनका नंबर है! इनकी राशि बता सकेंगे?' गुरुजी कुछ तो फुसफुसाते हैं। सामने धंधे में नुकसान पाए व्यक्ति के आरपार देखते हैं। फिर कुछ पूछते हैं।

'नहीं, तारीखवार नहीं। वर्ष? वर्ष बता सकेंगे क्या?'

'उन्नीस सौ सैंतालीस!'

हंसाबेन चिल्लाकर कहती है। गुरुजी सुनते हैं। परन्तु, सुने, ऐसी कोई बात चेहरे से नहीं लगती। बीच में ही पानी पीते हैं। पानी की धार बहती है छोटी-सी, होंठों से। हंसाबेन रूमाल से पोंछती हैं।

'बोलो ऽ गुरुजी ऽ'

'आपके पहले एक भाई जन्मा था, मर गया, अपंगत्व था, सही है?' सामने का व्यक्ति नमस्कार करता है। उसका मुँह आश्चर्य से खुला।

'धंधे में नुकसान हुआ?'

'हाँ गुरुजी'

'आएगा ही'

'आं ऽ?'

'दो अगस्त सैंतालीस! समय सुबह छह बजे! राशि वृषभ!'

'राशि कौन-सी गुरुजी? जन्म या लग्न?'

गुरुजी का 'फ्लो' रुकता है और उन्हें कुछ रुकावट लगती है। वे हाथ के संकेतों ने अपनी नाराजी व्यक्त करते हैं। हंसाबेन जीभ निपोरती है। हँसती है। लोग हँसते हैं।

'लग्न वृषभ! जन्म-राशि वृश्चिक! ग्रह लिख लीजिए!' हंसाबेन कम्प्यूटराइज्ड छपा कागज उठाती है। उस पर चौकोन आदि छपा है। लोगों की उत्सुकता।

'लग्न में शनि! हर्षल के साथ! चंद्र सप्तम में! षष्ठेश अष्टम में, अष्टमेश षष्ठ में।'

गुरुजी नमस्कार करते हैं। सम्भवतः कालपुरुष को। खो जाते हैं। आँखें मूँद लेते हैं। खोलते हैं। मैं देखता हूँ। गुरुजी आगे कुछ नहीं बोलते।

'उन्हें धंधे में नुकसान हो गया है!...क्या कर सकेंगे?' वे बुदबुदाते हैं कुछ, हंसाबेन गम्भीर हो जाती है। 'नेकी से व्यवहार करें।' गुरुजी कहते हैं, वह गर्दन

हिलाता है। पंचांग सेक्शन से वेरिफाय कीजिए! तारीख समय दीजिए उन्हें!...फिर कम्प्यूटर में से निकाल लें!...फीस वहाँ जमा करनी है...'

'पर कोई तोड़?'

'पर तोड़ बताइए गुरुजी ऽ...'

वे नहीं बताते। वह हाथ से इशारा कर उठाती है। वह नाखुश होकर उठता है। सामने का व्यक्ति सरककर आगे बैठता है। मैं जगदीश की ओर देखता हूँ। उसके चेहरे पर पार्टिशन का जालीदार छाया प्रकाश। उसके भी। वे दोनों एक-दूसरे की ओर देखते हैं। वे फुसफुसाते हैं। मेरे प्राण कान हो जाते हैं। मतलब मैं सभ्य व्यक्ति होता हूँ। चुराकर कुछ सुनने की इच्छा नहीं होती। पर मैं सुनता हूँ। अन्ततः मैं मित्र हूँ। यानी मेरी ईमानदार भूमिका।

'क्या तय किया?'

'अभी तक कुछ नहीं!'

'तू?'

'अभी तक कुछ नहीं!'

'फिर?'

'फिर कुछ नहीं!'

'यह कब तक चलेगा?'

इस अनादि प्रश्न का कोई उत्तर नहीं। वैसे वह होता ही नहीं। जालीदार पार्टिशन की रोशनी दोनों पर। व्याकुल थी वह। ज्यों तृषार्त। उसकी आँखें बोलती हैं। उसमें तूफान उफनता है। पलकें झुकती हैं। उसमें वाष्प। एक निःश्वास। जगदीश की ओर से सांत्वना का एक चोर-स्पर्श। यह सब पार्टिशन की ओट में वह बुदबुदाती है।

'वह आने लगा है अब!'

'हाँ!'

'उद्योगपति के साथ मेल बैठ गया शायद। हँसता है! गंदा बोलता है! उसकी आदतें गयी नहीं हैं! उसे देखते ही मेरा दम घुटता है!...डर लगता है...निराशा लगती है।'

मैं उसकी ओर न देखते हुए सुनता हूँ। उसके बुदबुदाने में उसकी आवाज में मुझे कंपन लगता है। मुझे वह करुण लगता है। इसका डर, इसकी घुटन, इसकी कुंठा, बेकल जीना, इस बारह खानों में बैठा सकेंगे? शायद बैठा भी लेंगे। पर इसके पार भी कोई तेरहवाँ घर होगा। इस सारे प्रपंच में।

'पैसे चाहिए क्या उसे?...हरामखोर...'

'सवाल पैसे का नहीं, जगदीश!...पैसे मैं देता ही उसे!...पर कब तक चलेगा? तृष्णा की गति कब-कहाँ तक चलेगी?' 'वह निःश्वास छोड़ता है। मालूम न हो इस

तरह। देखता है गुरुजी को। वे अब मसनद पर निढाल हो गये हैं। उनकी आँखें मुंदने लगी हैं। दुबला-पतला एक व्यक्ति अगरबत्ती जला जाता है। फिर सुगंध की लहर।

'गुरुजी ऽ? सारो छे?'

'हूँ!'

'इनके बारे में बताएँगे क्या?...इनका गुरुजी ऽ'

'नहीं...नहीं बताऊँगा! अगली बार!'

सामने बैठा व्यक्ति उदास-सा उठता है। कुछ खुली जगह। कुछ आगे सरक आते हैं। गैलरी में तिरछी बारिश अब। गैलरी के लोग भीतर आते हैं। दीवाल से टिककर बैठ जाते हैं। भयग्रस्त से, चिंताग्रस्त भी। मैं फिर उस पचास पार की महिला की ओर देखता हूँ। वे वहाँ मुझे विसंगत लगती हैं। मैं उठता हूँ। यूँ ही आराम से, ध्यान न खींचते हुए पास जाता हूँ। मेरे पीछे पार्टिशन की ओट का बुदबुदाता तूफान मैं वहीं छोड़ देता हूँ।

अब मैं गद्दी के पास। भयपूर्ण तस्वीरें। उग्र गंध। हंसाबेन मेरी ओर देखती है और बेचैन होती है। पर ऐसा जताती है कि ध्यान नहीं है। रजिस्टर देखती

'आठ, नंबर आठ!'

'कुछ हलचल। एक सफारी-सूटवाला व्यक्ति आकर बैठता है। उसके पास कुंडली है।'

'यहीं से बनवायी है क्या?'

'नहीं! पहले से ही है!'

'वेरिफाय कर ली क्या?'

'अचूक है!'

हंसाबेन कुछ चिढ़ी हुई। फिर गुरुजी की ओर देखती है। वे आँखें खोलते हैं। आँखों की नींद उड़ी हुई है। वे हँसते हैं।

'चाय मिलेगी, बेन?'

अब दौड़-धूप। तब का दुबला-पतला व्यक्ति चाय लेकर आता है। शायद भीतर तैयार ही रखी होगी, थर्मस में। गुरुजी चाय पीते हैं। मन से हँसते हैं। सबके बीच मन लौटा आते हैं। ज्यों इतने लोग बातें करने आए हों।

'बारिश हो रही है शायद?'

इन्हें अब मालूम हुआ क्या? मैं उनकी बेचैन अँगुलियों की ओर देखता हूँ। उनमें अँगूठियाँ, कैसी-कैसी? कैट्स आई सफायर आदि। फिर गुरुजी कुछ हास्य-विनोद करते हैं। राजनीति पर कुछ टीका-टिप्पणी। सामने बैठा व्यक्ति सर्पदोष के बारे में पूछता है। वे सर्प-देवता के बारे में जानकारी देने लगते हैं। मैं सुनता हूँ। पढ़कर ही मैंने जान रखा था। नया कुछ मालूम नहीं। कालसर्प योग। उसके प्रकार। उनका

तोड़। प्राचीन ग्रंथों के हवाले।

पचास पार की वह महिला उठ खड़ी होती हैं। घड़ी की ओर देखती हैं। कुछ आगे बढ़ आती हैं। गुरुजी को और हंसाबेन की ओर देखती हैं। मैं भी उन्हें देखता हूँ।

'मैं जाऊँ? फिर आऊँगा!'

हंसाबेन हामीपूर्ण गर्दन हिलाती है। परन्तु, गुरुजी हाथ से रोकते हैं। जाने नहीं देते। देखते हैं उस महिला को एकटक।

'बैठिए! मत जाइए!'

'गुरुजी कह रहे हैं—बैठिए!'

'बैठिए जी बैठिए! कभी तो नहीं आते।'

वे हिचकिचाती हैं। बैठती हैं।

'अब तबियत ठीक नहीं रहती!...और सबका बोझ उठाना...! कार्तिकेय की कृपा से जीवित हूँ। नहीं तो यह गठरी कब की फट चुकी होती!'

'वाह गुरुजी! ऐसा क्या बोल रहे हैं?'

'नौ नंबर! नौ ऽ'

गपोड़े पीछे सरक जाते हैं। दूसरा व्यक्ति आगे आता हैं। परन्तु गुरुजी उनकी ओर नहीं देखते। आठ नंबर अब भी कुंडली हाथ में लेकर हैं। गुरुजी हँसते हैं।

'दीजिए...दीजिए!...इधर दीजिए!'

सबको आश्चर्य होता है। गुरुजी कुंडली माँग लेते हैं। मैं देखता हूँ। देखता रहता हूँ, उस व्यक्ति की ओर। करुण और दयनीय हुए जीव की ओर। अन्यथा इस दुनिया पर रौब ही जताता रहा होगा। मातहत काम करने वालों को 'ईडियट' आदि कहता रहता होगा। असहाय लोगों को तुच्छता से हीन समझता रहा होगा। अखबार पढ़कर राजनैतिक विचार व्यक्त करता रहा होगा। शोषण करता होगा। जम गया तो दारू पीता होगा। मौज-मजा कर रहा होगा। और अब यह कुंडली हाथ में लेकर पूरी जिंदगी का लेखा-जोखा लेकर दयनीय-सा बैठा है।

नबर आठ बताता है। बेटे से बनती नहीं। वह मेरा द्वेष ही करता है। मतभेद होते हैं। झगड़े होते हैं। इसकी तकलीफ उसे भी, मुझे भी। मैंने उसके लिए कुछ किया है, यह उसे मान्य ही नहीं। आदि...आदि! मैं भी सुनता हूँ यह। यहाँ कुछ छिपना-छिपाना नहीं। एक हिसाब से यह ठीक ही है। सब अपना-अपना जख्मी सीना सबके सामने दिखाएँ। सीना ही क्यों...पीठ भी...यदि पीठ पर, वार हुए होंगे तो। सबके दुख के लिए खुला बाजार है। मैं हंसाबेन की ओर देखता हूँ। वह ध्यान से सुनती है। लिख भी लेती है। मैं मुड़कर देखता हूँ। पार्टिशन की आड़ में जालीदार रोशनी में 'कशमकश' वैसी ही। गुरुजी कहते हैं कि इष्ट ग्रह इष्ट घर में आएँ। इस तरह यदि ये आएँ तो इष्ट परिणाम होते हैं। अनिष्ट ग्रह अच्छे परिणाम नहीं देते।

वह सब प्राथमिक होता है। मैं नया कुछ नहीं सुन पाता। मतलब कि ग्रह तो नीचे नहीं आते। व्यक्ति आते हैं। हमारे आसपास लोग ही होते हैं। वे इष्ट ही रहें। हम इष्ट रहें। दोनों के सम्बन्ध इष्ट हों। तब परिणाम इष्ट होते हैं। यह मेरे भीतर मन ही मन का विश्लेषण। आदमी, आदमी की चिंता करे।

'नंबर आठ' को कुछ समाधान सुझाते-सुझाते गुरुजी अचानक 'ट्रान्स' में जाते हैं। कुछ स्तोत्र कहने लगते हैं। मैं सुनकर समझने की कोशिश करता हूँ। पर खास कुछ नहीं समझ पाता। 'कार्तिकेय' की कुछ स्तुति होगी। 'नंबर आठ' राह देखते बैठा रहा। फिर गुरुजी मसनद से टिककर सो जाते हैं। बारिश हो रही है। सारे चुप हैं या फुसफुसाते हैं। मैं पार्टिशन की ओर देखता हूँ। दोनों जालीदार छाया में बैठकर धीमी आवाज में कुछ बात कर रहे हैं। मोटा व्यक्ति पूर्ववत बैठा हुआ। गंजा आदमी हंसाबेन के पास सिफारिश करवाने की कोशिश करता है। वह उसकी कोशिश विफल कर देती है, कठोर नजर से देखकर। रात सरक रही है। मैं दूसरी बार घड़ी की ओर देखता हूँ। मैं देखता हूँ, गुरुजी की ओर। वे अब लगभग सो चुके हैं। तब लोग क्यों रुके हैं, यह सवाल मेरे मन में उठता है।

'वे इसी तरह बीच-बीच में सो जाते हैं! फिर उठकर, फिर बताते हैं!'

'कितनी देर में उठते हैं?'

मेरा व्यंग्यपूर्ण सवाल। पर बताने वाला बताता है कि शायद दस-पंद्रह मिनट में। मैं उठता हूँ। दो नये लोग आते हैं। और पूछताछ कर निकल जाते हैं। एक कम्प्यूटर कमरे में जाकर मोबाइल नंबर दे आता है।

'नंबर लगने पर कॉल करें!'

मैं आराम से तीन-चार कमरों से, गैलरी से—चारों ओर निरुद्देश्य घूम आता हूँ। गैलरी में एक व्यक्ति मिलता है।

'क्यों आए हैं? कोई प्रोब्लेम?'

मैं सोचता हूँ...वैसे प्रोब्लेम काफी होते हैं। कुछ न कुछ तो होते ही हैं। पर यहाँ ला सके ऐसा प्रोब्लेम कौन-सा? वैसे मेरे भी पेट में अल्सर है। पत्नी बीमार रहती है। बेटा एक बार फेल हो गया था। पर उसे अब नौकरी लग गयी है। अपनी स्कूटर खराब हो जाती है, कई बार। पर 'वाहनसुख' है या नहीं यह देखने के लिए मैं कहीं गया नहीं। वैसे ठीक है। ठीक ही है। हाँ, वैसे 'उस' सम्बन्ध में पत्नी का रस समाप्त होता आया है। परन्तु, यह तो होता ही है। और अपना रस कोई बढ़ रहा है, ऐसा भी कहाँ है। फिर क्या कहें? मैं उसे बताता हूँ—उसकी विरक्ति। मतलब इस उम्र में हम कुछ बूढ़े हो गये क्या, जरा देखिए तो? पर क्या कर सकते हैं। सप्तम में राहू का भ्रमण, कहते हैं। सुननेवाले का पूरा शरीर ही कान हो जाता है। मैं गम्भीरता से वह 'नाजुक' प्रोब्लेम 'बेहिचक' होकर बताता हूँ। और मन ही मन हँसता हूँ। उसकी मुश्किल यह कि वह पूछ नहीं पाता। फिर मैं ही उससे पूछता हूँ—

'...बेटी की शादी नहीं हो पा रही...कुंडली नहीं! उसकी भी नहीं! मेरी भी नहीं...फिर ये चेहरा देखकर बताते हैं, ऐसा सुना है!'

'बेटी को किस बात का शौक है!'

'आँ?'

'मतलब कला, गायन आदि?'

वह चौंककर देखता है। विचार करता है। मैं और प्रश्न पूछता हूँ। मतलब बच्ची की हॉबी क्या है? उसका पसंदीदा लेखक कौन?...बाप नहीं बता पाता। उसे अपनी बेटी के बारे में बहुत जानकारी नहीं है। उसे वे प्रश्न निरर्थक लगते हैं। ग्रह और तारे उसे अर्थपूर्ण और आवश्यक लगते हैं। वह बेटी को समझा नहीं सकता। वह बेटी के बारे में चिंतित नहीं है। उसे बेटी के विवाह की चिंता है। सप्तम का मंगल उसके लिए करीब का लगता है। बेटी दूर की है। उसे बेटी की हॉबी मालूम नहीं। मैं धीरे-धीरे ऊबने लगता हूँ। फिर निगाह सड़क पर।

सड़क पर तेज गति से जाने वाली गाड़ियाँ। सबको घर जाने की जल्दी है। मैं फिर भीतर। पार्टिशन के ओट में। वहाँ जालीदार छाया में घुटती भावनाओं का नाटक। उसाँसें और आहें। बीच में ही आवाजें चढ़ती हैं और उतरती हैं। जगदीश का मोबाइल अचानक 'स्टाइल' में चीखता है। सबकी निगाहों में निषेध। जगदीश जल्दी में धीमे-धीमे बोलता है। मैं जान गया, भाभी का फोन है। जगदीश आत्मीयता से बोलता है, कुछ बताता है। राधा की चूड़ियाँ निषेध का आवाज करती हैं। मैं उसे देखता हूँ। उसकी आत्मा से तृप्ति की ज्योति मुझे दिखाई नहीं देती। उसका सौंदर्य मुझे तीखा, कुछ शिकायती लगता है। मुझे उसके प्रति आदर नहीं लगता। मैं उन दोनों को फिर एकांत देता हूँ। उठता हूँ। फिर गंध भभक उठती है। गुरुजी अब भी सोये हुए हैं। पर हंसाबेन दिखाई नहीं देती।

मतबल अभी काफी समय है। हमारा तेरहवाँ नंबर है। राधा का कितना, मालूम नहीं। वह बोलेगी या नहीं, दोनों बोलेंगे या नहीं, पता नहीं। दोनों को कुंडली चाहिए। दोनों को कल का खुलासा चाहिए। तसल्ली चाहिए अभी की, आज की उलझन का छुटकारा उन्हें कल चाहिए। रात बीत रही है। बारिश हो रही है।

मैं कम्प्यूटर रूम में। वहाँ एक पार्टिशन छोटा-सा। कोने में हंसाबेन वहाँ खड़ी। वह मेरी ओर देखकर हँसती है। इधर-उधर देखती है। मुझे इशारा करती है। बुलाती है। मैं जाता हूँ। सीने में कोई धड़धड़ाहट नहीं!

'यह हमारी रेस्ट रूम!...बहुत रुकना पड़ता है न।...लीजिए!' वह कागज के गिलास में थर्मस की चाय देती है। मैं आराम से स्वाद का आनंद उठाते पीता हूँ। हँसता हूँ। फिर उसकी आँखों में झाँक कर।

'आप पहली बार?'

'हाँ, वो मित्र रुका है ना...'

‘हाँ-हाँ, पर आपकी कोई समस्या नहीं क्या?’

‘मालूम नहीं भई!’

‘आपकी कुंडली बनानी है?’

‘नहीं’

मैं शांति से बताता हूँ। मेरा शांत निश्चयीपन उसे विचलित कर जाता है। वह चुस्कियाँ ले-ले कर चाय पीती है।

‘इतना ही शांत-समय हमें मिलता है!’

फिर मैं उससे पूछता हूँ। वह हिचकिचाती है। पर बाद में बताती है। एकदम फूट पड़ती है। ज्यों बताना उसकी जरूरत है। कहानी वही। कुछ भी अलग नहीं। वही, जो अलग-अलग स्थानों पर घटती है। दुखों की, तृष्णा की, असुरक्षा की। मानवीय सम्बन्धों की। पति सामान्य। यह महत्त्वाकांक्षी। उसे ‘बुद्धि’ नहीं। अर्थात् भोला-भाला, सीधा-सादा। दूसरों के शोषण का बलि। कुछ सीमाओं तक। फिर उसने गुरुजी के बारे में सुना। वह सेवा करती है। एक बार गुरुजी और कार्तिकेय का (इक तरफा) संवाद सुनती है। ‘तू जन-कल्याण कर। तुम्हारी सेवा के लिए मैं बेटी-सी लड़की भेजती हूँ।’ यह देवी का कहना। वह पहुँचती है। सूत्र सँभालती है। अब उसका रौब-दाब। गुरुजी उसकी सुनते हैं। उसके बिना पत्ता नहीं हिलता। पर वह तंग आ गयी है। वैसे उसे सुरक्षा हर तरह से है। वैभव भी मिलने लगा है। परन्तु, दुःखी, व्याकुल लोगों की आसपास भीड़ है। (इसलिए आप अलग, भिन्न लगे!)

‘पति कहाँ है-आय मीन मिस्टर?’

‘वो अगरबत्ती लगाने वाला!’

उसकी खुली तुच्छता। मैं देखता हूँ। उसे, उसके पति को। भीड़ को। मैं उसे जानने लगता हूँ।

‘पर बेकार है!’

वह कुछ सूचित करती हुई, कुछ उपहास से, कुछ तीखे रूप में दबी आवाज में कहती है। ढीठ होकर देखती है। मैं कागज का गिलास कचरा-पेटी में डालता हूँ।

‘आते रहिए, बीच...बीच में!’

वह कहती है। मैं कुछ सिहर जाता हूँ। वैसे डर-वर से नहीं। शायद ठंड से। मुझे वहाँ की कार्य-पद्धति के बारे में पूछना था। मतलब कुंडली कितनी सही होती है...आदि-आदि। पर मैं पूछता नहीं। मुझे याद है, गुप्त रोग का इलाज करने वाले डॉक्टर की एक नर्स मेरे मित्र की परिचित हो गयी थी। वह बोली थी, ‘आते जाओ, बीच-बीच में...’

किसका क्या तो, किसके दिमाग में क्या। सबके साथ जीवन बहता रहता है। लोगों की यात्राएँ हमारे आसपास। ग्रहों की नहीं। हम लोगों को नहीं पहचान पाते। चुपचाप अगरबत्ती लगाने वाले उस मरियल ‘पति’ का क्या होगा दुःख? और

उसकी कुंडली क्या होगी! उसका कोई तोड़ क्यों नहीं? अर्थात् मंगलवार को नख निकालना। सफेद फूल चढ़ाना। लौंग जेब में रखना, आदि। मैं थोड़ा व्यथित होता हूँ। पर गुरुजी उठते हैं। हंसाबेन जाती है, जल्दी-जल्दी।

मैं पिछड़ जाता हूँ। 'कम्प्यूटर बॉय' की ओर देखकर हँसता हूँ। पर वह नहीं हँसता। मैं फिर पहले कमरे में। अब पार्टिशन के पार चल रहे आँसुओं के बादल थम गये हैं। राधा शांत, नीचे जमीन की ओर आँखें गड़ाए। जगदीश गुरुजी की ओर देख रहा है। मैं भी देखता हूँ। वे ताजा तरीन दिखते हैं। सबकी ओर देखकर हँसते हैं। पचास से अधिक उम्र वाली माला जपती वह महिला फिर उठती हैं। हंसाबेन से पूछती हैं, 'जाऊँ मैं? फिर आऊँगी!...लगता है नंबर नहीं आ रहा!' गुरुजी उन्हें देखते हैं। देखते ही रह जाते हैं। मुझे और मुझे ही उनकी आँखों का कुछ अलग कुतूहल दिखाई देता है। वे संकेत करते हैं। महिला आगे बढ़ती है। वे बैठने का इशारा करते हैं।

'बैठिए ऽ'

'बैठिए जी, बैठिए बहन जी! गुरुजी स्वयं कह रहे हैं...'

'महिला बैठ जाती हैं। गुरुजी देखते हैं। ठीक से बैठती हैं पालथी मारकर। हंसाबेन पास में।

'कितनी बार आयी थीं, इससे पहले?'

'तीन-चार बार आयी थी! बेटे के बारे में पूछना था। काफी भीड़, इसलिए दो-एक बार बाहर से ही निकल गयी!'

गुरुजी गर्दन ऐसे हिलाते हैं, ज्यों उन्हें सब कुछ मालूम था। देखते रहते हैं। मैं भी देखता हूँ। धीरे से पास खिसककर और बैठकर। मुझे गुरुजी की आँखों में सुकुमारता दिखाई देती है। मानवीयता-सी। कुछ देर पहले तक दिखने वाली अमानवी दैवी चमक अब नहीं दिखती। मुझे पहली बार वहाँ आदमी दिखता है। सामान्य-सा। मुझे कुतूहल होता है। मैं कुछ आगे खिसकता हूँ। मुझे कुछ मानवीय नाट्य की गंध आती है। और कोई नहीं देखता। देख नहीं सकता। दूसरे सब 'नंबरवाले' हैं। उन्हें 'ट्रान्स' के गुरुजी की जरूरत है, भविष्य बताने वाले, समाधान सुझाने वाले गुरुजी। उनके मंगल सप्तक में हैं। नहीं तो शनि महाराज की उन पर कृपादृष्टि है। हर्षल जैसा विक्षिप्त ग्रह उनके भाग्य में है। वे राह देख रहे हैं, 'बताए जाने की'। मैं तो मानवीय गुरुजी को देखता हूँ। एक अनाम, कोंपल यादों में से प्रस्फुटित होता मैं देखता हूँ। 'अमुक गाँव में रहते थे, पहले?'

'हाँ, हाँ, गुरुजी!...बिलकुल सही!'

'मंदिर था? राम का!...एक पीपल-वृक्ष...'

'बिलकुल सही!'

सुननेवाले प्रभावित। फुसफुसाते हैं। इशारा करते हैं। 'देखिए' कहते हैं।

गुरुजी की सिद्धि से चकित होते हैं। गुरुजी कठोर, निर्विकार नहीं हैं। उन्हें किसी दूसरे की कुंडली बनानी नहीं है। मुझे उनकी निगाह अन्तर्मुखी, स्वयं पर केंद्रित लगी। एक सुकोमल, रेशमी, सम्मानपूर्ण मुस्कान उनके होठों पर। आँखों में भी। कितना-कितना भूतकाल चलकर आया देह पर। कितने वर्ष हुएय कितने वर्ष बीत गये। और अब यहाँ मिल रहे हैं।

'रामबाग का कह रहे थे?'

'हाँ ऽ!'

महिला कुछ आगे बढ़ती हैं। पर स्थिर। निर्लिप्त-सी माला जपना जारी। पर कुतूहल उन्हें भी लगता है। वे प्रभावित भी होती हैं।

'जोशी की हवेली कहते...वहाँ फूलों का बाजार भी लगता!'

'गुरुजी, एकदम सही! कितना सही बताते हैं!'

मैं दूसरों की देखता। सब या तो चकित हो देख रहे हैं या सब अपनी अपनी विवंचनाओं में, मैं दूसरों को देख रहा हूँ। उदास और धीमी गति में बारिश उतर रही है। रात काफी बीत चुकी है। पार्टिशन के जालीदार परदे के पीछे धीमी आवाज में फुसफुसाहट चालू है। वहाँ सम्बन्धों का मानवीय-सा एक तूफान है। एक-दूसरे से गुँथ जाना और भयभीत होना, उलझन सुलझाने की कोशिश करना और फिर उस कोशिश में फँसते चले जाना। नैतिकता का तनाव झेलना। उसाँसें भरना। दूसरे की बेटी का विवाह नहीं हो पा रहा। वह यहाँ केवल बैठा है! तीसरे को धंधे में नुकसान हो गया। वह भी प्रभावित है, यहाँ बैठकर। और यहाँ, अलग ही कुछ नाटक घट रहा है। मुझे ही समझ में आने वाला, मालूम होने वाला, मेरी ही गवाही में। गुरुजी की आँखों में अब अत्यंत व्याकुल सुकुमारता।

'उस हवेली में, कुसुम नामक एक लड़की रहती थी!'

वे थरथराती हैं। जपने वाली माला काँप जाती है, रुक जाती है। अचानक। ज्यों पृथ्वी की गति रुक गयी हो।

'गु...गुरुजीऽ '

'गंजा व्यक्ति व्याकुल होता है। अभिमानी हो बोलता है, कहता है...'देखा, कितना ज्ञान' सिद्ध का...'

हंसाबेन का मरियल पति अगरबत्ती जला जाता है। उसका केवल इतना ही काम।

'उसके पिता को उसके विवाह की चिंता रहती!'

'हँ!...किस पिता को नहीं होती?...उन्हें थी...'

वे अब माला रोककर गुरुजी की ओर ध्यान से देखती हैं। मैं उस महिला को ध्यान से देखता हूँ। मुझे उनकी आँखों में उथल-पुथल दिखाई देती है। आकाशीय यादों के पत्ते उनके मन में फड़फड़ा रहे हैं। वे कुछ याद करती हैं, कुछ सोचती हैं।

मैं गुरुजी की ओर देखता हूँ। वे मुझे व्याकुल लगते हैं। आँखें करुणार्द्र। कोमल, ज्यों वे विगत स्मृतियों की ओर मुड़कर देख रही हैं। इस बीच कितना कुछ घट गया।

'दोनों सखियाँ थीं! क्या तो नाम था उसका?'

'अं?'

महिला के होंठ हिलते हैं, पर कुछ उच्चारण नहीं। गुरुजी दूर देखते हैं। दूर, क्षितिज के पार। हंसाबेन के चेहरे पर कौतुक और अभिमान। वह गुरुजी के शरीर पर शाल ठीक करती रहती। 'नंबर नौ' कुलबुलाता है। उसे जल्दी है। दूसरों का क्या करना है? अपना मालूम करूँ? काले वस्त्र में अलसी बाँधकर जलाशय में फेंक दूँ? लाल फूल गणेश को चढ़ाऊँ ? सफेद भात काले कुत्ते को खिलाऊँ? उपवास करूँ? मेरे बेटे के साथ मेरी बन नहीं पाती। उसकी पसंद-नापसंद मुझे मालूम नहीं। पर वह मेरी सुनेगा। अलग रहने नहीं जाएगा। बहू की मुट्ठी में नहीं रहेगा, इसके लिए क्या करूँ? बेटी की शादी। रहने दे उसकी पढ़ाई अधूरी। उसे क्या करना है, पूछने की जरूरत क्या है? उसकी शादी। क्या उपाय है? बुध की अँगूठी पहनूँ? कैसे होऊँगा दुःखमुक्त?

कोई खास ध्यान नहीं देता। कोई समझता नहीं। ज्यों चूड़ियों के काँच एक-दूसरे को स्पर्श कर जाएँ, उसी तरह दो निगाहें, हौले से मोरपंख की तरह स्पर्श करती हैं। कुछ अंदाज लेती हैं। परखती हैं बोलती हैं। मैं देखता हूँ और देखता ही रह जाता ।

मुझे वह नाट्य बहुत आत्मीय लगता है।

'कुछ तो अच्छा-सा नाम था देखिए!...वृंदा!...है न?'

महिला के होंठ सुगबुगाते हैं। अनुमोदन देना वे भूल जाती हैं। गलत, सही कुछ बताने की उन्हें अब आवश्यकता नहीं लगती। दूसरों को यह सिद्धि का प्रदर्शन लगता सुनने वालों को। हंसाबेन को। नंबर आठ और नौ को। उधर, पीछे जगदीश मग्न है। राधा को समझाने में। उनकी 'फुसफुसाहट' सुनाई देती है। बीच में ही।

...'वृंदा!'

गुरुजी का धीमा स्वर। हौले से। वे कहते हैं। बताने लगते हैं। ज्यों कुछ कलेजे से अपनी बातें।

कुसुम और वृंदा! आत्मीय सखियाँ!...साथ-साथ मंदिर जातीं।...एक साथ फूल लातीं! ज्यों सगी बहनें!...गुजर गयी न वह? महिला के होठ कसकर बंद। मैं देखता हूँ, वे गुरुजी की ओर ही देख रही हैं। आँखों में हल्का-सा पानी।

'गुजर गयी वह...तभी!'

'और उनके सामने ही हवेली के पास रहता था न वह, साँवला-सा युवक!'

'अं?'

'देखता रहता उनकी ओर! मन ही मन घुलता! कुढ़ता!...गरीब था न वह!... एक बार...'

'गु...गुरुजी!'

'एक बार, एक रात, एक चाँदनी रात में हवेली की छत पर उसने प्रेम निवेदन किया, कुसुम के पास...'

गुरुजी का स्वर अब चाँदनी में भीग चुका था। हौले-हौले। सुकोमल नाजुक। ज्यों उन्हें वह सब 'दिख' रहा है।

'आश्चर्य है, नहीं? ट्रांस में जाने पर गुरुजी सब बताते हैं!' मैं मुस्काता हूँ। मुझे मालूम रहता है, गुरुजी ट्रान्स में नहीं हैं। वे स्मृतियाँ जगा रहे हैं। फिर अलग, सुकोमल, उम्र के पार (सच तो है पीछे) जाकर अनोखा-सा मानवीय नाट्य घट रहा है। मैं उसका गवाह हूँ।

'नहीं...यह होना नहीं था! ईश्वर लेखा कुछ और ही था!' गुरुजी स्तब्ध। मैं भी स्तब्ध। क्षण बहुत नाजुक था। मौन की ही दवाई है उस जख्म पर। और वह महिला बोल रही हैं उतने ही सुकोमल, मोरपंखी स्वर में। पूरी तरह खोकर।

'कुसुम पर कितनी जिम्मेदारियाँ थीं!...पर कुसुम अन्त तक नहीं भूल सकी वह निवेदन...संभाषण!...उसके मन में वह रह गया था!...बाद में उसका विवाह हुआ...! उसका कुछ बुरा नहीं हुआ! अच्छा ही हुआ था! उम्र हो गयी!...वह सुखी है अब!...परन्तु उस प्रणय-निवेदन के लिए उम्र भर ऋणी है...' गुरुजी जोर से निःश्वास छोड़ते हैं। खो जाते हैं...दूर देखते हैं।

'कुसुम की कुंडली में इष्ट ग्रह आए ही नहीं!...जो नहीं चाहिए वे ग्रह... अनपेक्षित ग्रहों ने उसे अपना लिया!...योग्य ग्रह आए होते तो जीवन की दशा कुछ और ही होती!...जीवन की कुंडली कुछ और ही बनी होती!...बहुत अफसोस है...'

महिला ने वैसे पहचान तो लिया था। पर वे स्थिर रही हैं। शायद उनकी स्थिरता बढ़ गयी है। पृथ्वी का भ्रमण, जो रुक गया था वह फिर शुरू। माला फिर फिरने लगी। सब कुछ नियमित, स्थिर। महिला बोलती हैं। कुछ निश्चय से। कुछ खबरदार करते स्वर में। कुछ धारदार। 'गुरुजी! कुसुम की कुंडली में योग्य ग्रह ही आए!...सारी उम्र वह सुख से रही!...बच्चे हुए! बड़े-बड़े बच्चे हैं उसके!...हाँ, उनकी नौकरियाँ कभी टिकती हैं, कभी नहीं। चलता है...दिक्कतें तो आती रहती हैं...पर कुसुम की जिंदगी व्यर्थ नहीं गयी!...वह सुखी हुई!...जो ग्रह आए उसने अपना लिये!...अपनाने के बाद समस्या ही समाप्त!...गुरुजी!...उस लड़की की कुंडली देखनी चाहिए!...उसी में इष्ट ग्रह नहीं आए...' दीर्घ स्तब्धता, दीर्घ स्तब्धता। उसके बाद प्रसवित अर्थों का गवाह मैं, मंत्रमुग्ध, मौन और स्तब्ध। चुप। तात्पर्य, यदि ऐसा कहना हो तो। अपने लोग अपने ही मानने चाहिए। मतलब दुःखमुक्ति का उपाय वह हो सकता है। दूसरों को पता ही नहीं चलता कि क्या चल रहा है। पर गुरुजी कुछ बता रहे हैं, यह तय है। और सारा सच ही लगता है। जैसा कि वे बता रहे हैं।

महिला उठ खड़ी होती हैं। गुरुजी के लिए यह अनपेक्षित है। वे कुछ चौंकते हैं। उनका चौंकना मैं महसूस करता हूँ।

'मतलब?...जाएँगीं?'

'अब, जाऊँगी गुरुजी!'

हंसाबेन की कुछ समझ में नहीं आता। वह विरोध करती है। अपनी समस्या कहा रखी है, अभी। मैं मंद-मंद मुस्काता हूँ। यानी सचमुच इसे कुछ समझ में नहीं आया। व्यथा का फूल आँखों के सामने खिला और मुरझाने लगा। पर इसे पता नहीं चला।

'जाएँगी?'

('कुसुम को जाना होगा?...वह कैसे रुक सकती है?...पर अब उसे जाने दीजिए!...उस चांदनी रात के निवेदन की याद निकली है!...उन यादों की खातिर अब कुसुम को जाने दीजिए...')

'हँ! '

'फिर आएँगी न?'

('कुसुम अब नहीं आएगी! वह बहुत पीछे छूट गयी है! भूतकाल के कोहरे में गुम हो गयी है!')

'समस्या सुलझनी है न बेटे की!...उसे लेकर आऊँगी!'...आऊँगी न।...फिर आऊँगी! अब देर हो चुकी है!...बारिश भी जारी है!'

('आपकी...कुसुम की कुंडली देखी होती!')

('किसलिए? अपनी ही देखिए!...योग्य ऐसे ग्रह आपकी कुंडली में आए नहीं!...मेरे भी नहीं!...अपनों को मैंने अपना लिया है!...और अब चर्चा किसलिए? काले बाल सफेद हो गये!...अब रंगीन सपने आने बंद हो गये हैं!...')

'तो जाएँगी?'

गुरुजी का स्वर कुछ हताश। मैं सुनता हूँ। कोष्ठक के शब्द अनुच्चारित। पर उन्हें मैं सुनता हूँ। प्राणों के कानों से सुनता हूँ। उसमें मुझे चोरी का आभास नहीं होता। विकृत कुतूहल नहीं लगता। उल्टे मैं थर्रा जाता हूँ। काँप जाता हूँ। करुण लगता है। मैं भीतर से थोड़ा भीग जाता हूँ।

माला अविरल फिर रही है हाथ में। और स्थिर निश्चिंतता फिर घनीभूत रूप में अनुभव होती है। परन्तु, कदम रुक-रुक जाते हैं। ('कुसुम' रुक जाती है।) फिर महिला निकल जाती है। निश्चयपूर्वक जाती है। दरवाजा बंद किया जाता है। बारिश की आवाज आती है। धीमे-धीमे और लयबद्ध। एक ठंडी सिहरन। तब की चांदनी समाप्त। तब की सुकोमलता समाप्त। धीमे से, यादों से प्रस्फुटित हरा नाजुक पत्ता काला पड़ जाता है। किसी के कुछ भी ध्यान में नहीं आता। ग्रह धड़ाधड़ घूमते हैं, कुंडली के बारह घरों में से। आँखें फट जाती हैं। मंगल तामस रंग से चमकता है।

शुक्र मारक ही। वह घातक आकर्षक रंग से चमकता है। हंसाबेन चिल्लाती है। 'नंबर नौ...नंबर नौ ऽ ऽ'

मैं मुड़कर देखता हूँ। जगदीश स्तब्ध। राधा आँखें पोंछ रही है। धंधे में नुकसान पाया आदमी चिंतित। गंजा व्यक्ति चिंतित। बेटी की शादी न होने वाला आदमी चिंतित। बेटे से न बन पाने वाला अफसर चिंतित। रात इन सबसे सरककर आगे बढ़ आयी है। गीली, बारिश से रात अब काफी ढल चुकी है। गुरुजी सोना चाहते हैं। वे न सोयें, मेरी ओर देखें, ऐसा दूसरों को लगता है। गुरुजी को 'ट्रान्स' आ रहा है। अगरबत्ती की तीखी गंध उभरती है। बारिश उतर रही है, दुखी सितार की तरह, अविरत, अपरिहार्य, सतत। बारिश!

सृष्टि रचने वाले को सलाम (यदि वह होगा तो!) जीवन में बहते जाने वालों को सलाम। आशा-आकांक्षा, उनके अस्तित्व, अस्तित्व की जरूरतों को भी सलाम। किसका क्या तो, किसका क्या...जिस किसी प्रतिभा संपन्न व्यक्ति ने आदमी के जीवन को बारह खानों में बिठाया, उसे भी सलाम। परन्तु, कुछ शर्तें हैं। कुछ सादे विषय हैं। बात यह है कि अपनों को अपना लें। चारों ओर लोग ही होते हैं। अपनी कुंडलियों में आदमी ही होते हैं। उनके इष्ट परिणाम हो सकते हैं। हमें उनकी कुंडली में अच्छे ग्रह बनकर जाना चाहिए। वे भी आते हैं अच्छे ग्रह बनकर। छठवें स्थान पर नौकर और सातवें स्थान पर पत्नी, ऐसा ही होता है। अर्थात् मनुष्य ही। हम दूसरों के साथ कैसा व्यवहार करते हैं, यह गंजे व्यक्ति को नहीं मालूम। तोंदवाले को नहीं मालूम। बेटी की हॉबी नहीं मालूम। बच्चों की आदतें नहीं मालूम। जगदीश की पत्नी अच्छी है, पर वह राधा की ओर छलाँग लगाता है। राधा उसकी ओर। दोनों एक-दूसरे का चक्कर लगा रहे हैं। (ग्रहों की तरह, कुंडली के!) और हंसाबेन 'केवल नाम का पति' कहकर सांकेतिक निमंत्रण देती है, सेवा करती है, सुरक्षा हासिल करती है। पर उसकी और राधा की तृष्णा खत्म नहीं होती। उधर गुरुजी दूसरों की कुंडली देखते हैं। उनकी कुंडली में मित्र नहीं है। इष्ट ग्रह नहीं हैं। वे दयनीय हो गये हैं।

मुझे साँवले रंग की, कुछ मोटी हो चली पत्नी याद आती है। वह बेचारी मेरी ओर प्रेम से निहारती है। उसका कोई कारण नहीं होता। मैं सज्जन व्यक्ति होने के कारण कबूल नहीं करता पर मैं भी उससे प्रेम करता हूँ। मेरे बच्चों पर मेरा प्रेम है। जीवन पर प्रेम है। मित्रों पर है। मैं अपनी कुंडली में उन्हें लाया हूँ। मैं भी गया हूँ इष्ट ग्रह बनकर उनकी कुंडली में। मुझे अपनी कुंडली देखने की आवश्यकता नहीं पड़ती। वैसे, समस्याएँ तो हैं ही...नहीं है ऐसा नहीं। जैसे, वेतन पूरा नहीं पड़ता, आदि...या स्कूटर खराब रहती है, आदि...

मैं बाहर देखता हूँ। बारिश हो रही है। बिजली चमकती है। रात आगे बढ़ रही है। 'नौ नंबर' आगे-आगे खिसकता है। जगदीश अब मेरे पास आकर बैठा है। राधा वहीं। पार्टिशन के परदे के पीछे, पलकों की वाष्प के साथ। उसे भी पूछना है।

जगदीश को भी। हंसाबेन का पति अगरबत्ती जला जाता है, फिर-फिर सुगंध की उग्रता। फिर कार्तिकेय की तस्वीर प्रकाशमान। फिर नीले हाथ की देवी तेजस्वी होती है। सबकी आशाएँ फिर पल्लवित होती हैं। ग्रह उनकी कुंडली में तेजी से चक्कर काटते हैं। तकदीर या तो जाग जाती है या सो ही जाती है, उन-उनके लिए। बेचैन हंसाबेन। वह देखती है मेरी ओर। मैं (मोटी हो चली साँवले रंग की पत्नी को याद कर) उसकी आँख में झाँककर हँसता हूँ, सभ्य होते हुए भी। गुरुजी जागते हैं। वे 'ट्रान्स' में जा रहे हैं। उससे रहा नहीं जाता और वह मुझसे पूछती है, 'आपको बनानी है कुंडली?'

'नहीं?'

मैं अचानक जोर से, बहुत जोर से कहता हूँ। सब मेरी ओर आश्चर्य से देखते हैं। मैं उनकी ओर, बाहर बरसात की रात की ओर देखता हूँ। सारे पार्थिव-अपार्थिव से काल-प्रवाह प्रवाहित हो रहा है। मुझे लगता है। चमत्कारी नजरों का मुझ पर कोई असर नहीं होता। मेरी घोषणा से मन पर अनायास आया बोझ उतरने लगता है।

—विस्तारित रात बारिश में भीगती रहती है। मैं देखता रहता हूँ। सबकी ओर, चारों ओर। अपनी ओर।

शुभवर्तमान

बारिश की सुस्त शाम में सिमरन ने कुछ नोट्स लिए थे, उसे याद आ रहा है। नोट्स याद आ रहे हैं, क्योंकि वे महत्त्वपूर्ण हैं। और उन नोट्स ने उसे बचाया है, एक अर्थ में। सिमरन अंग्रेजी में नाटक लिखती है। उन नाटकों का मंचन होता है। अधिक नहीं, पर मुट्ठी भर बुद्धिजीवियों के सामने होता ही है। दिल्ली, मुंबई और बाद में बाहर। सिमरन की अंग्रेजी पुस्तकें हैं। वह बाहर सुपरिचित है। यहाँ आसपास वह इतनी नहीं जानी जाती, लेखिका के रूप में। वैसे वह सोच-विचार मराठी में करती है। नोट्स भी मराठी में लेती है। पर बाद में, वह नाटक अंग्रेजी में लिखती है।

उसके द्वारा लिए गये नोट्स निम्नानुसार हैं –

1. सच को सबूत की आवश्यकता नहीं होती। सत्य स्वयं ही, स्वयं ही सबूत होता है, पर सत्य यानी क्या?
2. प्रेम करने की और अपने पर प्रेम करवा लेने की सबकी मूलभूत इच्छा होती है। पर प्रेम का डर लगा तो?
3. सही और गलत का निर्णय कैसे होगा? नैतिकता के माध्यम से जाँचकर देखा जाए? पर फिर नैतिकता यानी क्या?
4. भविष्य के लिए लिया कोई भी निर्णय भूतकाल से प्रेरणा देकर प्रकट हुआ होता है। उदाहरण के लिए, 'मैं वैसा करूँगा' यह जब कोई व्यक्ति कहता है, तब उसकी 'वैसा' करने की आवश्यकता भूतकाल से आयी हुई होती है। यानी 'कल' नहीं ही। यानी 'कल' अस्तित्व में ही न हो तो 'आज' उस पर विचार करना कितना सही? अतः, अपनी क्रिया का भविष्य नहीं होता क्या?

सिमरन को अंग्रेजी नाटक लिखना है। परन्तु, उपर्युक्त नोट्स के अनुसार उसके पात्र अब इन प्रश्नों को प्रस्तुत करेंगे। उनसे टकराने वाले हैं। बारिश की सुस्त शाम। सिमरन पेंसिल का उपयोग करती है। सिमरन स्तब्ध बैठी है। परन्तु, उसके पात्र प्रत्यक्ष में अवतरित होने से पहले ही अचानक, सिमरन से मिलने अग्निहोत्री आते हैं। यह उनका सांकेतिक नाम। क्योंकि वे धूम्रपान करते हैं। वे सिमरन की एक सहेली–गार्गी के–पिता हैं। वे अचानक इस तरह हमेशा नहीं आते। इस बार

वे आत्ममग्न, विमनस्क लगते हैं। सिमरन उन्हें देखती है, कुछ आश्चर्य से। इसके बाद जो संवाद होता है, वह इस प्रकार है—

'गार्गी आयी थी यहाँ?'

'नहीं!'

'हमारा उस पर प्रेम नहीं है क्या?'

'किसका? आपका? गार्गी पर? यह कोई सवाल है क्या?'

'पर उसने हम पर अविश्वास व्यक्त अपना विवाह स्वयं ही तय करने के लिए यह सब क्या चला रखा है?'

'मालूम नहीं! किसने—गार्गी ने?'

'तुम्हें नहीं मालूम? राजेश नामक एक लड़का है!'

'हाँ! वो मालूम है मुझे!...उसका उस पर प्रेम...'

'पर हम हैं न अभी...'

'मतलब?'

'उसका भला-बुरा देखकर उसके लिए क्या हमने लड़का तलाश न कर दिया होता? अच्छा घर न देखते? यह कौन आवारा?'

'पर प्रेम...'

'प्रेम वगैरह नहीं होता...सच नहीं होता! तुम लेख-वेख लिखती हो। तुम्हें मालूम होगा। मतलब समझ में आएगा।'

'प्रेम नहीं होता?'

'नहीं होता! वह एक संकल्पना है!'

'संकल्पना?'

'हाँ! यदि है तो केवल काम-व्यवहार होते हैं!'

'व्यवहार?'

'वह तुम्हें बाद में समझ में आएगा! पर वह अपने आप यह सब क्यों कर रही है?'

बारिश हो रही है—धीरे-धीरे, तंतुवाद्य छेड़ने-सी। हवा मंद है। नम वातावरण। अग्निहोत्री बेचैन हो कमरे में घूम रहे हैं। सिमरन उन्हें देखती है। ज्यों उसके सामने कोई नाटक प्रस्तुत किया जा रहा है। अग्निहोत्री चक्कर लगाते-लगाते ठहर जाते हैं। सिगरेट सुलगाते हैं। फिर धुएँ का एक छल्ला नीला-सफेद। आँखों में एक अलग-सी चमक। ज्यों चेहरे पर 'फ्लड लाइट' आ पड़ा। ज्यों वे सिमरन को देख ही नहीं रहे हैं। ज्यों उनकी नजर दूर कहीं। ज्यों वे इस क्षण किसी नाटक के पात्र हों। और ज्यों स्वयं से ही संवाद कह रहे हों। सिमरन उनसे बात तो कर रही है, पर ज्यों वह उनके स्तर की है ही नहीं।

'उसने ऐसा क्यों किया?'

'कैसा?'

'वह कोई राजेश!'

'नहीं...नहीं मालूम!'

'फिर?'

'मैं-हमने कुछ तो किया होता, पर उसने स्वयं ही...'

अग्निहोत्री फिर अचानक वहाँ से निकल जाते हैं। ज्यों उनके संवाद गुम हो गये। या वे स्वयं ही गुम हो गये। बाद में, सिमरन विचार करती बैठी थी, तभी नाटक में नाटककार द्वारा तय किया-सा गार्गी आती है दरवाजे से अचानक।

'पापा यहाँ आये थे?'

'अभी यहाँ से गये हैं!'

गार्गी बेचैन है। उसकी भी आँखें चमक रही हैं, ज्यों नाटक की पात्र। वह भी दूर देखती है। उसके भी मन में कुछ खलबली है। सिमरन पेंसिल उठाती है, पर लिखती नहीं। वह कुतूहल से देखती है, गार्गी की ओर।

'मतलब आए थे! विश्वास ही नहीं!...पीछा...'

'पीछा कैसा? तू पहले आयी या बाद में?'

'वो ठीक है!...अच्छा क्या कह रहे थे!'

सिमरन थोड़े में बताती है। फिर पूछती है—

'पर, तूने उन्हें बताया क्यों नहीं?'

'उन्हें? उन्हें कहाँ समय है हमारे लिए...'

'पर राजेश के बारे में बताना तो था...'

'मतलब?'

वह आश्चर्य से देखती है। ज्यों उसके लिए वह अबूझ पहेली है। बरसाती हवा ठंडी। दीवाल पर टँगा कैलेंडर उड़ता है, नाचता है। पन्ने फड़फड़ाते हैं।

'मतलब वैसा कहा?'

'कहा...कहा कि वह राजेश या कोई—उसे पहचानते नहीं!'

'वे पहचानते हैं! अच्छी तरह पहचानते हैं!'

अब सिमरन को अधिक आश्चर्य लग रहा है। वह गार्गी को सब कुछ विस्तार से बताने के लिए कहती है। उसका विवरण इस प्रकार है :

पापा जैसा बता रहे हैं, वैसा कुछ भी नहीं है। वे राजेश को पहचानते हैं। केवल पहचानते ही नहीं, बल्कि उसने उनकी किसी तरह कोई मदद भी की है। पर वे उसे पहचानने से इन्कार कर रहे हैं। दूसरे, वे प्रेम के बारे में बोल रहे हैं आज। पर हममें से किसी पर उनका प्रेम नहीं दिखा। सच तो यह है कि हमारे लिए वे समय निकाल सकते हैं। परन्तु, वे बेटी के लिए समय नहीं देते हैं।

'पर क्यों?' सिमरन का सवाल।

'क्यों, यह तो निश्चित नहीं मालूम!...पर शादी वगैरह तय करने की जो मेंटेलिटी चाहिए, वह उनके पास नहीं है।'

'ऐसा कैसे होगा?'

'ऐसा ही है!'

'वे गैर-जिम्मेदार हैं, ऐसा नहीं है। उन्हें जिम्मेदारी उठाना मुश्किल लगता है, इसलिए वे हमेशा पलायनवाद स्वीकार करते हैं। अब यदि बेटे ने नौकरी खोज ली स्वयं तो ठीक है। बेटी ने यदि स्वयं विवाह तय कर लिया तो इतना क्या गजब ढा दिया?'

'तूने तय किया है?'

'नहीं भई! अभी नहीं!'

'मतलब अभी तय नहीं?'

'अभी राजेश से प्रस्ताव आना बाकी है।'

'शाबाश! यानी उसने अभी पूछा ही नहीं? फिर पापा—'

'क्या बता रही हूँ...! वे कह रहे हैं, वैसा नहीं है...'

'मतलब शादी-वादी कुछ नहीं?'

'है! शादी करनी है! पर उसने मुझे पूछना है!'

'शाबास!'

सिमरन हँसने लगती है और गम्भीर हो जाती है। उसे समस्या दिखती है। यह स्त्री का प्रोब्लेम है। पर पापा कहते हैं, वे स्वयं ही लड़का ढूंढ़ लेते। तो वैसा क्यों नहीं हुआ?

'पापा पर तुम्हारा विश्वास नहीं?'

'वे स्वयं पर अधिक प्रसन्न रहते हैं! दूसरों की तुलना में अपने पर समय खर्च करना उन्हें भाता है!'

'पर तुम बेटी हो उनकी!'

'हम किसी पर उनका प्रेम नहीं!'

संक्षेप में यह है कि वे (पापा) आश्चर्य की हद तक आत्मकेंद्रित हैं। उन्होंने अपने आप पर प्रेम किया है। बच्चों के लिए वे समय दे सकते हैं, पर वे समय नहीं देंगे। इसकी बजाय वे अपना कुछ-कुछ काम करते रहेंगे। अच्छा, ऐसा आदमी समर्थ वगैरे नहीं होता। वह जिम्मेदारी नहीं चाहता। इसलिए जिम्मेदारी टालता है। राजेश के साथ मैं (गार्गी) विवाह करने वाली हूँ। यह सुनकर उनके अहंकार को ठेस पहुँची। घर का केंद्र, केंद्र बिंदु स्वयं को कोई मान ले तो सारे निर्णय उससे संबंधित, उसके अनुसार होते रहना उसे सहज और स्वाभाविक लगता है। अन्यथा निर्णय किसी दूसरे द्वारा लिया गया तो उसे (आत्मकेंद्रित व्यक्ति को) वह असह्य हो जाता है। फिर भाषा बदल जाती है कि क्या हमने न ढूँढ़ा होता? इसने क्यों जल्दी की? जल्दी! यह इस

सन्दर्भ में कितना गंदा शब्द है ?

'नहीं! उन्होंने यहाँ वह शब्द उच्चारा ही नहीं!'

'पहले उच्चारा था!...इसीलिए मैं घर से बाहर आ गयी!'

'हँ ऽ?'

'मतलब गुस्से में! फिर घर जाने वाली हूँ!...राजेश से फिर मेरे बारे में पूछना है!'

'वह क्यों नहीं पूछता?'

'यह मैंने उससे नहीं पूछा!'

'फिर?'

'फिर पापा आ गये तो मैं चली गयी हूँ, ऐसा बता!'

गार्गी जाती है। नाटक के पात्र की तरह। परन्तु उसकी और पापा की समस्या सिमरन की समझ में ठीक से नहीं आयी। वह स्तब्ध बैठी रहती है, कुछ आश्चर्य से। ऊपर लिखे नोट्स वह फिर से पढ़ती है। अब वह पात्रों को आमंत्रित करती है, क्योंकि उसे नाटक लिखना है। और अब वे पात्र नोट्स के आधार पर सवाल खड़े करेंगे। सवालों से टकराएँगे। तर्क करेंगे।

बारिश होती है और खिड़की का परदा हिलता है। कमरे का छाया-प्रकाश हिलता है। स्तब्धता हिलती है। सिमरन देखती है। उसके नाटक का एक पात्र है—सद्दू। वह धीवर है। मंद जलाशय से वह किसी दीवानगी से प्रेरित होकर नाव खेता रहता है। एक मूल्यवान रत्न उसके हाथों से गहरे जलाशय में गिर गया है। गुम हो गया है। सद्दू उसे खोज रहा है। ढूँढ़ रहा है। रत्न उसका नहीं है। रत्न धीवर का नहीं होता। रत्न रानी का है। उसने समय माँग रखा है उम्र भर का। कभी न कभी वह उसे खोजकर लौटा देगा। रानी ने समय दे रखा है उम्र भर का। सद्दू रत्न खोज रहा है। रत्न गिरा है, यह सत्य है। रत्न अस्तित्व में था यह सत्य है। वह अब नहीं, अर्थात् दिख नहीं सकता यह सत्य है। उसके विचार में जो सत्य है, वह उसकी पत्नी के विचार में नहीं। उसकी दृष्टि में रत्न अस्तित्व में ही नहीं, यह सत्य है। उसे पूरी उम्र ही रत्न-सी लगती है। दो सत्य एक-दूसरे से टकराते हैं। सत्य यानी क्या, यह सिमरन के नोट्स हैं। परदा हिलता है। हवा बहती है। बारिश हो रही है। प्रकाश मंद होता है। पानी की हल्की-सी दूर उठ रही आवाज। सद्दू आता है। सिमरन देखती है, सुनती है।

सद्दू : यदि रत्न अस्तित्व में नहीं था, तो जो गिरा पानी में वह क्या था? रत्न का अस्तित्व था, यह सत्य है!...पर वह सत्य भूतकाल का सत्य है! आज हाथ में वह रत्न नहीं...वह भी सत्य ही है!...पर यह वर्तमान काल है!...जो निकल गया, उससे प्रेरणा लेकर जो आने वाला है उसका स्वागत करने की प्रेरणा लेना योग्य नहीं क्या सत्यवती?

सिमरन : सत्य यानी क्या?

सद्दू : जो दिखाई देता है? पर नहीं!...रत्न आज दिखाई नहीं देता! पानी की सतह में है!...वह दिखाई नहीं देता, इसलिए वह सत्य नहीं ऐसा नहीं!...वह है! इसलिए सत्य है!

सिमरन : पूरी उम्र ही रत्न समान है! उसे व्यर्थ गँवा देना सत्याभिलाषा है क्या?

सद्दू : शब्द! शब्द दिया है, रानी को!

सिमरन : शब्दों का कहीं कोई अस्तित्व होता है? पर प्रेम का अस्तित्व होता है। परन्तु, आपका गैरमौजूद स्वप्नवत रत्न पर प्रेम है! वह रत्न आपको खोजना है बच्चों को नजरअंदाज कर!...इसलिए उस प्रेम का डर लगना चाहिए!

परदा हिलता है। हवा आती है। प्रकाश का प्रवाह बदलता है। सिमरन पेंसिल उठाती है। जो लिखना है, अंग्रेजी में लिखना है। परन्तु उनके पात्र प्रकट होने से पहले ही गार्गी की माँ आती है, नाटककार द्वारा जैसा तय कर दिया गया है। फिर सद्दू जाता है, छिप जाता है परदे के पीछे। पलकों के पीछे। गार्गी की माँ भी विमनस्क। उसकी भी आँखें चमक रही हैं। ज्यों कोई पात्र। वह सिमरन को देखती है और नहीं भी देखती।

'गार्गी आयी थी यहाँ?'

'अभी गयी!'

'और उसके पिता?'

'वे भी आए थे! खोजते! गये!'

'क्या कह रहे थे?'

सिमरन बताती है। संक्षेप में। दोनों के विचारों को। गार्गी की माँ सुनती है। उसे आश्चर्य होता है। उसे कुछ कहना है, उस पर। सच तो यह है कि सिमरन से इसका कोई सम्बन्ध नहीं है। परन्तु, उस क्षण, वहाँ केवल सिमरन ही है। इसलिए गार्गी की माँ को कुछ तो कहना है। प्रतिवाद के रूप में। और जो उसमें से कहना है वह सार्वजनिक है। किसी अज्ञात दर्शक को संबोधित कर ज्यों उसे कुछ कहना है। वह कहती है,

'पर वह सच नहीं है सिमरन!'

'सच नहीं? सत्य नहीं?'

'चाहो तो अर्धसत्य कहो!...वे दूसरों पर प्रेम नहीं कर सकते। परन्तु, उनका स्वयं पर प्रेम है, यह सत्य नहीं!'

'क्यों नहीं?'

'उन्हें तो स्वयं से डर लगता है! जो स्वयं से स्वयं ही डरता है, वह स्वयं से प्रेम कैसे कर सकता है।'

'डर? स्वयं से?'

'और द्वेष भी!...स्वतः से द्वेष!'

'यह कैसा है?'

'फुलफिलमेंट पुरुषों का स्वप्न होता है!...वह न होने पर वह स्वयं से डरता है।'

'फुलफिलमेंट! प्रतिपूर्ति...यानी प्रतिपूर्णता?'

'दोनों शब्दों में फर्क है सिमरन!...तुम्हें यह मैं बताऊँ?'

'सॉरी!...मैं अंग्रेजी में लिखती हूँ न! पर परिपूर्णता?'

'...उन्हें डर और गलती की भावना...'

'आपको जीजी—सेक्स कहना है क्या?'

'शब्द कोई भी उपयोग किया तो फर्क क्या पड़ेगा?...तुम्हें आगे मालूम होगा!...स्त्री प्रेम को महत्त्व देती है। उस क्रिया को नहीं!'

'मैंने भी इसी तरह सुना है! पर उस बारे में फुलफिलमेंट यानी!...'

'इसीलिए उसका अपने पर भी प्रेम नहीं है!...डर ही है उसकी जगह!'

'पर राजेश को पहचानते नहीं...कहते हैं! वह झूठ है!'

'झूठ भी...सच भी!...उन्होंने उसकी मदद ली है!...यह फिर अहंकार को दुखाकर!...अब वह दामाद?'

'आपत्ति कहाँ है?'

'है! वह पुरुष की बात होती है।'

'तो?'

'वह गुस्से से घर छोड़कर निकल आयी है! खोज रही हूँ मैं!' सिमरन स्तब्ध। बाद में कहती है, 'पर पापा को यह शादी वगैरह मान्य नहीं है क्या?'

'कौन कहता है? '...वे स्वयं थोड़े कहीं जाने वाले हैं?'

'अब यह उलझता जा रहा है जीजी!...वे स्वयं नाराज हुए हैं...उनकी शिकायत भी है!...पर फिर भीतर से उन्हें मान्य है?'

'सच और झूठ!...कैसे बताऊँ सिमरन?'

'फिर सत्य यानी क्या?'

'सत्य यानी मेरा सिर!...खोज यानी सत्य!...मैं जाती हूँ खोजने बाप-बेटी को!'

गार्गी की माँ जाती है। बारिश फिर बरसती है। परदा हिलता है। हवा आती है। प्रकाश मंद होता है। 'सद्‌दू' आता है। उसे अक्सर नाव खेने की आवाज सुनाई देती है। फिर भी उसने सुनी है गार्गी की माँ की बात, कुछ-कुछ। वह दूर क्षितिज की ओर देख रहा है। धीवर लोग आँखों पर हाथ रखकर देखते हैं वैसा। फिर वह बोलने लगता है।

सद्‌दू : सत्यवती! खोज यानी सत्य यदि होगा तो मेरा कहना योग्य है! मैं जिस

चीज की तलाश में हूँ, वह सत्य की ही तलाश नहीं है क्या?

सिमरन : वह सन्दर्भ, जीजी का अलग था!...उन्हें अपने आदमी की खोज करनी है।

सद्दू : और मुझे भी! मैं रत्न को खोजना चाहता हूँ! गुम हुए रत्न की तलाश! और मुझे बताओ, गुम हुए सत्य को सबूत की जरूरत है? सत्य स्वयं ही एक सबूत नहीं है?

सिमरन : पर फिर सत्य यानी क्या?...इन लोगों के अलग-अलग वर्जन्स सत्य नहीं है?

सद्दू : सत्य यानी गहरी छलाँग, पानी में! सत्य यानी गुम हुए रत्न की तलाश! गुम हुए श्रेय की खोज! सपनों की तलाश! दिये गये वचन की तलाश! अपनी तलाश!

सिमरन पेंसिल उठाती है। हँसती है। परदा हिलता है। हवा आती है। बारिश होती है। मंद हवा बाहर! पर अन्य पात्र आते ही नहीं। उससे पहले आभास होता है। सद्दू छिप जाता है। परदे के पीछे। पलकों के पीछे। नाटककार द्वारा बताए अनुसार राजेश प्रवेश करता है! वह भी नजरों से तलाश करता है। अन्यमनस्क लग रहा है।

'गार्गी आयी थी?'

'हाँ! और पापा और जीजी भी!'

'अच्छा!...तो?'

'तो, गये सभी!'

'क्या बोले?'

सिमरन संक्षेप में राजेश को बताती है। वह विस्मय से देखता है। हाथ मलता है। वह कुछ कहना चाहता है। बारिश हो रही है। हवा बेलगाम है। उसकी आँखें चमक रही हैं। ज्यों पात्र के चेहरे पर 'फ्लडलाइट' का प्रकाश। उसे बात करनी है।

'पर वह सच नहीं है!'

'सच नहीं?...सत्य नहीं?'

सिमरन कुतूहल से, कुछ आश्चर्य से पूछती है। उसे परदे के पार से सद्दू के हँसने की आवाज सुनाई देती है। वह ध्यान नहीं देती। फिर प्रश्नार्थक देखती है।

'सच नहीं! अजी ऽ, सुनकर उन्हें गुस्सा आया वगैरह सच नहीं!...मैंने ही उन्हें बताया था कि गार्गी और मैं...'

'पापा को? तुमने बताया था!'

'हाँ!'

'परन्तु, मैं उसे पहचानता नहीं, यह वे कहते हैं!'

इस पर वह कुछ हँसता है, थोड़ा गम्भीर होता है। सिमरन पूछती है–

'और तूने उनकी मदद...'

'हूँ ऽ! वह तो एक अलग अध्याय है! मैंने अपनी ओर से उनकी कोई मदद नहीं की!'

'नहीं?'

'नहीं! मेरी ओर से उन्होंने मदद ली नहीं!...मैंने ही मदद की, पर उन्हें नहीं, गार्गी को...गार्गी के लिए! मतलब ऊपर से दिखने वाली मदद पापा की, पर सही अर्थों में मदद गार्गी की ही हुई न?'

'मतलब सच क्या है?'

'सच यह है कि वे किसी पर प्रेम नहीं कर सकते, यह मुझे सच नहीं लगता, यह सच है!'

'मतलब?'

'उनकी एक मोटी औरत से घसीट है, मैंने देखा है...'

'आं? यह तो नया ही...'

'पर ये लज्जास्पद बातें! गार्गी के पिता वे! क्यों बोलें?'

'अच्छा, उनका जाने दे...पर तू और गार्गी...'

'हाँ, यह सच है!'

'अरे पर तूने अभी तक उससे कहा नहीं है?'

'क्या नहीं कहा?'

'शादी का!'

'हाँ ऽ! यह मुझे पूछना है, पर...'

'तुम्हें मालूम है? लड़की से लड़के ने कहना होता है?'

'मालूम है!...पर लड़के की ओर से शादी के लिए पूछा जाए ऐसी सिच्युएशन लड़की द्वारा तैयार करनी होती है! मैं राह देख रहा हूँ इसकी!'

'सिच्युएशन की?...पर तुम्हारी बात कुछ सही है...उसके वातावरण तैयार करने पर लड़का पूछता है, पर वह कहती है कि उसने पूछा है! पर यह मुद्दा विवाह का और अत्याचार का भी है!'

'...लड़की के रिस्पेक्ट का यह मुद्दा है!'

'इसमें अब जल्दी किसे है? इस जल्दी के बारे में लगता है कोई विवाद हुआ है!'

'जल्दी! हाँ ऐसा कुछ उसने कहा...'

'जल्दी किसे है? गार्गी ने ही कहा कि जल्दी न होने पर भी जल्दी मचानी चाहिए।'

'मतलब, सत्य क्या है, राजेश? सच क्या है?'

'सत्य यानी क्या? इंतजार करना?...कन्फ्यूजन?'

'फिर?'

'फिर मैं जाता हूँ अब उसे खोजने...'

राजेश जाता है। हवा बहती है। परदा हिलता है। बारिश होती है। प्रकाश मंद होता है। प्रकाश के मंद-मंद वलय उठते हैं। सिमरन को आश्चर्य होता है। सिमरन स्वयं ही रहस्यमय हँसी हँसती है। वह पेंसिल उठाती है। वह स्वयं से पूछती है, सत्य यानी क्या? इसी में से वह पूछती है, सभी वर्तमान में और भविष्य में क्यों नहीं जीते? इसके बाद बारिश कुछ बढ़ती है। आवाज भी बढ़ती है। इसके बाद वह स्वयं से पूछती है कि भविष्य में जो निर्णय लेना है, उसकी प्रेरणा भूतकाल से लेना सही या गलत? इस पर प्रकाश फिर मंद हो जाता है। सद्दू आता है। वह दुःखी है। बाद के संवाद :

सद्दू : सत्य यानी कन्फ्यूजन? मैं अपना संपूर्ण जीवन रत्न की खोज के लिए, खो गये सत्य खोजने के लिए बिता रहा हूँ...और सत्य यानी कुछ नहीं?

सिमरन : तूने जो सुना वह प्रत्येक का आत्म-संवाद होता है! उसमें से सत्य के रंग अलग-अलग होते हैं...हैं!

सद्दू : मुझे केवल इतना मालूम है कि हर व्यक्ति भूतकाल में डुबकी लगाता है। और खोजता है–खोया हुआ सुख! खोया हुआ सच। खोया हुआ रत्न! राजेश को गार्गी से पूछना है, परन्तु, वह पूछने के लिए आवश्यक वातावरण तैयार नहीं कर रही, यह उसका कहना है! इसलिए वह उस क्षण की राह देख रहा है। उसे उस क्षण की तलाश है! पर वे क्षण आगे हैं। भविष्य में! इसकी प्रेरणा भूतकाल में है!...और उसे लगता है कि वह पूछे! वह क्षण कल ही आनेवाला है! पर भावनाओं की खींचातानी, गलतफहमियाँ, झगड़े-झंझट-टेंशन आज हैं! और गार्गी की माँ? और पापा? फिर सत्य यानी केवल खोज? उपलब्धि कुछ नहीं?

सिमरन : ऐसा कौन कहता है? तूने रानी को वचन नहीं दिया है? वह उपलब्धि नहीं? यह अन्तर का सत्योद्गार ही है! राजेश को, गार्गी को-गार्गी के लिए मदद करनी है! पर मदद स्वीकार करने वाले हैं पापा। उसे पापा की मदद नहीं करनी है। फिर क्या करेगा? मदद करना न होते हुए मदद देकर मदद के पीछे का संतोष या फलश्रुति मिलेगी या नहीं? यह उपलब्धि है या नहीं?

सद्दू : सत्यवती!...मैं वह रत्न हासिल करके रहूँगा!...मेरी खोज जारी रहेगी! हम सबकी खोज जारी रहेगी!...सबको यह शाप है!

सिमरन कुछ उपहास से ताली बजाती है। बारिश बढ़ती है और हवा आती है, परदा हिलता है। नाटक की कॉपी के पन्ने फड़फड़ाते हैं। पेंसिल कुछ थर्राती है। फिर प्रकाश मंद हो जाता है। और आहट आती है। वैसे तो सद्दू को कहना है। उसे विवाद करना है। पर नियमानुसार वह छिप जाता है, परदे के पीछे-पलकों के

पीछे और सिमरन से मिलने रघुनाथ आते हैं। नाटककार द्वारा निर्धारित वे एक डाइरेक्टर हैं, नाटक के। अब कुछ पिछड़ गये हैं, पर उनका बड़ा योगदान है। वलय है। वे बुद्धिमान निर्देशक हैं। पर वे बहुत दिनों बाद यहाँ आए हैं। प्रकाश मंद हो जाता है। इसलिए फिर रघुनाथ प्रवेश करते हैं, मानो कोई इंट्री। विंग से आते हैं। ठिठकते हैं। दूर देखते हैं। हाथ में पाइप। शानदार सूट पहने हुए। दीवार पर लगा चित्र देखते हैं। तालियाँ कोई नहीं बजाता। वे इधर-उधर देखते हैं। हँसते हैं, सिमरन की ओर देखकर। पर सिमरन विस्मय में है। वह स्तब्ध ही रहती है। पेंसिल थर्राती है। पन्ने, कॉपी के फड़फड़ाते हैं। उसमें के सद्‌दू और सत्यवती काँप जाते हैं। उसमें से नाव चलाने की आवाज आती है। लहरों की आवाज आती है। बारिश बढ़ती है। बारिश हो रही है। सिमरन को पुराने दिन याद आते हैं। उसका उनकी ओर और उनका उसकी ओर उड़ान भरना याद आता है। पर वह भूतकाल और अब रघुनाथ यहाँ आए हैं। बाद का संवाद ऐसा :

'सिमरन!'

'आप अचानक—बिन बताए—आई मीन...'

'मुझे तुमसे कुछ बात करनी है!'

'बातें करनी है? पर...बैठिए न!'

'मुझे कुछ बताना है। मन हल्का करना है!'

'बैठिए न, पहले!'

वे बैठते हैं। सिमरन उनकी ओर देखती है। उनकी भी आँखें चमकती हैं। ज्यों कहीं से 'फ्लडलाइट' उन पर पड़ा हो। ज्यों उनकी आँखें दूर कहीं...सभागृह के अँधेरे में ही खोया हुआ कुछ तो खोज रही हैं। सिमरन देखती है, उनकी ओर देखते हुए स्थिर शांत होती है। हँसती है निर्विघ्न-सी। रघुनाथ व्याकुल। पाईप मुँह में रखते हैं, अपनी प्रसिद्ध 'स्टाइल' से। आत्मक्लेशपूर्ण नजर दूर कहीं।

'तुम्हारे सद्‌दू की तरह मैं भी खोया हुआ रत्न खोज रहा हूँ! खोया हुआ क्षण...खोये हुए सपने ढूँढ़ रहा हूँ।'

'सिमरन चौंकती है। परदे के पीछे 'सद्‌दू' चौंकता है। पन्ने फड़फड़ाते हैं। उतरता नाटक थर्राता है।

'आपको...कैसे...मालूम हुआ?'

वे गूढ़ हँसी हँसते हैं। दूर कहीं देखते हैं। धीरे-धीरे वे अन्यमनस्क दिखने लगते हैं।

'परन्तु, मैंने अभी तक वह नाटक लिखा नहीं है।'

'तो क्या हुआ?...तुमने थीम बताई थी! संदेश भी भेजा था।'

'मैंने थीम सिर्फ 'अमुक' को ही सुनाई थी।'

'वही! 'अमुक' ने मुझे वह थीम सुनाई और मैं वह नाटक निर्देशित करूँ,

तुम्हारी यह इच्छा भी बताई।'

'मैंने यह इच्छा व्यक्त की थी, यह सही है! क्योंकि डाइरेक्टर अच्छा होना चाहिए!'

'मैं...मेरा...तुम पर प्रेम है सिमरन!'

परदे के पीछे से सद्दू हँसता है, खूब जोर से। परदा भी हिलता है। इसके कारण साँस थर्राती है। बिजली चमकती है। नाटक का अमूर्त शरीर सिहरता है। सिमरन के होंठ सिहरते हैं। पर उसके प्राण नहीं सिहरते। वह फिर भी कुछ तो दूर कहीं सुनने-सी शांत रहती है।

'मतलब? और, इतनी देर से?'

'स्त्री राह देखती है, उसे पूछे जाने की! पर वह आयोजन भी करती है, पूछे जाने का!'

'आयोजन?'

'निमंत्रण!'

'कैसे?'

'सद्दू का पात्र! उसका खोया रत्न खोजना! उसका भूतकाल में डुबकी लगाना।...फड़फड़ाना! तलाश करना! जीवन दाँव पर लगाना!...अतल सागर में अकेले घूमना!...इसमें मैं स्वयं को देखता आया!...इसमें से वह संदेश, या तुम्हारी इच्छा कि इसे मैं ही डाइरेक्ट करूँ, नाटक!...तब मैं समझा!'

'समझा? मतलब मैंने वह आयोजन किया था कि आप मुझे वैसा कहें - बताएँ?'

'नाराज मत होना!...अन्ततः यह भी भाषा है!...वह समझ में आ जाए तो मानव-मन की उलझनें भी समझ में आ जाती हैं!'

'तो आपकी समझ में कुछ नहीं आया!'

'मैं झूठ नहीं बोलता!...मेरी छटपटाहट मैंने बताई! वह सही है!'

'मतलब वह सत्य है! कबूल है, सत्य को सबूत की जरूरत नहीं होती! पर तब सत्य यानी क्या?'

'यही! स्त्री का आयोजन! उसका चतुर निमंत्रण! पुरुष की स्वीकृति!...खोये क्षणों की खोज! रत्न की प्राप्ति करना! ध्येय-साफल्य खोजना, यही सत्य!'

'पर देर हो गयी, ऐसा नहीं लगता?'

'वह भूतकाल था।...परन्तु, उसी में से चिंगारी लेकर मैंने यह अलाव सँभाल कर रखा है, जो भविष्य में ऊष्मा बनेगा, है न?'

सिमरन हँसती है। सद्दू रह नहीं पाता और परदे से बाहर आता है। वह सिमरन को देखकर दुःखी होता है। ठंडी साँसें लेता है। प्रकाश मंद हो जाता है।

सद्दू : क्या है इसका अर्थ? रत्न खोजना यह सच होगा तो रत्न को महत्त्व

क्या? केवल खोज ही साफल्य में रूपांतरित होती है क्या? सत्यवादी, सत्य के रंग कितने?

सिमरन : पगले! सत्य के अलग रंग नहीं होते! छटा अलग होगी शायद!... क्योंकि सबका और सब लोगों का रंग अन्ततः एक ही तो होता है।

सद्दू : पापा स्वयं पर प्रेम करते हैं, ऐसा गार्गी का कहना है! वे स्वयं से डरते हैं, ऐसा गार्गी की माँ का कहना है।...राजेश पूछे, ऐसा गार्गी को लगता है और वह इंतजार करती है। और वह पूछने का सूक्ष्म आयोजन करे, ऐसा उसे लगता है! इसमें रत्न खोकर, गिर गया न, गहरे पानी में! सत्यवती, फिर सत्य क्या है? रत्न या उसकी खोज? या भूतकाल और उसमें से बाहर आनेवाला भविष्यकाल? फिर वर्तमान काल कहाँ खो जाता है? सत्यवती!

सिमरन : कल का आश्वासन आज नहीं दिया जा सकता, दिया नहीं जा सकता! और भूतकाल तो समाप्त ही हो चुका है! रत्न हाथ से फिसल गया, गिर गया यह भूतकाल! खोज और फलित यह भविष्य और वर्तमान दोनों!

सद्दू : मुझे जाना चाहिए!...मेरी नाव मुझे बुला रही है!

सिमरन : सत्य की छटाएँ होती हैं! वे अलग-अलग होती हैं!...इस कारण एक ही कथन सही नहीं होता, यह शुभवर्तमान मेरी समझ में आ गया है! धन्यवाद सद्दू!

सद्दू : धन्यवाद? किसलिए? उल्टे मैं तो संशय में अटक गया हूँ।

बारिश हो रही है। हवा आती है। प्रकाश कुछ बढ़ता है। रघुनाथ आश्चर्य से सिमरन की ओर देखते हैं। स्टाइल से पाइप पकड़ते हैं, दाँतों में। उनकी आँखें चमकती हैं।

'क्या कहा तुमने? और क्या विचार करती है?'

'कुछ नहीं!'

'शुभवर्तमान या ऐसा ही कुछ कहा तुमने! क्या यह नाटक का नाम है?'

'नाम अच्छा ही है, नाटक का!'

'उधर परदे की ओर क्या है सिमरन?'

'उधर? शायद खोया हुआ भूतकाल का क्षण! शायद मेरा नाटक!'

'उधर?'

रघुनाथ कुछ बेचैन, कुछ भ्रमित।

'मुझे...मुझे यह कहना था, सिमरन कि—'

'अब बहुत देर हो चुकी है, रघुनाथ, यह मैं आपको कैसे बताऊँ, मैं इसका विचार कर रही थी!...उसमें से सारा सच तो सच नहीं होता! जो होता है, उसका भविष्य के भवितव्य से सम्बन्ध नहीं होता! बिकॉज इट इज अ पास्ट!'

'देर हो गयी?'

'देर हो गयी!'

इस तरह दृढ़ता से कहते हुए उसके प्राण नहीं सिहरे। दुःख होता नहीं। वह शांत, स्थिर रहती है। कोई क्या अर्थ निकाले, यह अपना-अपना सवाल होता है, वह स्वयं से कहती है। प्रेम से डर भी लगना चाहिए, वह स्वयं से कहती है। सद्दू अब पलकों के पीछे चला गया है। उसकी रत्ना की खोज जारी रहेगी। उसकी छटपटाहट जारी रहेगी। निष्कर्ष नहीं, पर निष्कर्ष की आहट लग सकती है, यह शुभवर्तमान प्रकट हुआ है। वह कहती है, स्वयं से और शांत बैठती है। पेंसिल थरथराती है। पन्ने फड़फड़ाते हैं। उनमें से लहरों की आवाज आती है। अथाह गहराई की आवाज आती है। बारिश की धुआँधार शाम। वह उन नोट्स की ओर देखती है। उन नोट्स ने उसे एक अर्थ से बचाया है।

...बारिश की एक मंद शाम में सिमरन ने कुछ नोट्स लिए इसकी याद उसे आती है। उसके पेंसिल के तिरछे-तिरछे अक्षर हैं। उसने लिखा है, 'सत्य को प्रमाण की आवश्यकता नहीं होती'...इत्यादि याद है उसे, बारिश की मंद शाम और शुभवर्तमान।

जीवन का सरल-कठिन गणित

1

मैंने चाय का कप टेबल पर रखा और बाबूजी की ओर देखने लगा। वे धीरे से खिड़की खोल रहे थे। सेवानिवृत्ति के बाद मैं उन्हें पहली बार ही देख रहा था, क्योंकि मेरे कोर्ट-कचहरी का काम निपटाकर बाहर गाँव से लौटने तक वे निवृत्त होकर घर आ गये थे। मैंने जब बारीकी से देखा तो वे मुझे कुछ दुबले लगे। इतने में खिड़की खुली और धूप भीतर आयी।

बाबूजी शायद बाहर के पेड़ की ओर देख रहे होंगे। उस पर भी धूप थी और एक पक्षी भी।

'अरे मुकुंद! यह पेड़ मैं ज्यों पहली बार ही देख रहा हूँ!'

'मतलब! बाबूजी, कितने वर्षों से यह यहीं है, हमारे घर बनाते समय से!'

'वो ठीक है रे! पर वह मुझे कभी दिखा नहीं! मैं रिटायर हुआ और मुझे यह पेड़ दिख रहा है। यह टेढ़ी डाली, अब फूलों का गुच्छा भी लगा है! एक पक्षी का घोंसला भी है!...यह सब मैं पहली बार ही देख रहा हूँ! और तुम्हें आश्चर्य होगा मुकुंद! इस खिड़की के उस पार पश्चिम है और ऐसी शाम होती है, यह भी मैं पहली बार ही देख रहा हूँ।'

'बाबूजी, यह कुछ ज्यादा ही हो रहा है! अजी, ऐसा कैसे होगा।'

'ऐसा ही होता है बाबा! व्यक्ति नौकरी से निवृत्त हुआ कि उसे सब दिखने लगता है!...पर तब तक देर हो चुकी होती है!...उम्र गुजर चुकी होती है!'

'आप पोएटिक होते जा रहे हैं, बाबूजी!'

'इज इट? इसे पोएटिक कहना है तो कह।'

'मुझे तो यह दृष्टि रिऑलिस्टिक लगती है! यथार्थवादी!'

मैं हँसा। मैं भी उठकर बाहर देखने लगता हूँ। मुझे पश्चिम की शाम पश्चिम की तरह लगी। पेड़ हमेशा का ही पेड़ लगा। परन्तु, मैं समझ भी गया। सेवानिवृत्ति के बाद जो एक खालीपन उभरता है, एक बेचैनी निर्माण होती है, इस कारण काम की आदतवाले व्यक्ति के शरीर और मन के रसायन बदलते होंगे। वह संवेदनशील

हो जाता होगा या कुछ तो आतंकित होता होगा। बेचैन तो निश्चित ही होता होगा या 'अनसिक्युर्ड' होता जाता होगा। अनिश्चित होता रहता होगा। बाबूजी अपवाद नहीं होंगे। उन्हें समझ लेना चाहिए, उनसे पटरी बिठानी चाहिए।

बाबूजी मुड़े और मुझे देखने लगे। मुझे कुछ धक्का ही लगा। चश्मे के पार की तीक्ष्ण आँखें अब निथर गयी थीं। ऐसा क्यों होता होगा मैं स्वयं से पूछ पाऊँ, इससे पहले उन्होंने ज़ेब से एक पत्र निकाला। मुझे देते हुए बोले–

'तुम्हें शेगांवकर याद हैं न?'

'क्या मतलब? गोपालचाचा! उनका क्या?'

'अरे, वे नहीं रहे!'

'आं? कब?'

गोपाल चाचा पिताजी के मित्र थे। वे दो वर्ष पहले ही रिटायर हुए थे। वे नहीं रहे? अविश्वास से मैंने पत्र हाथ में लिया। जो लिखा था पढ़ा।

'पर चाचा! क्या हुआ था?'

'बीमारी कहोगे तो कुछ नहीं! ही वाज हेल्दी एनफ।'

'तो? ऐसे कैसे अचानक चले गये?'

'यह मुझे भी नहीं मालूम! तू जा, मिलकर आ! जाना तो पड़ेगा ही न!'

'आप?'

'मेरी हिम्मत नहीं होती! भाभी, बच्चों को मैं फेस नहीं कर पाऊँगा!...हम बहुत करीबी थे। मैं जाऊँगा बाद में!...तू जा पहले! देख, किस कारण से गया वो?..'

अब मैं बाबूजी की विकल अवस्था का अंदाज लगा पा रहा हूँ। सेवानिवृत्ति और मित्र की मृत्यु। मैं गहरी ठंडी साँस लेकर खिड़की से देखता रहा। बोला–

'कल ही जाऊँगा!...पहले बताने की जरूरत तो नहीं न?'

2

मैं पहुँचा तब तक शाम हो चली थी। हमेशा होता है, होना चाहिए वैसा गमगीन वातावरण। बच्चे जमा हो गये थे। जबलपुर का चंदू भी आया हुआ था। मेरी ही उम्र के उनके बच्चे। मुझे देखकर उन्हें अच्छा लगा। एक ने 'शेक हैंड' किया, तो दूसरे ने दुःखी होकर सीने से लगा लिया। सांत्वना के चार शब्द। बाकी सारा मौन से ही। पर घर के लोग कुछ सँवर चुके थे। चाची मुझे देखकर रोयी नहीं। शायद उनका रोना सूख गया हो। परन्तु घनी उदास छाया उनके चेहरे पर थी।

सुमी को मैं काफी दिनों बाद देख रहा था। गोपाल चाचा की बेटी को। मुझे देखकर वह हँसी, पर कुछ बोली नहीं। मैं भी नहीं बोला। एक कमरे में सामान रखा। किसी ने मेरे लिए चाय ला दी। चुस्कियाँ लेते हुए मैंने चंदू से पूछा–

'चाचा को क्या हो गया था?'

'उन्हें? कुछ नहीं?'

'अरे, ऐसा कैसे? कुछ नहीं कह रहे हो, फिर बीच में ही अचानक...'

'वह तो हमारी समझ में भी नहीं आया?'

इसके बाद बातें खंडित हो गईं। समझ में ही नहीं आया, तो कोई क्या बताएगा?

पर चंदू यहाँ नहीं रहता। उस समय भी नहीं था। पर दीपक और राम यहीं थे। वे यहीं रहते हैं। वे दोनों मुझसे मिलने-बातें करने कमरे में आए। मैंने उनसे पूछा। पर वे भी नहीं बता पाए। अचानक चले गये, बस इतना ही बताया।

'पर उनकी तबियत तो ठीक थी न? फिर?'

'कुछ पता नहीं चला?'

'फिर?'

'कहते हैं न, सामान सौ बरस का, मगर पल की खबर नहीं।'

'वह फिलॉसॉफिकली ठीक है दीपक! पर बात गले नहीं उतरती।'

'अरे, वे चलते-फिरते थे...अन्त तक काम करते थे!...हार्ट की समस्या हो शायद! डॉक्टर भी यही बोले।'

'उन्हें हार्ट ही था?'

'नहीं!...निश्चित नहीं!...तैरते भी थे!'

'फिर?'

'पता नहीं!'

यह रास्ता भी बंद हो गया। फिर मैंने पूछा क्या-क्या हुआ था। सामान्यतः व्यक्ति जाने के बाद, उसके पहले उसने क्या-क्या किया यह बताने का रिवाज होता है। मतलब चाय पी, भोजन किया, सबसे मिले, यही सब। गोपाल चाचा का ऐसा ही मालूम हुआ कि घूमे, काम किए, बोले। पेड़ों-पौधों को स्वयं पानी दिया। जानवरों की देखभाल की। उनकी लाड़ली एक गाय थी। आदि। फिर राम आया। उसने कागज अलमारी में रखे। चाचा को बताया क्या हुआ, क्या तय किया...तब वे हँसे। रात को कहते हैं, काफी देर जागे थे। फिर नींद में ही चले गये। यह बताना चल ही रहा था, तभी सुमी आकर खड़ी हो गयी। 'मेरी कोई सुनता नहीं, बोले, अन्त में! वह कंपित स्वर में बोली। तभी उसके भाई चौंके और मैं भी चौंका।

'मतलब?'

'अरे बूढ़े व्यक्ति का ऐसा ही होता है रे मुकुंदा!...सब कुछ नहीं जँचता। पसंद आना सम्भव भी नहीं होता। इसलिए क्या हुआ? ऐसे छोटे-मोटे मतभेद तो होते ही हैं! किसके नहीं होते! तेरे बाबूजी तेरा सब सुनते हैं? तू सुनता है उनका सब कुछ?'

'नहीं?'

मैंने हामी तो भरी, पर सोचने लगा, मतभेद क्या होंगे? राम स्वयं ही बोला--

'मुझे हमारी बंजर जमीन बेचनी थी। उसका कोई उपयोग नहीं था। तुम भी जानते हो!...उन्हें भी मालूम था!...मानते भी थे!...वह सौदा मैंने किया था!'

'हूँ!'

अधिक पूछना मुझे योग्य नहीं लगा। बाद में हम, उनकी, उनके गुणों की याद करते रहे।

'तुम रुकोगे न, एक-दो दिन?'

'एक ही दिन!'

मैं गैलरी में जाकर खड़ा रहा। पुराना घर, पीढ़ियों का। पास में थोड़ी इमारत का विस्तार दिखता है। वह काम अभी अधूरा है। काम को अधूरा छोड़ना चाचा को बिलकुल पसंद नहीं था। इस बाबत वे बहुत कठोर थे। रिटायरमेंट के बाद उन्होंने अपने कामों का विस्तार किया होता। फिर अचानक, कोई इमारत ढह जाए ऐसे वे कैसे टूट गये। वैसे यह जानना मुश्किल ही है। और इसकी जाँच-पड़ताल करने का हमारा अधिकार भी नहीं।

सामने की इमारत की ओर से चाँद उगने लगा। मैं देखता रहा। सुबह आँगन में बालू, ईंटों का ढेर। नौकर लोग कुछ काम कर रहे हैं। दूर कहीं छौंक की गंध। घर-घर का धुआँ भी आकाश में तैरने लगा। पर कुल मिलाकर स्तब्धता है। इतने में सुमी आयी। गैलरी से टिककर खड़ी रही। उस पर सारा चंद्र प्रकाश बरसा। वह मेरी ओर न देखकर, चंद्र की ओर ही देखती रही।

'मुझे तो विश्वास ही नहीं हुआ, सुमी!'

'अचानक हुआ! अब भी कुछ नहीं सूझता!'

'सँभल तो जाना चाहिए! दुनियादारी तो खत्म नहीं होती!'

'इस साल।'

'अं?'

उसे संकोच हो रहा होगा। उसमें से मुझे लगता है, उसे कुछ स्वाभाविक लज्जा भी आ रही होगी।

'इसी वर्ष मेरी शादी करना तय किया था उन्होंने!'

'क्यों भला?'

'देखिए न! उधर से रिटायर होकर आए। कह रहे थे, अब सेटल होंगे। सारे पेंडिंग काम, कोर्ट-कचहरी! जमीन के सौदे!...छूट-टूट चुके रिश्तेदार जोड़ना...'

'हाँ! वह एक कठिन, पर महत्त्वपूर्ण काम होता है!'

'मेरी शादी, राम की शादी।'

'फिर'

'उत्साह से आए तो सही, पर टूटने लगे।'

'क्यों भला?'

'किसे पता! इसी में मेरी शादी का...?'

'क्या?'

वह रुक गयी। उसे शायद लगा होगा कि उसने कुछ अधिक ही खुले तौर पर बातें कह दीं...। पर फिर उसने कहना शुरू किया।

'राम ने कुछ जल्दी ही की!'

'राम ने? क्या किया?'

'बाबूजी को नहीं मालूम! वे घर पर थे भी नहीं! और अचानक घर ही लेकर आ गया...कोई भी पूर्व सूचना नहीं थी। मुझे लगा, होगा उसका मित्र! तो सीधे रिश्ता दिखाने का कार्यक्रम! मुझे भी मालूम नहीं था!'

'राम ने ऐसा क्यों किया?'

'बोला, मैं बड़ा बेटा। मुझे मेरा काम करना चाहिए, जिम्मेदारी उठानी चाहिए...! बाबूजी को बाद में पता चला! तो उन्हें धक्का ही लगा! बोले, अरे, मुझे बताता? इतना बड़ा निर्णय।'

'फिर?'

'फिर क्या?...मुझे ही लड़का पसंद नहीं था! उनका भी नकार आया! तब से कुछ डिस्टर्ब लगता!'

मैंने उसकी ओर देखा। वह सम्मोहित-सी चाँद की ओर देखती रही। चंद्र प्रकाश उसके चेहरे पर, शरीर पर व्याप्त था। मैं भी सोच में पड़ गया, उसे देखता भी रहा।

3

गुप्तचर पुलिस जैसी जाँच मुझे करनी नहीं थी। वह मेरा उद्देश्य भी नहीं। अधिकार भी नहीं। प्रयोजन भी नहीं, साथ ही, गोपाल चाचा के रिश्तेदारों की, बच्चों की भावनाओं का विचार भी करना है। उन्हें विचित्र, दुःखदायक लगेगा, ऐसा कुछ भी नहीं पूछना है। परन्तु एक चलता-फिरता आदमी अचानक 'टूटकर' क्यों कर जाता है? जीना वह नकारता है या जीवन उसे नकारता है? क्या घटा? गोपाल चाचा क्यों मरे?

नया स्थान। इस कारण ठीक से नींद नहीं लगी। पर बोलते-बोलते सारी पूछताछ करनी चाहिए, यह मैंने तय कर लिया था।

सुबह ही पंडित आकर बैठा था। राम और दीपक धार्मिक विधि के बारे में चर्चा करने लगे थे। उसमें भाग लेने का मेरा कोई काम नहीं था। वह उनका प्रश्न था। मैं धीरे से आँगन में आकर खड़ा हो गया। छोटा-सा नीम का पेड़ हवा में लहरा

रहा था। अर्धग्रामीण क्षेत्र में जैसा चित्र उभरता है, वैसा दिखाई दे रहा था। घर के सामने से जानवरों का झुंड। उसमें बकरियाँ भी थीं। बायीं ओर भवन निर्माण की सामग्री। 'मिस्त्री' यूँ ही आकर बैठा है ईंटों के ढेर पर। काम तो होना है नहीं, अभी। पर उसने अपनी हाजिरी बजा दी है।

मैंने देखा तो सुमन हाथ में चाय का कप लेकर स्वयं ही बाहर आ गयी। कुछ हँसती हुई बोली–

'खोजा आपको! तो आप यहाँ।'

'अरे, भीतर बुलाना था न मुझे। तू ही लेकर आ गयी।'

'तो क्या हुआ?'

मैंने चाय का कप लिया। सॉसर में कुछ ढालकर देने लगा तो वह कोशिश, कुछ जन-रीति-रिवाज के विरुद्ध है, ऐसी मुद्रा और कुछ लज्जित होकर उसने इधर-उधर देखा। फिर कुछ हँसकर वह भीतर चली गयी। फुरसत से बैठे 'मिस्त्री' के पास मैं चलता गया और उसे कुछ चौंकाकर 'राम-राम' करके मैंने सॉसर की चाय उसे दी। उसे इतना आश्चर्य हुआ कि वह ताकता रह गया। फिर हँसकर उसने चाय ली और कृतज्ञ-सा देखने लगा।

'आप मिस्त्री न?'

'हौ जी!'

'यह मकान बनाने का काम आपकी देखरेख में शुरू किया था न?'

'हौ, पर अब इतने में कुछ होने वाला नहीं है!'

'कैसे होगा? गोपाल चाचा गये ना!'

'बुरा हुआ! बहुत बड़ा, मुख्तियार आदमी!'

'क्या-क्या मकान बनाने का काम शुरू किया था, देखेंगे!'

मैं मकान के अधूरे ढाँचे से उसे लगभग खींचता हुआ ले गया। स्लैब पड़ चुका था। अंदर लकड़ी और सीमेंट की बोरियाँ पड़ी थीं। जानकारी न रहते हुए भी यूँ ही मैंने लकड़ी देखने का बहाना किया।

'बहुत अच्छा! अच्छी किस्म की लकड़ी है! गोपाल चाचा की पसंद अच्छी ही थी!'

'नहीं जी! लकड़ी राम भैया ने चुनी है! नक्शा भी उन्हीं का!' मैं चौंका। एकदम स्तब्ध हो गया।

'मतलब?'

'काम राम भैया ने शुरू किया! चुनाव उन्हीं का! उन्होंने ही नक्शा बनाया!'

'गोपाल चाचा की इच्छा नहीं थी?'

'थी न!...उन्होंने नक्शा भी बनाया था! मुझे दिया था!'

'क्या थी, उनकी इच्छा?'

'उनका नक्शा देखा था! यहाँ विशाल पूजाघर था। बगल में बड़ा 'आफिस?'

' 'आफिस ही!' इस कमरे को वे आफिस ही कहते! मतलब कोर्ट-कचहरी का काम, पत्र-व्यवहार, सब यहाँ बैठकर करना है!'

'अच्छा, आफिस की तरह कमरा!'

'हाँ ऽ—आफिस!'

मैं गोपाल काका को कुछ-कुछ जानने लगा। रिटायर होने के बाद उन्हें अपनी तरह से और इच्छा से घर का विस्तार करने की इच्छा थी। जीवन भर जो किया वही रिटायर होने के बाद भी करने की इच्छा थी। आदत के रूप में। उन्हें आफिस चाहिए था। तीस-बत्तीस वर्ष वे आफिस में बैठे। 'आफिस' उनके खून में घुल गया था। रिटायरमेंट के बाद घरेलू काम उन्हें उसी पद्धति से करने थे। उनकी जमीन-जायदाद, प्रापर्टी के सवाल, खेती के विवाद और कोर्ट-कचहरी के काम, यदि हुआ तो निजी पत्राचार, यह सब उन्हें 'आफिस' नामक कमरे में बैठकर करना था, जो सम्भव न हुआ होगा।

'फिर?'

'पीछे एक आड़ा बड़ा हॉल!'

'अच्छा! हॉल!'

'उसके पीछे आश्रितों का कमरा!'

'आश्रितों का कमरा? ये क्या झंझट है?'

'क्या है कि यह उन्हीं को मालूम था!'

'अच्छा, तो?'

'वे कुछ अपने मन के अनुसार नहीं कर सके! राम भैया ने प्लान बदल डाला! नये टाइल्स ले आए! देखिए ऽ!'

'मैंने देखा। नये गुलाबी रंग के आधुनिक टाइल्स। ये तो गोपाल चाचा की पसंद हो ही नहीं सकते।'

'और पूजाघर?'

'वह अब नहीं बनाना है! क्यान्सल!'

हम बातें कर ही रहे थे, तभी दीपक हमें ढूँढ़ते आया। उसकी आँखें बेचैन-सी इधर-उधर निहार रही थीं। मैं अलग से 'मिस्त्री' के साथ बातें कर रहा हूँ। यह उसे पसंद नहीं होगा। मैंने ही हँसकर कहा—

'जरा घर के बनने की स्थिति देख रहा था। सोचा, तुम्हारी बातें चल रही हैं पंडित के साथ! तो मेरा क्या काम? इसलिए इनसे कहा, जरा दिखाइए!'

दीपक ने आँखों से 'मिस्त्री' को जाने का इशारा किया। फिर वह बोला—

'बाबूजी को कुछ अलग ही बनाना था!'

'हूँ! मुझे बताया थोड़ा-बहुत मिस्त्री ने! पर यह आश्रितों का कमरा...यह क्या

बला है?'

'अरे, उन्हें रिटायरमेंट के बाद कुछ तो दिल बहलाव के लिए समाजकार्य करना था! वह अव्यावहारिक ही था!'

'अव्यावहारिक...?...क्या कल्पना थी?'

बाबूजी बड़े ओहदे से रिटायर हुए थे। जीवन भर वे नौकरी का ककहरा पढ़ते रहे! फिर उनके ध्यान में आया कि वे अपने रिश्तेदारों में लोकप्रिय नहीं हैं। अपने समाज के लिए कुछ नहीं किया। फिर उन्होंने तय किया कि गरीब रिश्तेदारों के बच्चों को पढ़ाई के लिए रख लेना चाहिए। अपना खर्च वे ही करें। केवल यहाँ रहें। चाचा उनकी ओर से किराया लेने वाले नहीं थे। इस तरह उन्हें प्रतिष्ठा हासिल करनी थी।

'मतलब होस्टेल?'

'वैसा ही! पर सिर्फ रिश्ते के गरीब बच्चों के लिए! पर शान से वे इसे आश्रितों का कमरा कहते!'

'फिर?'

'सच तो यह है कि हमारी जरूरतें ही अलग थीं। अब राम की शादी होने पर हमें अलग कमरे नहीं चाहिए क्या?'

'हाँ, सही है!'

'मैं उन्हीं की उम्र का, कुछ बड़ा होने के कारण मैं सहमत हुआ। यह जरूरी है। पहले के संयुक्त परिवारों की आवश्यकताएँ अलग थीं। अब अलग विचार किया तो अन्यथा नहीं।'

'घर में एक पूजाघर है ही न! फिर दूसरा पूजाघर व्यावहारिक नहीं...फिर हमने वह सब बदल दिया!'

'झल्लाए? नाराज हुए?'

'चाचा? नहीं!...वे जबलपुर गये थे, चंदू के पास! इधर हमने शुरू कर दिया। सोचा, महँगाई निरंतर बढ़ रही है, ऐसे में जल्दी शुरू करना ठीक रहेगा।'

'आने पर नाराज हुए?'

'थोड़ा-बहुत! पर एकदम चुप हो गये! राम ने कुछ जल्दी की रे, वैसे वह उतावला है। परन्तु बाबूजी की कल्पना के अनुसार मकान बनाना प्रेक्टिकल नहीं था, है न?'

'हूँ!'

मैंने सहमत-असहमत के बीच का हुंकार दिया। दीपक ने एक जगह दिखाई, 'यहाँ बाबूजी का एक पेड़ था! रीठा का।'

'रीठा का?'

'रीठा-रीठा! मालूम नहीं! याद होगा न तुम्हें?'

'हाँ, हाँ!'

'काट दिया! मतलब काटना ही पड़ा। उसका भी बुरा लगा होगा।' अब मुझे कुछ-कुछ समझ में आने लगा था। मैंने कहा—

'फिर यह मकान पूरा क्यों नहीं बना?'

'होगा रे! थोड़ा पिछड़ गया और अब यह ऐसी स्थिति।'

'चाचा क्या बोले?'

'हमने ही कहा कि आपको आराम की जरूरत है। अब हम देख लेंगे। हमें जिम्मेदारी उठाने दीजिए। आप आराम करें। इतने में ढेर सारी बकरियाँ आईं और इधर-उधर घूमने लगीं। दीपक बकरी वाले पर गुस्सा कर बकरियाँ खदेड़ने लगा। मैं भी बाहर और अधबने मकान को देखता रहा। मुझे दिखने लगा कि चाचा जी भरकर पूजा कर रहे हैं। अब उनके सामने समय का बंधन नहीं। दस बजे कार्यालय में जाने की जरूरत नहीं। अब वे अपनी मर्जी के मालिक हैं। पूजा के बाद वे 'आफिस' में जाकर बैठ गये। उम्र भर उन्होंने विशिष्ट प्रकार के आफिस का वातावरण जिया था। मतलब टेबल, घूमती गोल कुर्सी, सिर पर घूमता पंखा। अब भी उन्होंने यह सुविधा कर ली है। पूजा के बाद वे कुर्सी पर जा बैठे हैं। कोर्ट के कागज-पत्र पढ़ रहे हैं। या पत्र पढ़ रहे हैं या मिलने आए लोगों से बात कर रहे हैं। चायपान 'आफिस' में ही हो रहा है। उनके व्यक्तित्व के भाग के रूप में 'आफिस' दूसरों पर विशिष्ट प्रभाव डाल रहा है। शायद फोन भी लगाया है 'आफिस' के टेबल पर। चाचा शान से वकीलों से बात कर रहे हैं। ऊब होने पर सामने के हाल में आकर आराम कर रहे हैं। वहाँ से आश्रितों का कमरा दिखाई देता है। वहाँ के गरीब बच्चों को वे जोर से बता रहे हैं कि उन्हें 'किराया' नहीं चाहिए। पर, बच्चों को मन लगाकर अध्ययन करना चाहिए। 'फैसिलिटी' का लाभ उठाना चाहिए। बाद में, वे आराम से, अधिकार से, कुछ शान से पूरे घर में घूमते हैं। नये मकान में उन्होंने 'जीने के साधन' निर्माण कर लिए हैं।

मेरी तंद्रा टूटी। राम पंडित को बताते हुए पास ही आ गया। ढेर सारी बकरियाँ मिमियाने लगीं। मैंने सुमन को सरसरी नजर से देखा, वह भी भीतर ही देख रही थी।

4

वैसे गाँव मेरे लिए परिचित था। क्योंकि मैं बाबूजी के साथ यहाँ कई बार आया हूँ न! गोपाल चाचा के कुछ पसंद के 'स्थान' थे। एक तो मंदिर का पुजारी। दूसरे थे पुलिस पटेल। उनके डॉक्टर। मैंने उनसे मिलना तय किया। क्योंकि कल जाना है और आज का पूरा दिन मेरे हाथ में है। सुबह कुछ-कुछ समझ में आने लगा है। कोई शारीरिक बीमारी ही आदमी को मृत्यु की ओर ले जाती है, यह कोई सच बात नहीं है।

पुजारी शांत भाव से बैठा था। वातावरण शांत था। भक्तों की भीड़ नहीं। पुज़ारी मुझे पहचानता है। वह उम्र में अधिक, पर बूढ़ा नहीं। चाचा के मित्र का यह लड़का। बड़े पुजारी गुजर गये हैं। वे चाचा के मित्र थे। यह तंबाकू खाते बैठा है।

मैंने उन्हें नमस्कार किया। उनके पास आकर बैठा।

'हालचाल जानने आया था!...कल जाऊँगा!'

'हूँ! बुरा हुआ।'

'कैसे हुआ? बीमार वगैरह थे?'

'चाचा? नहीं...नहीं!'

'फिर?'

'आपको कब मिले थे?'

'जाने के एक-दो दिन पहले!'

'क्या बोले?'

'वैसे रोज आते थे! बैठते थे। उनकी योजना चलती रहती! जमीन का क्या करें, घर का क्या करें, वगैरह! सुमन की शादी इस वर्ष करने के लिए कह रहे थे। वे पहले ही चले गये!'

'रिश्ता देखकर रखा था क्या?'

मेरी बड़ी उत्सुकता। पर उस उत्सुकता का कारण मुझे पता न चलता। पर पूछे बिना रहा भी न जाता। पर पुजारी बता नहीं पाया। उसने सोचकर कहा, 'मित्र का बेटा नजर में है, ऐसा बोले तो थे!'

'हूँ!' मैंने कहा और यूँ ही हृदय धड़धड़ाने लगा।

पुराने मंदिरों से आती है, ऐसी बदबूदार गंध आती रही। सभा मंडप से हवा खेलती रही। ऊपर कबूतर थे। उदास आवाज में 'गुटूर-गूं' कर रहे थे। उनकी फड़फड़ाहट की ओर मैं देखता रहा।

'जीर्णोद्धार के बारे में विचार दिमाग में था उनके!'

'सच? कर सकते थे निश्चित!'

'अब बच्चे थोड़े न मन पर लेने वाले हैं! कहते हैं, सम्भव नहीं!'

'जीर्णोद्धार कोई अकेले की जिम्मेदारी नहीं, यह सच है। पर यदि सबने तय कर लिया तो'

'यही तो कह रहा हूँ मैं! चाचा ने जीर्णोद्धार कमेटी स्थापित की थी। उनके बाद राम यह काम हाथ में ले, यह मेरा कहना है। राम बात हँसी में उड़ा देता है!... चाचा से कहा था उसने। शायद कि यह झंझट नहीं चाहिए!...फिर उदास रहते!'

'भीतर से टूट गये थे क्या?'

'निश्चित बताना मुश्किल है। पर चुप रहते और परमार्थ की बात करने लगे थे। एक बार बोले थे, इस संसार को अपनी जरूरत अब खत्म हो गयी है, ऐसा लगता है!'

मैंने सावधानी से पूछा—

'नई पीढ़ी से कुछ मतभेद वगैरह?'

'किसके नहीं होते? बच्चों पर उनका प्रेम था! पर अब कोई अपनी सुनता नहीं, ऐसा बोले तो थे!'

'काम करने वाले को रिटायरमेंट के बाद खालीपन लगता है, यह सच है। वह उस खालीपन को भरने की कोशिश करता है। जीर्णोद्धार कमेटी की कल्पना अच्छी थी। उनके प्रशासकीय अनुभव का लाभ हुआ होता।'

'राम ने मना किया न, उन्हें!'

'हूँ!'

नमस्कार कर मैं बाहर आया। कुछ भी समझ में नहीं आया, यह बात भी नहीं। बहुत कुछ समझ में आ गया, ऐसा भी नहीं। जिसे 'जाना' है, उसका समय आ गया तो वह जाएगा ही। वह क्यों गया, यह निश्चित तौर पर कोई नहीं बता सकता। हमें केवल अंदाज ही करना होता है।

पुलिस पटेल को मैंने अपना परिचय दिया। उन्होंने अफसोस जताया। 'हम उन्हें ग्रुप ग्राम-पंचायत का चुनाव लड़ने के लिए कहने वाले थे। अगले वर्ष नगर पालिका के रूप में रूपांतरित हो रहा है। इतना बड़ा अनुभवी आदमी!...हमारे साथ रहने आया था!...पर गया!...भगवान की इच्छा!'

'क्या हुआ था?'

'कुछ नहीं! समय आ गया था!'

'भीतर से टूट गये थे क्या?'

'चलता है, घर-घर एक-सी बात होती है!'

मैं बदलता गाँव देखता धीरे-धीरे चलता रहा। नये रास्ते। कुछ नये घर...नये बनते मकान। समाज धीरे-धीरे बदल रहा है। चाचा को यह परिवर्तन अनुभव हुआ ही होगा। शायद वे 'एडजेस्ट' नहीं कर पाये हों। पर यह भी सच नहीं है। वे स्वयं ही आधुनिक दुनिया से ससम्मान सेवानिवृत्त होकर लौटे थे। परिवर्तन उनके लिए नया नहीं था। फिर क्या हुआ? कहाँ बिगड़ा? मैं विचार करता रहा।

डॉक्टर ने मेरा अच्छा स्वागत किया। तालुके में आने पर वे हमारे पास अवश्य आते। वे शांत थे। मैंने अपने आने का उद्देश्य नहीं बताया, यानी खोज का। पर गमी में आया हूँ यह कारण सही बताया। वे बोले—

'हार्ट के बारे में बात कर रहे हो तो मरने वाले का हृदय बंद ही हो जाता है। सही कारण मालूम होना बहुत मुश्किल होता है।'

'दो वर्ष हो गये, उन्हें सेवानिवृत्त होकर! उनकी कुछ योजनाएँ थीं। वे पूरी नहीं हो पाईं, ऐसा लगता है।'

'यह तो मरने का कोई कारण नहीं।'

'फिर?'

मैं भी निश्चित कैसे कह सकता हूँ? नेचरल डेथ थी, इतना निश्चित!'

'उन्हें कुछ शॉक वगैरह?'

वे स्तब्ध हुए, कुछ चुप रहे। फिर बोले—

'सेवानिवृत्ति यह एक कृत्रिम योजना हमने तय की है। आदमी काम करता रहता है! और एक दिन उसे बताना कि भैया अब तुम अट्ठावन साल के हो गये! अब तू घर जा!...फिर उसे आधी पगार देते हैं और घर बिठाते हैं। पर उसे क्या करना चाहिए, यह नहीं बताते।'

'सच है!'

'मन और शरीर से तंदुरुस्त सेवानिवृत्त कर्मचारियों के लिए सरकार की कोई भी निश्चित योजना नहीं होती। सेवानिवृत्ति ही उसके लिए शॉक होती है। मतलब अब हम अनावश्यक हो गये हैं। अनवान्टेड! कल तक तो काम था, अधिकार था, निर्णय लेने में सहभाग था! लेकिन अब कुछ नहीं। केवल खालीपन! ऐसा खालीपन ऐसे लोगों को बहुत महसूस होता है।'

'उन्हें वैसा शॉक लगा था क्या?'

'सम्भव है?'

'और घर से कुछ...'

'मतभेद कहना है? अरे वे तो होते ही हैं!'

'उन्होंने वह दिल से लगा लिया था क्या?'

'सम्भव है। उनकी उम्मीद दरक गयी थी!'

मैंने दो निष्कर्ष निकाले। एक-एकाध बात दिल में धँस गयी तो आदमी मर सकता है। उसके लिए शरीर के रोग की जरूरत नहीं होती। दूसरा, बच्चों ने कुछ स्वतंत्रता ले ली थी। और मनमानी की थी। मैं बच्चों को दोषी करार देने लगा, मन ही मन।

परन्तु, रात में जब चाची बोली तो उन्होंने बच्चों को दोष नहीं दिया। वे बोलीं, बच्चों का सही था। वे कुछ रोयीं। पर बहुधा उनकी आँखें सूखी ही थीं। वे विचारों में डूबीं और उदास लगीं।

'बच्चों की दुनियादारी है। बच्चों का पिता पर खूब प्रेम था—है। पर उन्हें भी नये जमाने के साथ चलना है न? उनकी कोई गलती हुई, ऐसा मुझे नहीं लगता, वे बोलीं। मैं अधिक असमंजस में चला गया। जीवन का गणित इतना आसान नहीं होता हल करने के लिए। अक्सर वह न हल हो, ऐसा ही होता है। मुझे कुछ उत्तर मिल गये हैं, मेरा यह भ्रम दूर भी नहीं हुआ, पक्का भी नहीं हुआ। मैं अधिक जटिल पहेली में फँस गया।'

चाँद उगा। मैं खिड़की से देखता रहा। कल जाना है। मुझे लगा, चाचा को मैं बहुत सारा निष्कर्ष नहीं बता सकूँगा। इतने में सुमन आयी। थोड़ी हँसी। थोड़ा

संकोच हुआ उसे। उसने आंचल संवारा, देह को ठीक से लपेट लिया।

'कल जाएँगे?'

'हाँ!'

'पूछताछ पूरी हुई क्या?'

मैं चकराया, चकित हुआ। उठकर ही बैठा।

'पूछताछ कैसी? नहीं-नहीं! मैं जाँच करनेवाला कौन। मुझे क्या अधिकार?'

वह कुछ गूढ़-सी हँसी...होंठ के होंठ में, ज्यों उसने मुझे ताड़ ही लिया।

'अधिकार क्यों नहीं? आपके चाचा नहीं थे क्या? इतना घर जैसा सम्बन्ध! आप जानकारी ले रहे हैं, यह मालूम था मुझे।'

मैंने निःश्वास छोड़ा। मैंने कहा–

'मेरा उद्देश्य जाँच का नहीं था। सच तो यह है कि चाचा को बहुत धक्का लगा है!...उन्हें कुछ कारण बताना चाहिए! जा देखकर आ...कहा था उन्होंने!'

'हाँ तो क्या जानकारी मिली?'

'कुछ नहीं? मैं असमंजस में डूब गया!'

'रिटायरमेंट के बाद चाचा काम न करें। आराम करें। सब कुछ हम पर सौंप दें। हम आगे बढ़कर सब कुछ करें, ऐसी बात बड़े बच्चों को लगना सहज है! राम और दीपक का कोई दोष नहीं! वे चाचा के ही लिए खट रहे थे!'

मैं चकराया!

'पर मैंने कुछ कहा क्या? मेरा वैसा निष्कर्ष नहीं है! मैं तो उन्हें दोष तक नहीं दे रहा!'

वह कुछ गूढ़ हँसी हँस गयी। मैं मुश्किल में पड़ गया। मैंने निष्कर्ष नहीं निकाले। मैंने गोपाल चाचा की मृत्यु का कारण नहीं तय किया। मैं केवल सुमन को देखता रहा। वह बाबूजी के बारे में पूछती रही कि उनकी तबियत कैसी है, वगैरह। मैं उत्तर देता रहा। फिर वह उठी। जाते समय संकेतात्मक बोली–

'सुबह चाय देने की कोशिश की यह माँ ने देखा है!'

'फिर'

'फिर कुछ नहीं!'

वह गयी। चंद्र प्रकाश उस पर झरता रहा। मैं सोचता हुआ असमंजस में बैठा रहा।

5

जाने का दिन आ गया। आज जाना है, मैं चाची के साथ सांत्वना रूप में बोला। राम और दीपक के साथ बोला। ऊपरी मंजिल में बैग भर रहा था। राम और दीपक पास बैठकर मुझसे बातें कर रहे थे। चंदू कल ही चला गया था। उनसे बहुत बातें

नहीं हो पायी थीं। राम बताता रहा। बंजर जमीन बेच डालेंगे। दूसरे गाँव से सटकर जो जमीन है, वहाँ प्लॉट बनाएँगे। अब नई बस्ती बन रही है। नया विकास होने वाला है। घर को जल्दी पूरा बना डालेंगे। इसी वर्ष सुमन का भी विवाह हो जाना चाहिए। मैं उन्हें, निमंत्रण देता रहा कि उन्हें घर आना चाहिए। इतना ही चेंज हो जाएगा। दुःख कम होगा। मैं उन्हें यही सब बताता रहा।

मैंने अपना बैग भर कर पास में रख दिया। इतने में सीढ़ियाँ चढ़कर एक व्यक्ति ऊपरी मंजिल पर आए। बड़ी-बड़ी मूँछें। मुझे वे अच्छे नहीं लगे। आए और चुपचाप बैठ गये। सांत्वना देने लगे, पर ऊँची आवाज में। राम हिचकिचाहट में, संकोच से मेरी ओर देखने लगा। मैं भी सहज जा रहा हूँ ऐसा आभास देकर वहाँ से जाने लगा। मुझे किसी ने रोका नहीं। वे कह रहे थे कि यह वर्ष दुःख में जाएगा। अगले साल तो मुहूर्त नहीं है बहुत, तो क्या करना है। आदि। मैं बगल के कमरे में आया तो सुमन वहीं थी।

'कौन है री ये? कितनी जोर से बोलते हैं?'

सुमन भी कुछ हिचकिचायी, संकोच में थी। फिर बोली, 'आपको बताने में हर्ज नहीं है। इनकी बेटी राम ने देखकर पसंद की है। केवल शादी तय होनी बाकी है'

'अच्छा ऽ!'

मैंने अर्थपूर्ण उद्गार निकाला। उसने धीमी आवाज में गोपाल चाचा के बारे में क्या हुआ, यह बताया।

एक बार गोपाल चाचा अकेले थे, तभी ये सज्जन अचानक मिलने के लिए आए। (सुमन बताने लगी।)

'आइए ऽ! बोलिए ऽ!'

'अजी कोई निर्णय नहीं बताया इसलिए आया!'

'कैसा निर्णय!'

'मजाक मत कीजिए। आपके भी बेटी है।'

फिर ऊँची आवाज में बातें होती रहीं। खुलासा यह हुआ कि राम ने उनकी बेटी सीधे स्वयं ही देख डाली है। इधर बाबूजी को कुछ पता ही नहीं। इतना बड़ा महत्त्वपूर्ण निर्णय। ऐसा निर्णय स्वयं ही ले लिया। इसका गोपाल चाचा को दुःख हुआ। धक्का लगा। राम का खुलासा यह था कि मैं कुछ तय कर लड़की देखने नहीं गया था। लड़की का भाई मेरा दोस्त है। उसने बुलाया, मैं गया दूसरे दोस्तों के साथ। उन लोगों ने लड़की दिखाने का कार्यक्रम बनाया। अब एक बार गये ही हैं तो भाग कैसे जाएँ? इसलिए लड़की देख डाली! इस पर बाबूजी ने पूछा कि मुझसे क्यों नहीं पूछा तो राम का कहना था कि बताने ही वाला था। वे लोग एकदम निर्णय के लिए आ जाएँगे यह मुझे कहाँ मालूम था? बहुत विवाद हुआ। (सुमन बताती है।) फिर बाबूजी एकदम चुप हो गये। न गुस्सा करते, न बातें करते। यह बात उनके कलेजे

में चुभ गयी। अपने को टालकर घटनाएँ घूम रही हैं यह सोचकर। ऊपर से राम ने लड़की पसंद कर रखी है। अब ये चक्कर लगा रहे हैं। बड़ी चमत्कारपूर्ण स्थिति उत्पन्न हो गयी। साथ ही, रिश्तेदार यह कह रहे हैं कि बहन की शादी हुए बिना भाई को शादी नहीं करनी चाहिए।

यह सब बताते हुए सुमन रोने लगी। मैं 'टेंशन' में चुपचाप खड़ा रहा।

मूँछवाले सज्जन चले गये। मैंने ऊपर जाकर अपना बैग उठाया। बोला—जाता हूँ। राम-दीपक ने दुःखपूर्ण आलिंगन भरा। स्पर्श से ही उनका सांत्वन किया। राम-दीपक बोले—

'आए, अच्छा लगा!'

सुमन फुसफुसाती बोली—

'आप आए, बहुत अच्छा लगा!'

उसने 'बहुत' शब्द पर जोर दिया। चलिए, जाने का समय आ गया। निष्कर्ष ऐसे कोई खास नहीं। गोपाल चाचा की मृत्यु का ऐसा कोई निश्चित कारण नहीं मिला। कुल मिलाकर जीवन का गणित बहुत कठिन होता है।

वहाँ से चलते समय उन्हें 'घर आने' के लिए तो बोला ही, पर आवश्यकता से अधिक कुछ चिल्लाकर मैंने कहा—

'काफी हो गया अब छोटे गाँव में रहना। बड़े गाँव में आने की अब तैयारी कीजिए!'

राम-दीपक को लगा कि मैं बदलते, विस्तारित उनके ही गाँव के बारे में कह रहा हूँ। वे केवल हँसे। संदेश जहाँ पहुँचना था, पहुँच चुका था। मैं लौट आया।

6

बाबूजी राह ही देख रहे थे। वैसे कहें रिटायर व्यक्ति को राह देखने के अलावा काम भी क्या होता है। मैंने पहुँचते ही उन्हें थोड़ा-सा बताया। फिर बताया—

'उन्हें कोई बीमारी थी, यह किसी ने नहीं कहा! डॉक्टर तक ने नहीं!'

'फिर!'

'कोई बोला, वे भीतर से टूटते चले गये!'

'क्यों रे? ऐसा क्यों हुआ?'

'नहीं, वे कुछ घटनाओं के कारण भीतर से टूट गये, ऐसा कुछ निष्कर्ष निकालना मुश्किल है, पर...'

'तुमने क्या अंदाजा लगाया?'

मैंने बताया क्या हुआ। मैंने क्या देखा। आदि-आदि सारा। फिर बोला, 'अजी बाबूजी! जीवन भर अधिकारों का रौब रखने वाले आदमी के यदि अधिकार निकाल

लिए और 'डिसिजन मेकिंग' में सहभाग रखा नहीं रखा तो वह आदमी जल्दी है मृत्यु की ओर बढ़ता है, यही मैं समझ पाया!'

बाबूजी की आँखों में बहुत गहरे उथल-पुथल हुई। वे बोले, 'पर इसलिए गोपाल के बच्चों का कोई दोष है, ऐसा मैं नहीं मानता। उनका भी सही ही है! गोपाल को भी वैसा लगना और मन को लगा लेना सही है और तुम्हारा निष्कर्ष भी सही है!'

मैं आश्चर्यचकित हुआ। मैंने कहा—

'मतलब, सभी सही हैं यह कैसे?'

'वह जीवन का सीधा-सहज और कठिन गणित है!...यह हल करना मुश्किल है! उत्तर नहीं मिलता! शायद, इस गणित का उत्तर न मिले ऐसी ही गणित की संरचना है। धीस इज लाइफ!'

मेरी कुछ समझ में नहीं आया। मैंने बुद्धिमानी का ठाठ खड़ा किया था। 'जाँच' करके आने के बाद मैं निष्कर्ष मुट्ठी में लेकर आया हूँ, यह आविर्भाव भी मैंने दिखाया। परन्तु, बाबूजी बोले कि सभी सही हैं। किसी की गलती नहीं। ऐसा कैसे होगा? फिर मैं सिद्धांत बताता फिरता रहा कि सेवानिवृत्त आदमी के शरीर का और मन का रसायन किस तरह बदलता होगा, किस तरह खालीपन पैदा होता होगा। बाबूजी सुन रहे थे और नहीं भी सुन रहे थे। उनकी चिंतातुर, अकेली आँखें, दूर शून्य में कहीं कुछ खोज रही थीं;। बोले—

'खालीपन के बारे में तुम जो कह रहे हो यह सच है। निर्णय प्रक्रिया के सहभाग के बारे में भी सच होगा!...उम्र भी कम होती होगी।' फिर अचानक उनकी आँखों में अनाम डर उभर आया। मेरा हाथ अपने हाथ में लेकर कुछ व्याकुल स्वर में उन्होंने कहा—

'पर मुझे बहुत जीना है मुकुंदा! अभी मैंने कुछ नहीं देखा। साँचे में जीता रहा। हिमालय नहीं देखा। दुनिया नहीं देखी। मुझे जीना है!

मैं मुश्किल में पड़ गया। उलझन में पड़ गया। मुझे जीवन का वह सरल गणित हल करना मुश्किल लग रहा था। मैंने आवेग में कहा—

'अच्छा, ऑफकोर्स! आप जीने ही वाले हैं!'

और उन्हें न बताते हुए कुछ निर्णय तो मैंने नहीं लिए हैं न, मैं इसकी पड़ताल करने लगा। डर मेरी भी आँखों में पसर गया, संसर्गजन्य होकर और मुझे सुमन की याद आयी। वह मेरा निर्णय बाबूजी को कैसे, किस भाषा में बताऊँ, इसका विचार करते समय ही जीवन का सरल-कठिन गणित और अधिक गहन हो उठा।

भयभीत होकर हम दोनों एक-दूसरे की ओर देखते खड़े रहे। सब कुछ सरल और कठिन लगने लगा। बाबूजी के 'न देखे हुए' खिड़की के पेड़ पर चिड़ियों ने बहुत भीड़ की और उस ओर पश्चिम में शाम उतर आयी थी।

मूर्ख ने सुनाई कथा

1

गुरुजी ने ताला खोला। दरवाजा धकेला, दरवाजे में पड़े दो-तीन पत्र उठाए। फिर पीछे मुड़कर कहा—

'आ रे! मनीष!'

मनीष भीतर आया और चुपचाप बैठा रहा। गुरुजी ने उसके 'मूड' की ओर पहली बार ध्यान दिया नहीं, फिर वे हँसकर, पत्र वगैरह देखकर बोले—

'तुम बैठो! मैं आया!'

उन्होंने सकारण देर की, भीतर हिचकिचाते। फिर उन्होंने दो कप चाय बनाई और कप सँभालते वे बाहर आए धीरे-धीरे। मनीष को एकदम संकोच हुआ।

'मुझे पुकारना था न...'

'बैठो तो! चाय पियो!'

मनीष ने कप लिया और वह धीरे-धीरे चुस्कियाँ लेने लगा। ज्यों उसे कोई जल्दी नहीं। गुरुजी देखते रहे उसकी ओर पहले, कुछ न बोलते। फिर उन्होंने पूछ डाला।

'यह देश छोड़कर बाहर जाना चाहिए, यह तुम्हें क्यों लगता है?'

मनीष ने कप बगल में रख दिया। वह कुछ सोच में पड़ गया। थोड़ा-सा हँसा।

'सर, यहाँ क्या है?'

'अरे क्या मतलब?'

'यानी यहाँ कौन-सा भविष्य है?'

'यह तुम भावना विवश होकर बोल रहे हो या तुम्हारा कुछ विचार है!'

'विचार है!'

'बताओ तो!'

'नया क्या है? आपको सब मालूम है!'

'फिर भी?'

मनीष ने कुछ दूर नजर स्थिर की, ज्यों वह क्षितिज के बाहर देख रहा हो।

उसे क्लेश भी होता होगा बताते हुए और उसके निवेदन में छद्म होता—सूक्ष्म-सा।

'छोटे-छोटे तहसील के भूप्रदेश एक-एक सत्ताधीश को दहेज-सा दिया होता हैं। ये यहाँ के कर्त्ता-धत्ता! मूल रूप से गुंडे-राजनीतिज्ञ होते हैं! उनके कब्जे में वहाँ की शिक्षा-संस्थाएँ!...वहाँ के शिक्षक-प्राध्यापक उनके गुलाम!...उनकी अपनी कोई आवाज नहीं। शक्कर कारखाना, क्रेडिट सोसायटी, बाजार समितियाँ इत्यादि छोटे-बड़े चरागाह उनके अपने स्वामित्व के!...ऐसे सामान्य कूवत के जन-प्रतिनिधि की शृंखला होती है! ये सरदार बड़े सरदारों से मिले होते हैं।...ग्रामीण क्षेत्र में पैसा पहुँचा नहीं है!...वर्षा आधारित खेती पुसाती नहीं, इसीलिए छोटा किसान कंगाल है! सरकारी योजना से पैसा पहुँचता है, पर उसकी ठेकेदारी स्थानीय नेता ही करते हैं। काम का कुछ भी हो, पैसे उठाने के लिए ये तत्पर!...इस देश का पूर्व प्रधानमंत्री ज़ेल जा सकता है!...राज्य का मुख्यमंत्री जेल जा सकता है!...टांगेवाले, डोअरकीपर, वीडियो टॉकीज चलानेवाले अर्धशिक्षित-असंस्कृत नेता माथे पर टीका लगाकर और दाढ़ी बढ़ाकर मंत्री बन जाते हैं। यह सब यहाँ के सामान्य, शोषित लोगों का मजाक है या नहीं?'

मनीष ने नाटक के दीर्घ भाषण के बाद 'पॉज' लें वैसा थोड़ा रुककर पूछा। गुरुजी चकित हुए थे और प्रभावित भी हुए।

'तुम्हें सचमुच ऐसा लगता है?'

'हाँ! लंगोटी पेपर्स केवल ब्लेक-मेल पर चलते हैं या नहीं?...फिर कुल मिलाकर नैतिकता कुछ बाकी बची है क्या...किसी एक क्षेत्र में?'

'पर तुम्हें ऐसा क्यों लगने लगा?'

'पर यह सच्चाई है या नहीं?'

'सामान्यतः तुम्हारा सही है!'

दोनों बातें न कर कुछ देर बैठे रहे। तभी भीतर फोन बजने लगा। गुरुजी ने अब आता हूँ, इस आशय का संकेत किया। वे भीतर गये। फोन मनीष के पिता जी का था।

'पहुँच गया, मनीष?'

'पहुँच गया यहाँ!'

'समझाइए उसे! फैडिस्ट है!'

'सोच-विचार वाला है...वैसे आजकल जवान बच्चे विचार नहीं करते!...वह किसी संगठन से जुड़ा है क्या?'

'नहीं होगा...पर सबके विरोध में बोलता है!'

'मैं बोलूँगा उससे!'

गुरुजी बाहर आए, हँसे।

'हाँ ऽ। तो क्या...'

'ऐसे हालात हैं या नहीं?'

'हैं! पर अच्छा पक्ष भी देखना चाहिए!'

'उदाहरणार्थ?'

'यह संतों का देश...'

'संतों ने जातिवाद मजबूत किया या नहीं...कर्मयोग सिखाया क्या?... भाग्यवाद सिखाया या नहीं?'

'लोकोत्तर महापुरुषों की भूमि...'

'खादीधारी शोषक पैदा हुए!...आज जेल का रास्ता नाप रहे हैं! आदर्श के रूप में किसकी ओर देखें?'

'संघर्ष करने वालों का देश...'

'गुलामी स्वीकार की! राजपूतों ने मुगलों की, हम सबने मुट्ठी भर अंग्रेजों की! कौन-सा गौरवशाली इतिहास है यहाँ?'

'कुल मिलाकर यहाँ आदर्श-सा कुछ भी नहीं तो!...इसलिए देश छोड़कर बाहर जाना चाहते हो तुम?'

'बाहर स्वर्ग है, ऐसा नहीं है! पर यहाँ किसी का कोई 'स्कोप' नहीं!... जातीयवादी विचारों से राजनीति, अर्थनीति, साहित्य और विज्ञान मुक्त नहीं!'

'विज्ञान भी?'

'फैसिलिटीज किनके हाथ में है? विज्ञान के फल कौन चख रहा है यहाँ?'

'इस बारे में विस्तार से बात करेंगे...'

उसी समय चार-पाँच लोग भीतर आते हैं, एकदम, पूर्व-सूचना न देकर और झुककर गुरुजी के पैर छूते हैं।

'अरे-अरे! बैठो-बैठो! क्या काम निकाला है?'

जहाँ जगह मिली वे बैठ गये और खूब आदर से गुरुजी की ओर देखने लगे। इनमें से एक गुरुजी से किसी विषय पर व्याख्यान के लिए आग्रह करने लगा। गुरुजी 'अरे नहीं, अरे नहीं' कहते रहे। और अधूरे हँसते, आधे नाराज उन्होंने उनका प्रस्ताव स्वीकार कर लिया। डरते-डरते वे लोग पारिश्रमिक आदि की बात करने लगे तब थोड़ा नाराज होते हुए गुरुजी ने कहा कि इस विषय पर चर्चा नहीं हो और पत्र भेजिए, याद दिलाइए, बहुत काम होते हैं न...यह कहकर उन्हें रवाना किया।

मनीष देखता रहा, उन सबकी ओर।

'खाना नहीं खाया होगा, है न?'

'खाना नहीं खाया!'

'किस पर खीझें? और क्यों?'

'नहीं...नहीं! खीझ वगैरह बिलकुल नहीं...मैंने केवल खाना ही नहीं खाया। बस इतना ही!'

'लगा ही!...दूसरा, तू स्वयं यह देश छोड़कर जाने के विचार में है क्या?'

'नहीं, वैसी तैयारी नहीं है! परन्तु, कोई मौका मिला तो जाऊँगा!'

'बाहर भी क्या है? यही...ऐसा ही होगा न?'

'अगल होगा! स्कोप होगा! ईमानदारी से की गयी मेहनत की वहाँ कद्र तो होती है! यहाँ?'

'कुल मिलाकर तू कसैला हो गया है रे मनीष!'

फिर एक फोन आया और गुरुजी भीतर गये। मनीष अकेला ही बैठा रहा बाहर। भीतर गुरुजी किसी से मीठी आवाज में बात करते रहे। कुछ लोग हार लेकर आए और गुरुजी को पहना गये। अवसर उनके सत्कार का था, आगे कभी तो होना था। तुरन्त दो बच्चे भी आ गये, युवा थे। एक गोरा, शार्प दिखने वाला। गुरुजी भीतर ही थे, फोन पर बोलते हुए। मनीष उस नये लड़कों की ओर देखता रहा, वे भी देखते रहे। पेशंट्स एक-दूसरे की ओर अस्पताल में देखते हैं कुछ इस तरह। फिर उस लड़के ने ही बोलना शुरू किया—

'क्या, कुछ पीएच.डी. वगैरह क्या?'

'नहीं...नहीं!'

'फिर?'

'फिर कुछ नहीं!'

'मैं विश्वजीत, गुरुजी का फॉलोअर...'

'फॉलोअर यानी?'

'मतलब मैं उनके विचार प्रसारित करता हूँ।'

'और उनके विचार हैं क्या?'

विश्वजीत कुछ तुच्छता से हँसा। बोला—

'वे ऐसे संक्षेप में कैसे बताए जा सकते हैं?'

'विस्तार से तो बता सकते हैं न?'

'आपका नाम क्या है?'

'मनीष! मैं उनकी राय लेने आया था!'

'सर की...मतलब गुरुजी की? माई गुडनेस!'

'इसमें क्या हुआ? उनकी राय तो होगी ही न?'

तब गुरुजी बाहर आए। हँसे। दोनों लड़कों ने पैर छूने की तत्परता दिखाई। उन्होंने परिचय करवाया। आराम से बैठकर उन्होंने कुछ विचारपूर्ण नजरों से दोनों की ओर देखा, और बोले—

'अरे विश्वजीत! इसे कहीं आदर्श दिखाई ही नहीं दे रहा है, इस भारतभूमि में!...कड़आहट भर गयी है इसमें!...बुद्धिमान है!...तुम्हें क्या लगता है?'

विश्वजीत ने कुछ चौंककर देखा मनीष की ओर। फिर उसने विवाद का पैंतरा

लेकर, बुद्धिवादी पद्धति से देखकर मनीष से कहा–

'आपको आदर्श कहीं नहीं दिखता?'

मनीष ने ध्यान नहीं दिया, पर शिकारी कुत्ते की तरह या प्रशिक्षित बाज पक्षी की तरह सामने झुककर देखने लगा, ज्यों इस विवाद में कच्चा चबा जाऊँगा, तब मनीष बोला–

'आपको दिखता है?'

'हाँ'

'कहाँ?'

'यहीं!...गुरु में!...शिक्षा संस्कृति में!'

'शिक्षा-संस्कृति क्या चीज है...कौन-सी शिक्षा पद्धति...पहली से अंग्रेजी पढ़ाते हैं, फिर पाँचवीं से पढ़ाते हैं!...मेडिकल के लिए एंट्रेन्स परीक्षा किसने बनाई? अंग्रेजी में पचास प्रतिशत मार्क्स किसलिए? इस पद्धति से परीक्षा ली तो कौन पास होंगे, कौन फेल होंगे? ये कारनामे आपको आदर्श लगते हैं?'

विश्वजीत कुछ चौंका, सहमा, चकित हुआ। गुरुजी ऐसे बैठे थे, ज्यों उन्हें इन सबमें कुछ भी लेना-देना न हो। फिर विश्वजीत ने कहा–

'आप...किस संगठन से हैं?...आप दलित हैं क्या?'

इस बात पर मनीष जोर से हँसा। तभी उसका और सबका ध्यान भीतर गया। गुरुजी की बेटी शुभा दरवाजे पर खड़ी थी, मंद मुस्कान लिए।

'चलिए, खाना खाने!'

गुरुजी हँसकर बोले–

'तुमने खाना नहीं खाया है! उसने यह सुन लिया! अब नहीं बच सकते!... जा बाबा...मनीष!'

मनीष ने कुछ संकोच किया, विश्वजीत की ओर रोष से देखा। विश्वजीत ने भी उसकी ओर इसी तरह देखा। फिर वह भीतर गया।

'आपने क्यों तकलीफ की? और खाया नहीं, यह किसी के कहने पर, उसे भोजन परोसने की आपके यहाँ प्रथा है क्या?'

वह हँसी, समझदार-सी! उसने सारी तैयारियाँ कर रखी थीं।

'खाना खाइए, फिर विवाद कीजिए!'

'ठीक है, पहले खाना खाते हैं! क्योंकि भूख लगी है!'

मनीष खाना खाता रहा। इतने में गुरुजी कह गये कि बाहर जाता हूँ। विश्वजीत ने जल्दी-जल्दी में शाल उठायी, चप्पल भी। सभी बाहर गये। मनीष खाता रहा, सोचता रहा।

'आपका प्रोब्लेम क्या है?'

'मेरा, हं ऽ! कुछ नहीं!'

'फिर इतनी कड़ुआहट क्यों?'

'आपने सुन लिया शायद!'

'सुनना ही पड़ता है! इस घर में दूसरा और क्या चलता है?'

'हमेशा वाद-विवाद, चर्चा चलती है शायद?'

'कल के लिए होप्स हैं या नहीं?...मुझे लगता है, हमेशा ही कल के लिए भविष्य तो होता ही है!'

'आपने ही कहा खाना खा लीजिए, विवाद बाद में! अब आप ही विवाद कर रही हैं!'

इस बात पर शुभा हँस दी। उसने उसे रोटी परोसी। वह सहजता से पर संकेतात्मक बोली–

'सर ने...मतलब गुरुजी ने राय तो नहीं दी होगी न?'

'सुन लिया! पर उनकी बुद्धि बहुत तीक्ष्ण है!'

'आप यह किस आधार पर कह रहे हैं?'

'मतलब? मैंने उनकी पुस्तकें पढ़ी हैं। प्रवचन सुने हैं!'

'और कितनी बार मिले हैं...चर्चा की है?'

'सही में तो केवल दो-तीन बार ही!...आज और संदेश देकर!'

'बाबा बोले, 'जाओ और मिलो उनसे!'

'यहाँ, फिलहाल की जीवन पद्धति के कारण क्या किसी के लिए भविष्य नहीं है?'

वह एकदम स्तब्ध हो गया। कौर हाथ में ही रह गया।

'आपको क्या कहना है?'

'पेड़ पर फूल खिलता है, तब पहले वह दिखता नहीं, पर वह पेड़ में पहले से होता है या नहीं? भविष्य होता ही है और वह सुन्दर होता है।'

'शायद आपका सही भी हो! परन्तु, फिलहाल तो हम सभी दलदल में धंसे हुए हैं! कल का फक्कड़ धूर्त आदमी विधायक बनते ही करोड़पति कैसे हो जाता है? मराठी का अभिमान रखना और बच्चों को अंग्रेजी स्कूल शिक्षा देना, यह कैसे? इधर राष्ट्रप्रेम और उधर बेटा और बहू अमेरिका में।

वह हँसीय फिर, निर्विकार अच्छी-सी। उसने बाहर की आहट ली। बोली–

'आपने फिर शुरू कर दिया! आपको मैंने भोजन करने के लिए कहा था!...भोजन पसंद नहीं आया?'

'पसंद आया, इसलिए तो शक्ति आयी और बोलने लगा!...पर...आपकी बात सही भी हो सकती है।'

पर उसका ध्यान उसकी ओर नहीं होगा, वह बाहर का अंदाज लेती रही और तपाक् से बाहर आयी, कुछ दौड़ती हुई, किसी तत्परता से। कौन आया वह उसे वहाँ

से दिखना सम्भव नहीं था। जानने का प्रयोजन भी नहीं था, कर्तव्य भी नहीं था। पर मनीष को परदे की ओट से शुभा थोड़ी-सी दिख रही थी, डरी हुई...

'क्यों आया?'

'क्या करूँ तो? धीरज जवाब देने लगा!'

'गुरुजी घर पर नहीं हैं इसलिए!...बेकार में तमाशा खड़ा हो जाता!'

'मैं जाता हूँ!...कब मिलोगी?'

'गुरुजी का विरोध है!'

'मालूम है मुझे! मुझमें क्या कमी है?'

'मुझे नहीं मालूम!...तुम अब जाओ?'

बाद में, कुछ खुसुरफुसुर, कुछ चर्चा, घबराई हुई, जल्दी में थी। फिर वह चला गया होगा। शुभा भीतर गयी। डरी हुई व्यथित चेहरे से।

'प्रकाश आया था!'

'कौन प्रकाश?'

'आया था, यह मत बताइए हं ऽ!'

'मैं? नहीं, नहीं!...मैं क्यों बताऊँ?'

पर कौन प्रकाश? वह इस पर न बोलकर भोजन परोसती रही। मनीष भोजन करता रहा।

2

गुरुजी ने ग्रंथ बगल में रख दिया। फिर मनीष को गौर से देखते हुए उन्होंने कहा,

'तुम प्रस्तुत करते हो वैसा यह गणित नहीं है—नहीं होता है! और स्थिति इतना निराशाजनक है भी नहीं!...आशा की सम्भावना है-रहती है!'

'उदाहरणार्थ तू ही!'

'मतलब?'

'मतलब यह कि जिस मिट्टी से तुम्हारे जैसे सुपुत्र जनमते हैं, बुद्धिमान...वह माटी बांझ होगी क्या? इस मिट्टी का...इस देश का भविष्य नहीं होगा?'

'यह सेंटिमेंटल हो रहा है...'

'और जिस शिक्षा पद्धति की तुम आलोचना कर रहे हो, उसी शिक्षा पद्धति ने तुम्हें इस तरह बोलने के लिए, ऐसा सोचने का सामर्थ्य दिया है...हमें विचार-स्वातंत्र्य है!...तुम लोकतंत्र के अद्भुत सामर्थ्य पर खड़े हो!...तुम सोच सकते हो...आलोचना कर सकते हो!...तुम्हारी यह स्वतंत्रता यहाँ मान्य है!...इसलिए यहाँ भविष्य है...आशा है!'

'यह कोई प्रतिवाद नहीं...'

'दूसरा यह कि राष्ट्रप्रेम का यह मुद्दा! इस मुद्दे के कारण यह देश छोड़कर जा नहीं सकते या इस देश का द्वेष भी नहीं कर सकते! यह मुद्दा सबको बाँधकर रखता है!'

चर्चा के दौरान कुछ प्रसिद्ध लोग एकदम भीतर आए। काफी लोग भी थे।

'क्या, लगता है चर्चा चल रही है?'

'और क्या?'

'गुरुजी आपके घर में निरंतर सरस्वती विराजमान रहती है...'

'क्यों शर्मिंदा करते हैं, अजी ये सब भाग्य की बातें हैं!'

'भाग्य मानते हैं क्या आप?'

'कर्म भी मानता हूँ! बस न...'

उन सब लोगों ने मनीष की ओर बहुत परायी नजर से देखा। फिर वे सब बैठ गये। कुछ को बैठने का स्थान नहीं मिला, तब मनीष उठा और बोला—

'बैठिए न!'

'फिर वह भीतर गया, कुछ दबे पाँव।'

'...कौन है यह?'

'है एक! बुद्धिमान है! बच्चा है!...दुनिया नहीं देखी!...'

मनीष उस वाक्य पर थोड़ा ठहर गया। उसे किंचित-सी तुच्छता की झलक लगी इस वाक्य में। यूँ ही कोई हँसा, फिर सब हँसे, जोर से। यह हँसना मेरे लिए है, ऐसा हल्का-सा उसे लगा। शुभा देख रही थी उसकी ओर अलमारी से टिककर।

'बाहर नहीं रुके?'

'एक तो वहाँ जगह नहीं! ऊपर से सब अपरिचित...बड़े-बड़े लोग!...उन्हें चाय भी तो देनी होगी न!...इसलिए बताने आया!'

'आप नहीं पहचानते उन्हें?'

'दूर से केवल!...परिचय के रूप में नहीं!'

मनीष ने स्टूल उठाया और कोने में बैठा रहा, खिड़की से बाहर झाँकते हुए। उसकी ओर देखकर शुभा हँसी, उसे इस तरह बैठा देखकर।

'अब आपके वाद-विवाद का, चर्चा का क्या...?'

'कुछ नहीं! निःश्वास छोड़ता बोला और हँसकर देखा, फिर बोला—

'ऐसा लगा था कि मेरा कुछ समाधान होगा, कुछ तो प्रतिवाद सुनने को मिलेगा! सच तो यह है कि उन्होंने संदेश भेजकर मुझे बुला ही लिया था! उन्होंने ही चाचा को फोन कर भेज देने के लिए कहा।'

'फिर?'

'फिर मुद्दा सेंटिमेंट्स पर आकर रुक गया! उनका कहना यह है कि जिस सिस्टम की मैं आलोचना करता हूँ, उसी सिस्टम ने मुझे उसी सिस्टम पर आलोचना

करने का सामर्थ्य और स्वतंत्रता दी है! दूसरी जगहों पर यह वैसा नहीं होता! दूसरा मुद्दा मुझ-सा बुद्धिमान लड़का—'

मनीष ने छाती पर हाथ रखा। कसैला मुस्काकर उसने आगे कहा—

'मुझ-सा बुद्धिमान लड़का जहाँ तैयार होता है, वहाँ, उस माटी का भविष्य नहीं, ऐसा कैसे कह सकते हैं? है न बेजोड़? अर्थात् मैं खुश! सिस्टम खुश!...मुझ-सा बुद्धिमान लड़का तैयार हुआ, इसका आश्चर्य करते आप मेरी परम्परा पर, मेरी जाति पर उंगली उठाते आए या नहीं? दीस इज वेरी सट्‌ल!'

'उन्हें ऐसा कहना नहीं होगा, मनीष!'

'पर वैसा अर्थ निकलता है! इसलिए अब, उन प्रसिद्ध लोगों की चर्चा चलने तक मैं पिछले दरवाजे से खिसकता हूँ!'

'पर आप ही को चाय बाहर ले जानी है!'

'अं ऽ?'

'मैं उनके सामने नहीं जाऊँगी!...वे...उन्हें प्रकाश अच्छा नहीं लगता! वे खुल्लमखुल्ला कहते हैं!...आप ही चाय ले जाएँ!'

'ठीक है!'

मनीष ट्रे बाहर ले गया। सबको चाय दी। किसी ने उसकी ओर देखा तक नहीं। बिना देखे ही कप उठाए। सब बातें कर रहे थे। गहन चर्चा चल रही है। मनीष केवल चाय देने वाला। विश्वजीत भी उन्हीं में दिख रहा है। वे सज्जन किसी चिंता में हैं।

'मिलिंद की कुछ खबर नहीं!...गुरुजी!'

'क्यों जी? फोन वगैरह...'

'उसकी वहाँ अमेरिका की समस्याएँ यहाँ बैठकर समझ में नहीं आएँगी!... परन्तु, उसने एक कम्पनी बदली, दूसरी भी बदली—पता भी बदल गया है।'...

'फिर?'

'हम यहाँ जान साँसत में रखें बस!'

'फिर?'

'अपने दिलीप को बताइए उसका फोन आया तो!...जरा पूछताछ तो करो!' 'बताता हूँ! आज ही आने वाला है रात में!...यहाँ की रात वहाँ का दिन!' मनीष भीतर गया। ट्रे उसने टेबल पर रखा। शुभा वैसी ही खड़ी है। वह हँसी, कुछ।

'आपकी चाय ढँककर रखी है...'

'गुरुजी का बेटा अमेरिका में है?'

'तो? आपको मालूम नहीं था?'

'नहीं!'

'दिलीप भैया अमेरिका में ही है?'

'वह...क्यों गया? यहाँ से वहाँ?'

'कल कह रहे थे कि यहाँ राष्ट्र प्रेम और बहू-बेटा अमेरिका में, वह हमें संबोधित नहीं था?'

'मालूम ही नहीं था न? नहीं, वैसा कैसे कहा होता तब मैं?'

'मतलब अप्रियं न् ब्रूयात...'

मुझे मालूम नहीं था!...मैं जाता हूँ अब!'

'बाबा भी जा रहे हैं दिलीप के पास, अगले महीने!'

'गुरुजी? सच?'

'हाँ!'

मनीष स्तब्ध हुआ। शुभा उसकी ओर देखकर हँसी, कुछ संकेतात्मक। बोली, 'फिर? आपको क्या लगा?...और अब आपके विवाद और चर्चा का क्या?'

'अब?...अब नहीं!...मैं जाता हूँ! फिर आऊँगा!'

वह पिछले दरवाजे से बाहर चला गया। वहाँ एक युवक खड़ा दिखाई दिया, पिछवाड़े, घर की ओर देखता हुआ। वह प्रकाश हो सकता है, उसे लगा।

3

रात में दरवाजे पर दस्तक। फिर बाद में बेल भी बजी। मनीष ने पुस्तक बगल में रख दी। बाबा सो गये थे। वे भीतर से ही बोले, कौन आया होगा रात में, देखो, एकदम दरवाजा मत खोलना, इत्यादि। मनीष ने देखा, तो शुभा दरवाजे पर खड़ी थी।

'आप? अभी?'

शुभा कुछ चिंता में थी। कुछ घबरायी हुई थी...जल्दी-जल्दी बोलने लगी।

'प्रकाश से मिलने आयी भी! गाड़ियों की गड़बड़ी हो गयी! देर हो गयी है!...घर में सब चिंता कर रहे होंगे!...गाड़ी चूक गयी इसलिए आपके यहाँ आयी, यह कह सकेंगे क्या आप?'

'मतलब, आप हमारे यहाँ आयी थीं, ऐसा बताना है?'

'हाँ, और पहुँचाने के लिए साथ भी आना होगा, तभी उन्हें सच लगेगा।'

'आऊँगा! और बताऊँगा भी!...पर झूठा आधार कितना लेना होगा?...इससे अच्छा है, उन्हें सच बता दें।'

'यह बाद में! पहले चलें ऽ...'

भीतर मनीष के बाबा उठकर बैठे होंगे। उन्होंने पूछा—

'कौ ऽ न रे?'

'गुरुजी की बेटी आयी है!'

'बृहस्पति की बेटी? क्या हमारा भाग्य? क्या कहना है उसका?'

उसने भीतर जाकर चिल्लाकर खुलासा किया।

'जा फिर? पूछता क्या है? ठीक तरह से छोड़कर आ!'

वह कपड़े बदलकर तैयार हुआ। तब तक भी वह नहीं बैठी, खड़ी रही कुलबुलाते हुए।

'चलिए!...पर जो बताना है वह ठीक से कन्विन्सिंग होना चाहिए!'

'हम तय करेंगे!'

दोनों जब पहुँचे तब गुरुजी के घर में दीये थे। बाकी अन्य घर अँधेरे में थे। आकाश में क्षीण चंद्र था। गुरुजी भीतर चक्कर लगा रहे थे। मनीष को देखकर उन्हें आश्चर्य हुआ–

'अरे? क्या हुआ?'

उसने थोड़े में बताया। पर उनका संतोष नहीं हुआ। वे गुस्से से देखते रहे, फिर बोले–

'तू कहाँ गयी थी। और क्या कर रही थी, यह प्रत्यक्ष देखने वालों ने बताया है! और यह भी शामिल?'

'नहीं...नहीं!'

पर गुरुजी एकदम असंस्कृत-से आविर्भाव में गुस्से से थरथराये, हाथ चलाते अपनी बेटी पर गुस्सा करने लगे। नाराज होने लगे। उसमें प्रमुख मुद्दा यह था कि प्रकाश की जाति हल्की है। वह जूतों के पास खड़े रहने के लायक नहीं है, इत्यादि... भीतर से विश्वजीत मनीष की ओर 'खुन्नस' खाकर देखता है और मनीष गुरुजी की ओर। फिर गुरुजी ने शुभा पर हाथ भी उठाया। तभी खुले दरवाजे से प्रकाश ने तेजी से प्रवेश किया।

अगली घटनाएँ आश्चर्यकारक थीं। एक तो शुभा को आश्चर्य हुआ कि प्रकाश पीछे-पीछे आया और अच्छा भी लगा होगा। और प्रकाश का इस तरह 'जाहिर' हो जाना, उस तनावपूर्ण प्रसंग में प्रवेश करना, इसका उसे बहुत डर भी लगा होगा।

'क्या...करते क्या हैं?'

'तू कौन रे पूछने वाला?'

फिर वे सीधे जातिवाचक गालियाँ देने लगे। प्रकाश आगे-आगे सरकने लगा, छाती सामने कर और मनीष उसे पीछे खींच रहा था, तब गुरुजी उसकी अवहेलना कर एकदम पीटने लगे तब वह छाती फुलाकर बोला–

'मैं भी पलटकर पीट सकता हूँ! पर मैं सुसंस्कृत हूँ!...और आपका असली चेहरा मैं देख रहा हूँ। यही तो मुझे देखना था। गुरुजी–वाह ऽ! बाद में विश्वजीत का दौड़कर आना, उन दोनों की हाथापाई, शुभा का चिल्लाना, पड़ोस में लाइटें जलना, मनीष द्वारा छुड़ाया जाना, प्रकाश को बाहर ले आना, गुरुजी का मनीष को भी और प्रकाश को भी–फिर न आने की ताकीद देना। रात गहरी होती जाना, चंद्र का क्षीण

होना, ऐसा कुछ घटता गया। उस रात मनीष और प्रकाश, कोई पहचान न होने के बावजूद, सुनसान और बिना संवाद के!

4

मनीष फिर नहीं गया। उन्होंने बुलाया नहीं। गुरुजी के ग्रंथ प्रकाशित हुए। उनका सम्मान हुआ। उनका भाषण हुआ। भाषण की तारीफ हुई। फोटो छपकर आए। उन्होंने उसे फिर प्रतिवाद के लिए बुलाया नहीं। उसने उनके ग्रंथ पढ़े। उन्हें दूर से देखा किसी निमित्त। प्रकाश भी उसे मिला नहीं। पर वह मिलेगा, ऐसा विश्वास लगता रहा, मनीष को! राष्ट्रवाद की गप्पें हाँकते रहे। राष्ट्रप्रेमी मंडली के जत्थे हर घर से एक व्यक्ति अमेरिका में भेजते रहे, कल के सुनहरे भविष्य के लिए। यहाँ मराठी की अवहेलना के बारे में चिंतित होते रहे और बेटे के सहयोग से अमेरिका भी जाते रहे। बाद में, यात्रा-संस्मरण भी लिखते रहे। इसकी भी किताबें आने लगीं। मनीष देखता रहा। तब उसे शुभा मिली, अचानक। उसकी शादी हो गयी, यह दिख रहा था। वह हँसी, उसे देखकर। उसने पूछा–

'लगता है, आपकी शादी हो गयी है, प्रकाश से?'

'नहीं!'

'नहीं, तो?'

'दूसरे से ही! हमारे में से ही है!'

'और प्रकाश?'

'उसका क्या? उसे तो कुढ़ना था?...उसने भी शादी कर ली...'

'अच्छा ऽ!'

'बाबा हो आए अमेरिका!'

'मुझे मालूम हुआ वह!'

'यहाँ भविष्य नहीं...कल की सुबह नहीं, यह विचार आपका अभी भी है क्या?' वह हँसा, बोला, 'मतलब आपने ध्यान में रखा है! बिलकुल यही बात तो नहीं!...पर यहाँ सब कुछ मुश्किल है।'

'मुझे वैसा नहीं लगता!'

'ऐसा आपको पहले भी लगता था!...अब बाद में आपको वैसा क्यों लगता है?'

'उन्हें मालूम हुआ तो बोले कि फिर क्यों नहीं की प्रकाश से शादी?...बाद में हम दोनों प्रकाश से मिल आए!'

'दोनों?'

'हाँ! दोनों!...और बाबा तुम्हें याद करते हैं!'

'सच?'

'सच में! मिले नहीं कहते हैं!...पर सच तो यह है कि उन्हें आपका डर लगता है!'

'मेरा? क्यों?'

वह दुःखी होकर कहती है, 'देखा न आपने उनका असली चेहरा, उस रात...इसलिए! दूसरों ने वह देखा नहीं न ऽ!'

'इसलिए यहाँ भविष्य है, ऐसा लगता है आपको? उन्हें डर लगता है...अब भी डर लगता है, इसलिए?...अपने डर के कारण कल का भविष्य है, ऐसा वे कहते?'

'शायद!' वह पहली बार खिन्नता से बोल रही थी, फिर हँसी, अचानक, निर्विकार-सी। फिर गर्दन तिरछी कर, बिदा लेकर निकल गयी। मनीष को 'आइए' नहीं कहा और न ही पता दिया। उसने भी नहीं पूछा। वह कुछ स्तब्ध खड़ा रहा। कुछ सोच में डूबा। फिर कुछ हँसा, स्वयं से ही।

गुरुजी से जान-बूझकर मिलना नहीं है, यह अब उसने तय कर लिया था, क्योंकि इसमें शराफत नहीं होगी। जान-बूझकर प्रकाश से भी नहीं मिलना है। शायद वह कहती है, यह सच भी हो सकता है। पेड़ पर उगनेवाला फूल आज न दिख रहा हो तो भी वह पेड़ में ही होता है। यहाँ की वास्तविकता का कल भविष्य भी होगा। शायद। तब तक हाँ—तब तक ऐसे भयभीत गुरुजी से न मिलना ही अच्छा।

मनीष ने बाद में इस घटना का जिक्र कई लोगों के साथ किया। कइयों को समझ में नहीं आयी, इसकी खूबी समझ में नहीं आयी। कइयों को इसका रहस्य समझ में नहीं आया। बोले, पागल है—फिर क्या?—सो व्हाट?

मनीष अब वहाँ जाना टालता है। याद कर मन ही मन हँसता है। कभी किसी को यह कथा, सुनाता है—बिना विस्तार के प्रस्तुत करता है। कल के लिए यहाँ आज, सुन्दर-सी व्यवस्था नहीं है, यह कहते हुए हिचकिचाता है। शायद उसका सही होगा। आशावाद, आशावाद को लाता है। आशावाद आशा को जानता है। आशा, होनी लेकर आती है। होनी सम्भावनाएँ लाती है। सम्भावनाओं से घटनाएँ घटती हैं। घटनाओं से कल की सुनहरी धूप उगती है। शायद थोड़ी-सी तिरिछ शायद। केवल बोध होना चाहिए। चेहरे के पीछे के, चेहरे का दर्शन करने वालों का भय बचा रहना चाहिए। तो फिर आशा है। फिर आशा है, वह कहती है वह सच होगा शायद। खिलने वाला फूल आज नहीं दिख रहा होगा। बाद में, मनीष भीड़ में चलता रहा और गुम होता रहा। उसके बाबा उसे कहते रहे कि अरे, केवल विचार करता है, जा उस बृहस्पति के पास जा...चर्चा ठीक से कर। इस पर मनीष हँसता है। कुछ उन पर, कुछ स्वयं पर। वह भी घटी कथा दूसरों को कभी सुनाता है। वे कहते हैं, पगले, फिर क्या हुआ?

मनीष बाद में कहीं नहीं गया। अब वह खिलने वाले फूल की प्रतीक्षा कर रहा है।

सामान्य-सी बात

कहानी वैसे सामान्य है। सुनाने के लिए, सुनने के लिए और कुछ तो हमारे आसपास हमेशा ही नाट्यपूर्ण नहीं घटता। कहानी सामान्य है, पर घट जाने के बाद मेरे सामने कुछ प्रश्न उभरे। नैतिकता के और सांस्कृतिक सन्दर्भ प्रसंगानुरूप बदलते हैं, यह भी ध्यान में आया। वैसे मैंने तुरन्त कोई निष्कर्ष नहीं निकाले। क्योंकि निष्कर्ष हमेशा ही निकाले जा सकते हैं, ऐसा नहीं है।

हुआ यह कि जब मैं काम से घर लौटा तो पत्नी राह देख रही थी। मेरी राह नहीं, कुछ बताने की राह देख रही थी।

'वसंतराव आये थे! आपसे मिलना है उन्हें।'

'अरे वाह! चीफ गेस्ट के रूप में बुलाएगा कि क्या मुझे!...पर मुझे डायरी देखनी पड़ेगी। मैं बहुत बिजी रहता हूँ न, यू नो—'मैंने मजाक किया। पर पत्नी हँसी नहीं।

'उनका कुछ जरूरी काम है।'

उसने कहा। कपड़े बदलने तक वे आ गये, वसंतराव। वे सुप्रसिद्ध गायक थे। 'सुर बहार' नामक उनका संगीत स्कूल था। समाज में उनका सम्मान था। वे मेरे पास आए, यह मेरे लिए विशेष बात थी। वैसे अपने को कहाँ कौन पूछता है।

'आइए...आइए न! बैठिए!'

मैंने कहा। चाय-पान होने तक वे नहीं बोले, फिर कहा—

'जरा काम था।'

सावधान हो गया मैं, 'कैसा काम?'

'बात ऐसी है!...शालिनी मेरी छात्रा है। अच्छा गाती है। चमकेगी। मैं उस पर मेहनत ले रहा हूँ।'

'हूँ! फिर!'

'वह दसवीं में पढ़ रही है!...आपके घर के पास के यशश्री कोचिंग क्लास में जाती है!'

'हूँ!'

इसमें मैं कहीं दिखाई नहीं दे रहा था। पर मैं सुनता रहा, सजग चित्त से।

'मैं मानता हूँ कि करियर महत्त्वपूर्ण है! पढ़ाई महत्त्वपूर्ण है, पर गाना सीखना बंद करने के लिए कहना सही है क्या?'

'नहीं!...नहीं! ऐसा कौन कहता है?'

'यशश्री के श्री व श्रीमती उसे हमेशा ही कहते हैं, ताने मारते हैं!'

'अरे...! गाना बंद करने के लिए कहते हैं कि क्या?'

'हाँ, वही तो!'

'यह ठीक नहीं!'

'मैं भी यही कहता हूँ! विशेष रूप से आपके ध्यान में आया क्या?'

'नहीं!'

मैंने ईमानदारी से कहा–

'यहाँ सिर्फ उसकी नहीं, तो मेरी भी हॅरसमेंट है!'

'अरे ऽ तो!'

मेरे ध्यान में कुछ आया। मैं अधिक सँवरकर बैठ गया। 'कॅरियर महत्त्वपूर्ण है, गाने के लिए रोज दो घंटे खर्च करना नहीं, ऐसा उसे रोज कहते हैं, अधिक से अधिक होमवर्क देते हैं! और ताने! महान गायिका ऽ इसका उत्तर बताइए! लता मंगेशकर, आइए ऽ बैठिए ऽ! यह हमेशा कहते हैं।'

'यह ठीक नहीं!'

'मेरी एक छात्रा कम हो गयी तो मेरे व्यवसाय पर कोई परिणाम नहीं होगा! पर नुकसान प्रतिभा का होगा।'

'प्रतिभा! उसका नाम शालिनी है न?'

उन्हें मुझ पर तरस आया। मेरी ओर देखा। फिर वे बोले–

'मैं शालिनी की प्रतिभा का कुल मिलाकर नुकसान होगा, यह कह रहा हूँ–'

'हाँ ऽ हाँ ऽ प्रतिभा!'

'एक बुद्धिमान, प्रतिभावान गायिका का उदय हम रोक रहे हैं, यह सामाजिक और सांस्कृतिक अपराध है!...'

'सांस्कृतिक अपराध!'

मैंने सिर खुजलाया। मैं कुछ समझ नहीं पाया। पर मैंने कहा–

'मुझे लगता है, गाना सीखें या नहीं, यह सबका अपना-अपना व्यक्तिगत प्रश्न है न? फिर आग्रह जैसा कुछ कितना सही?'

'इसीलिए तो मैं आया हूँ!'

'क्या?'

'श्री और श्रीमती नगरकर आपके पारिवारिक मित्र हैं। उन्हें कुछ बताइए!'

बात बहुत सामान्य, मुझे लगा। सच तो यह है कि इस बात में मुझे पड़ना

ही नहीं था। पर लगा इसमें क्या है, हम कुछ कहकर देखें।

'ठीक है! मैं बताता हूँ!'

'धन्यवाद!'

फिर कुछ इधर-उधर की बातें कर गायक निकल गये। मैंने पत्नी से कहा, 'देखा, मैं कितना बड़ा आदमी हूँ!...तुम्हें अब तक विश्वास नहीं!'

बाद में, एक-दो दिन में मैं नगरकर के पास गया। उनकी क्लास का वातावरण था, गम्भीर-सा था। ऊपर से गणित का क्लास। मतलब वह और गम्भीर होगा। लड़के-लड़कियाँ चिंतातुर चेहरे से भीतर-बाहर आ-जा रहे थे। नगरकर की बेटी बाहर ही खड़ी थी। उसने मुझे नमस्कार किया। रजनी की एक प्रोब्लेम में मुझे उलझना पड़ेगा। इसका मुझे तब अंदाजा नहीं था। पर वह अपने आप समय के साथ आएगा ही। तब मैंने रजनी से कहा–

'है क्या री, बाबा?'

'माँ है!'

मैं श्रीमती नगरकर से मिला। वे कुछ टेन्स लगीं। पर उसमें नया कुछ नहीं। विवाह योग्य बेटी के माँ-पिताजी ऐसे ही दिखते हैं, यह मुझे मालूम था।

'क्या?'

उन्होंने बहुत साफ-साफ पूछा, मैं तब चौक गया। मैं बगलें झाँकने लगा।

'कुछ नहीं, सहज ही! लगता है नगरकर जी नहीं हैं!'

'नहीं हैं, कुछ काम था?'

आज इनका मूड ठीक नहीं लग रहा था। तो मैं गलत समय पर आया हूँ। पर अब जब आ ही गया तो बात तो करें। मैंने बताया। उन्हें कुछ विस्तार से बताया। फिर मेरा अभिप्राय भी बताया। मैंने कहा कि 'हॅरॅसमेंट' है। यह ठीक नहीं है।

'वे आए थे? आपके पास!'

'हाँ'

'स्वयं?'

'हाँ'

'चोर आदमी है!'

'आं?'

'अजी, बच्ची का कॅरियर महत्त्वपूर्ण। कुछ भी हो, वह मेरी छात्रा है। मेरिट की है। बेकार गाना सीखकर क्या होने वाला है?...शालिनी को गाना छोड़ देना चाहिए...! बताइए उन्हें!'

श्रीमती नगरकर का चेहरा हिंस्र दिखने लगा। मैं खिसक लिया। बाहर अँधेरा उतरने लगा था। और रजनी अभी भी बाहर ही खड़ी थी।

मैं तो सचमुच ही भूल चुका था यह सारा। पर वसंतराव फिर आए और ज्यों

मेरा ही कुछ अपराध हो गया, इस आविर्भाव में बोलने लगे।

'वह बात कुछ बंद नहीं हो पाई है!'

'आं? कौन-सी?'

'वही, लता मंगेशकर आदि नामों से पुकारने का! शालिनी पर बहुत टेंशन है!...उसे गाना अच्छा लगता है! उसका नेचुरल इलक्लिनेशन गाने की ओर है!... पर उसे अमानुष व्यवहार मिलता है!...वह मेरे पास आकर रोती है!...आपने बताया या नहीं!'

'बताया!...वे बोलीं, फालतू गाना सीखकर क्या मिलेगा!'

मैं शायद पूर्व जन्म में राजा हरिश्चंद्र का परिचित रहा होऊँगा। वसंतराव, इस बात पर क्रुद्ध दिखने लगे।

'फालतू?'

'उन्होंने कहा तो ऐसा ही!'

'आप उन्हें बताएँ कि बच्ची अच्छा गाती है!...उसका फ्यूचर अच्छा है! उनकी हैसियत मुझे मालूम है कि नहीं?...चोर कहीं के!'

'चोर?'

'पेपर लीक कांड में लिप्त थे वे! पर उनकी बात छोड़िए!...गाना महत्त्वपूर्ण है!...बच्ची को तकलीफ न दें...बताइए उन्हें ऽ...'

मुझे ही डाँट कर वसंतराव चले गये। पीछे-पीछे, ज्यों तय करके ही श्री नगरकर घर आए। ज्यों उन्होंने उन पर नजर रखी थी।

'गया वह?'

'कौन? हाँ ऽ हाँ ऽ'

'चोर आदमी!'

'अजी, पर...'

'क्या कह रहे थे?'

मैंने बताया। वे संतप्त दिखने लगे और मैं चिंतित हुआ। मतलब पहली बार ही मुझे कुछ लगा कि हम इनके विवाद में जरा अधिक ही उलझ गये हैं। पर बात बड़ी सामान्य है, ऐसा मैं समझता हूँ।

'मैं पेपर लीक में था, ऐसा कहा क्या उसने?'

'अं? हाँ!'

'उन्हें जाकर बताइए, बच्ची गणित नहीं छोड़ेगी!...तीन महीने पर आ गयी है परीक्षा!..., गाना बंद करो कहिए ऽ...! आ ऽ ऽ वू ऽ ऽ करते रहते हैं!'

उन्होंने तीव्र द्वेष से भ्रष्ट नकल करने का आविर्भाव किया। इससे हम बचकाना और हास्यास्पद दिख रहे हैं, यह उनके ध्यान में नहीं आया। मुझे हँसी आने की बजाय डर लगने लगा।

'मैं जाकर क्या बताऊँगा?'

'जा ऽ...'

उनका आदेश। मैं बैठे-बैठे आश्चर्यचकित। फिर वे गुस्से से बोले—

'आपको बताने वाला नहीं था! व्यक्तिगत बातें टालना चाहिए!...पर मैं पेपरलीक मामले में था, यदि ऐसा आरोप करता है तो क्या छोड़ देना चाहिए! यह लंपट आदमी चरित्र से अच्छा नहीं है!...एक छात्रा यदि हमारी कम हो गयी तो हमारे व्यवसाय पर कोई फर्क नहीं पड़ेगा, पर प्रश्न सुनीति का है।'

'सुनीति? पर उसका नाम तो शालिनी है न?'

तरस खाते उसने मेरी ओर देखा। उनकी चुभती नजरों को देख मैं सिकुड़कर अपनी जगह बैठा रहा।

'अजी, मैंने नीति अलग अर्थ में कहा! करेक्टर!'

'हाँ ऽ हाँ ऽ! करेक्टर!'

'हाँ तो नेशनल करेक्टर नाम की कोई चीज ही नहीं मालूम हम लोगों को!...एक आदमी लंपट होता है और उसके संगीत स्कूल में हम अपनी बच्चियाँ बेहिचक भेजते रहते हैं!...क्या यह रुकना नहीं चाहिए?'

'तो उन्हें बताइए कि शालिनी क्लास बंद करने वाली नहीं है!...गाना बंद करो! क्या?'

'हाँ...'

मुझे ही डाँटकर नगरकर चले गये। पत्नी बाहर आयी और बोली—

'यह क्या चल रहा है! आप क्यों बीच में?'

'हाँ, ना!'

मैं चिंतित बैठा रहा।

बाद में, एक बार 'यशश्री' में गया था तो श्री व श्रीमती नगरकर कुछ तो चर्चा कर रहे थे। भीतर उनके वैतनिक अध्यापक गणित की कक्षाएँ ले रहे थे। मुझे देखकर वे कुछ चौंके। वे मुझे तनाव में दिखे—

'क्या प्रोब्लेम है?'

मैंने ही कुछ आक्रामक होना तय किया।

'प्रोब्लेम?'

'मित्र हैं न मेरे? इसलिए पूछता हूँ! टेन्स दिख रहे हैं!' दोनों हँसे। इतने में रजनी बाहर से भीतर आयी और भीतर से बाहर गयी, यूँ ही।

'अजी, और बात क्या होगी, रजनी की शादी की चिंता!'

'उसमें चिंता किस बात की, होशियार है, क्वालिफाइड लड़की है!' पर दोनों कोई बात न करते। मैंने भी ज्यादा नहीं छेड़ा। शालिनी का भी विषय नहीं निकाला। मैं वापस आया तब तक वसंतराव का संदेशा।

पत्नी बोली—

'मैंने कुछ जानकारी हासिल की है!'

'आँ ऽ? मतलब तू भी इनवॉल्व हो गयी!'

'तो क्या करूँ, आप बेकार में उलझते जा रहे हैं! बात सामान्य, पर—'

'फिर?'

'नगरकर के क्लासेस और उनका संगीत स्कूल पड़ोस में थे पहले एक -दूसरे के!...तबसे उनके विवाद हैं! ये कहते, हमारे गणित के क्लास चलते हैं, जरा धीमे! तो हारमोनियम पर जोर से गाना गाते! उनके आरोप-प्रत्यारोप भी बहुत चर्चित हुए थे तब!—'

'अच्छा!'

'इनकी भी शुरुआत थी, उनकी भी! अब दोनों बड़े हो गये हैं!...इनका महत्त्व बढ़ता गया, उनकी संगीत स्कूल बढ़ती गयी!..पर ये लोग बड़े नहीं हो पाए!'

'आं? मतलब?'

'मतलब आपका सिर! अजी ऽ उम्र के अनुसार, कालानुरूप आदमी की समझदारी भी विकसित होनी चाहिए या नहीं?' ऽऽ

'होनी चाहिए!'

'फिर? ये एक-दूसरे पर आरोप करेंगे! वो शालिनी कौन बीच में आ फँसी!...और आप! हरिश्चंद्र!!

इसके बाद मैं वसंतराव के पास गया, संदेशानुसार। वे दुःखी आवाज में हारमोनियम पर गा रहे थे। मेरे पहुँचते ही उन्होंने गाना रोक दिया। 'आइये' बोले। मैं जाकर बैठ गया।

'मेरा चरित्र खराब है क्या? यदि होता तो क्या सब अपनी बहू-बेटियाँ मेरे 'सुर-बहार' में भेज देते?'

'नहीं!'

मैंने स्वीकृति दी!

'फिर यह कीचड़ क्यों उछाला जाता है?'

'गलत है वह!'

'शालिनी ने आना ही बंद कर दिया!'

'अं?'

'वह नहीं आ रही है!...मैं इस कारण बहुत डिस्टर्ब हूँ!'

'उन्होंने फोर्स किया क्या?'

'वे उसे बहुत टार्चर करते हैं! गाना छोड़ दो कहते हैं!'

'फिर?'

'बहुत कुछ बोला सुनते हैं, शालिनी को!'

'कौन बोली?'

'श्रीमती नगरकर! आपके उनसे स्नेह-सम्बन्ध हैं!'

'मैंने बोलकर देखा है!...'

'अब हम शालिनी के पास जाएँगे?'

'हम?'

'चलिए, आप बात कीजिए उससे!'

मैं फिर इस मामले में उलझ गया। व्यर्थ। अकारण ही। पर पता नहीं क्यों, मुझे कुछ कहना मुश्किल लगा। मैं उनके साथ गया। शालिनी के घर।

निम्न मध्य वर्ग का घर। गली और चाल में घर। रेडियो की आवाज। दूरदर्शन की भी। खेलते बच्चे। उनका कोलाहल। इस सबके बीच कहीं शालिनी का घर था। शालिनी के पिता हमें देखकर चकरा गये, कुछ दौड़े चले आए।

'आइए...आइए!'

उन्होंने हमें कुर्सी में बिठाया। हमारे सामने ही एक लड़का थैली लेकर बिस्किट लाने गया।

'गुरुजी आप?...मुझे बुलाना था!'

'शालिनी नहीं आयी! गुणवान लड़की! उसका और समाज का नुकसान कैसे कर रहे हैं?'

'हमने उसे जाओ मत, नहीं कहा!'

'फिर'

'वह किसी से बात नहीं करती। चुप रहती है! कमरे में ही बैठी रहती है।' यह बताते हुए उसके पिताजी को कुछ दुःख जरूर लग रहा था, पर वे मुझे मुख्यतः तटस्थ लगे।

'फिर क्या उसने गाना छोड़ दिया?'

'वह बताती नहीं!'

'और गणित का क्लास?'

'वह कुछ नहीं बोलती!...कहीं जाती नहीं!'

'मतलब दोनों छोड़ दिया कहिए न!'

'मैं क्या कर सकता हूँ? आप ही बुला लीजिए!'

मुझे लगा कि अब गुरुजी उठेंगे स्वयं भीतर जाएँगे। नहीं तो उन्हीं की छात्रा स्वयं बुलाएँगी। परन्तु उन्होंने मेरी ओर देखा।

'पूछिए!'

'अजी, पर—'

'पूछिए!'

'मेरी पहचान ही नहीं है!'

'क्यों चाहिए पहचान?...आपकी बेटी समान!'

मुझे भी क्या लगा पता नहीं। मैं उठा, गम्भीरता से भीतर गया। भिड़ाया हुआ दरवाजा धकेला। वहाँ शालिनी थी, बैठी हुई, नीचे गर्दन झुकाये। मुझे देखकर उसे आश्चर्य हुआ।

'तू गाने के क्लास में क्यों नहीं जाती बेटा?' वह कुछ नहीं बोली।

'मुझे सब मालूम है। मैं वसंतदादा का मित्र हूँ! तुम्हारे गुरुजी भी बाहर आ गये हैं।'

'गुरुजी आ गये?'

'उसकी आँखों में उथल-पुथल हुई।'

'हाँ! तुम्हारे पिताजी से बातें कर रहे हैं...बैठे हैं बाहर!'

'उन्होंने ही भेजा है मुझे। नगरकर तुम्हें डाँटते हैं यह मालूम है!' शालिनी का चेहरा लाल हो गया।

वह उछलकर बोली–

'ताने मारते हैं! वह क्लास छोड़ देने के लिए कहते हैं!'

'क्यों?'

'उनका गुस्सा है!'

'गाने पर!'

'मालूम नहीं!...शायद गुरुजी पर! इसलिए।'

'सुना परसों काफी बोली तुम्हें!'

'हाँ उल्टा-सीधा सुनाया मुझे! फिर मैं भी बोली!'

'फिर'

बोली, जिद क्यों! गणित पढ़ो, अच्छे अंक हासिल करने के लिए कहा!...फिर बोली, 'निचली जाति की लड़कियों को खूब पढ़ाना चाहिए और समाज में ऊपर आना चाहिए!...उच्च कलाओं पर उनका अधिकार नहीं होता!'

'किस पर? उच्च कलाओं पर?'

'उच्च कला! यानी शास्त्रीय संगीत, अभिजात नृत्य इत्यादि!'

उसने मुझे समझाकर बताया, उस दसवीं की लड़की ने। पर मैं समझ नहीं पाया।

'और अधिकार यानी?'

'मतलब अधिकारी नहीं, ऐसा कहना था उनका!'

'यह अधिकार किसका होता है?'

वह बता नहीं सकी। या तो वह चुप बैठी। मुझे थोड़ा-सा समझा, कुछ मालूम हुआ। मुझे गुस्सा आने लगा। इससे मुझे आश्चर्य अधिक लगने लगा। मैं भौंचक रह गया।

'ऐसा कहा?'

'हाँ!'

'फिर?'

'मैं दसवीं तो फेल नहीं होऊँगी! गणित के लिए दूसरा क्लास लगाना है। पिताजी को बताएँगे क्या आप यह?'

'हाँ! और गाना?'

उसने जवाब कृति से दिया। उसने तानपुरा नीचे रखा। तार झंकृत होने लगे। उस छोटे-से, थोड़ी गंदी बस्ती के गरीब घर में 'उच्च कला' महकने लगी थी। पता नहीं क्यों मुझे बहुत संतोष का अनुभव हो रहा था। मेरा बहुत अधिक सम्बन्ध नहीं था।

हम लौटे। पर सामान्य-सी बात यहाँ समाप्त होने वाली नहीं थी। नगरकर के पास गये, पर शालिनी का विषय निकला नहीं। पर नगरकर ही सुनाते रहे।

'मालूम हुआ क्या?'

'क्या?'

'वह चोर आदमी! उसने उसका क्लास बंद करवाया!...उसका चरित्र अच्छा नहीं है!'

'वह नहीं आती अब?'

'हमारा कोई नुकसान नहीं जी! पर देश का समाज का कितना नुकसान है! बुद्धिमान लड़की, मेरिट की! अच्छी पढ़ाई कर आई. ए. एस. हो सकती थी!...गाना सीख रही है!...अब उसके और इसके बारे में कुछ उल्टा-सीधा सुनाई न दे...बस!'

'मैंने कुछ नहीं कहा, इस पर। भाभी (श्रीमती नगरकर) उठकर भीतर गयी। तब मैंने आसपास देखा। नगरकर भी फोन उठाने भीतर गये। रजनी भीतर गयी। बाहर आयी। किसी दसवीं की छात्रा से कुछ बोली। फिर उसे लेकर भीतर गयी। वैसे होशियार वगैरह कुछ नहीं, पर चतुर के अर्थ में। पर फिर भी वह हिचकिचाहट भरा युवक मेरे ध्यान में आया। सामने लता से बना मंडप था। अभिभावक वहाँ रुकते हैं। वह भी रुका होगा। फिर मैंने ध्यान नहीं दिया।

चाय-पान होने के बाद मैं बाहर आया। फिर शालिनी का विषय निकला था। मैं उसके घर हो आया। परन्तु, मैंने उन्हें नहीं बताया। वसंतराव के कुछ किस्से, उनके लंपट होने की कहानियाँ आदि मैं सुनता रहा, फिर भी निचली जाति की शालिनी का गाना, इन सब बातों-शिकायतों की तुलना में अधिक तीव्रता से कानों में गूँजता रहा।

बाहर आया तो अँधेरा उतर रहा था। क्लास छूट चुका था। लड़के-लड़कियाँ साइकिल और लूना पर सरपट घर, भविष्य की ओर भागने लगे थे। तभी वह युवक आगे आया और उसने मुझे नमस्कार किया। उसके पहले, रजनी ने उसे टाटा किया,

यह मैंने देखा था। मैं आश्चर्य व्यक्त करूँ इतने में यह शानदार युवक सामने आया।

'सर, मुझे आपसे कुछ कहना है!'

'आं? क्या?'

'निजी!'

'आप कौन?'

'मैं मुकुंद!'

'अच्छा, तो?'

'यहाँ नहीं, आपके घर आऊँ क्या? व्यक्तिगत है। सड़क पर यहाँ नहीं!'

'अं?'

मैं चौंका। मैंने मुड़कर देखा तो रजनी खिड़की से परदे के पीछे से देख रही थी। मतलब यह उसकी सलाह और सहमति से होगा। श्री और श्रीमती नगरकर कहीं दिखाई नहीं दे रहे थे। मैंने सोचा सामान्य-सी बात है। इसमें बिदकने जैसा क्या है? फिर मैंने सहमति दी। मैं मुकुंद को लेकर घर आ गया। वैसे देखा जाए तो मुझे इसमें 'उलझना' नहीं चाहिए था। परन्तु, सामान्य विषय, सामान्य बात समझकर उलझा, यह सच है।

मैं और मुकुंद। मेरा घर। आसपास कोई नहीं। सामने सम्भावनाशील युवक।

'हूँ! बोलो!'

'आपके प्रति हमें बहुत आदर है!'

'हमें?'

'मुझे और र...रजनी को!'

'उसका क्या सम्बन्ध!'

'साफ ही बताता हूँ। हम शादी कर रहे हैं!'

'अरे वाह! नगरकर की समस्या ही समाप्त हो गयी! तो मैं इसमें कहाँ आता हूँ?'

'कुछ प्रोब्लेम है! सवाल सुलझा नहीं है।'

'मैं बीच-बचाव करने वाला नहीं, बता देता हूँ! उस शालिनी मामले में...'

'आपने शालिनी की मदद की, है न?'

'आँ!...किसने कहा? नहीं...!'

मैं हड़बड़ाया। वह धूर्त हँसा!

'सर हमको सब मालूम है!'

'अरे! पर मैंने कुछ नहीं किया!'

'ठीक है! हम आपको बीच-बचाव के लिए नहीं कहते!'

'फिर?'

'क्योंकि चाची को मालूम है कि नगरकर चाचा को मालूम है! उनका भी

विरोध नहीं है!...'

'फिर? तुम्हारे पिता का विरोध है क्या?'

'नॉट एक्जेक्टली!'

'नॉट एक्जेक्टली? फिर प्रोब्लेम कहाँ है?...तभी तो नगरकर और भाभी 'टेन्स' लगते!'

'सर! मैं छोटी बहन को छोड़ने नियमित रूप से जाता था!...तब हमारा परिचय हुआ! बाद में हमने शादी करना तय किया!...उसके घर में मालूम है, मेरे घर में मालूम है।'

अब तो मेरा सिर चकराने लगा। मतलब प्रोब्लेम कहाँ है, यह ध्यान में ही न आता। मेरी बेचैनी उनके ध्यान में आयी।

'सर, मेरे पिताजी को आप जानते हैं?'

उसने नाम बताया। मुझे कुछ सुना लगा नाम, पर मेरे ध्यान में नहीं आया। अच्छा, 'वाह-वाह! उन्हें कौन नहीं जानता?' ऐसा धूर्त सवाल मैं पलट कर पूछ नहीं सका। मैंने केवल कंधे उचकाए। वह कुछ निराश हुआ।

'सर! उन्हें गाने वाली बहू चाहिए!'

मैं ठीक से समझ नहीं सका। 'गाने वाला पक्षी...गाने वाला पेड़' जैसे शीर्षकों से छोटे बच्चों की पुस्तकें होती हैं। ऐसा कुछ लगा 'गाने वाली बहू!'

'मतलब?'

'मतलब उनका आग्रह है कि उनकी भावी बहू गाने वाली और गायन में निपुण हो!'

'अच्छा!'

अब थोड़ा-थोड़ा मेरी समझ में आ रहा था। यहाँ कुछ तो गड़बड़ है और रजनी को गाना तो न आता होगा, क्योंकि वह कठोर गणित वाली घरेलू लड़की है। रेखा-गणित की आकृति के अनुसार और फुटपट्टी से नापी रेखा के अनुसार चलने वाली होगी वह। उसे 'उच्च' कला की कल्पना तक नहीं होगी, ऐसा कुछ उपहास मेरे मन में निर्माण होने लगा। पर मेरा अंदाज सच नहीं उतरा।

'फिर क्या कहना है तुम्हारा? उसे गाना सिखाना है अब!'

'सर? वह कब से गाना सीख रही है!...उसकी एक परीक्षा भी हो गयी है!'

'क्या ऽ ऽ?'

मैं करीब-करीब चिल्लाया। तब वह भी आश्चर्य से देखने लगा।

'हाँ ऽ! उसने गाना सीख लिया है!...'

'किसी क्लास में जाती है? सुर-बहार तो नहीं?'

'नहीं जी, वहाँ कैसे जाएगी वह? वहाँ तो नगरकर का झगड़ा है न! दूसरे संगीत स्कूल में जाती है!'

'उनका घर मालूम है?'

'क्या मतलब! फीस भरते हैं! घर वालों की सहमति से ही वह गाने का कोर्स कर रही है न?'

मैं हैरान रह गया। मुझे कोई सन्दर्भ न लगता। अर्थ समझ में न आता। उसे विरोध और इसे प्रोत्साहन के अर्थ में अपने आप-से पूछ रहा था। मैंने पानी पीया गटगट ही। फिर शांत हुआ। मुझे लगा कि मैं बावला हूँ, यह सच है।

'अच्छा फिर? प्रोब्लेम कहाँ है? आपके पिताजी को गाने वाली बहू चाहिए और वह है गाने वाली! तो?'

'डिग्रीधारी कहाँ है? आप उनसे मिलिए और बताइए न उन्हें ऐसा!'

'मैं मिलूँ?'

'हाँ!...उन्हें कम सुनाई देता है! लगभग सुनाई देता ही नहीं! पर वे गायन के फील्ड के बड़े दर्दी थे पहले!...आपको उन्हें बताना है...'

'क्या?'

'यही कि रजनी ने काफी पुरस्कार हासिल किए हैं!' मुझे गुस्सा भी आया। मैं करूँ क्या, समझ न पड़ता। परन्तु उस युवक को नाउम्मीद करने का मन न करता। 'लुक यंग मैन!' (अंग्रेजी पुस्तकें पढ़ने के परिणामस्वरूप) मैंने शान से कहा।

'मेरा झूठ बोलना कितना सही है?'

'अंकल झूठ कहाँ है! वह गाती तो है न!...उसकी परीक्षा भी हो गयी है!... केवल थोड़ा...! और तटस्थ व्यक्ति के रूप में आपके कहने से उनका विश्वास पक्का हो जाएगा! उनकी सहमति और अगले महीने में मुहूर्त ही!...'

'अच्छा ऽ'

मैं सोच में पड़ गया। फिर मैंने पूछा, 'पर व्हाय मी? मैं ही क्यों मिला?'

'अंकल', रजनी ने कहा!...'आप बहुत दयावान हैं। आप निश्चित करेंगे?' तारीफ से मैं मोहित हो गया। मैंने कहा, वैसे सामान्य नहीं पर सामान्य ही, हमेशा के जीवन की समस्या। ऐसे में कोई रास्ता निकाला तो क्या दिक्कत है? फिर इस युवक के सपने हैं। तब का वह शालिनी के सम्बन्ध का किंतु मैंने मन में रखा और वह 'बहरा संकट' अपने ऊपर ले लिया।

मुकुंद के पिता बड़े, पुराने बुजुर्ग व्यक्ति थे। और उनका घर बहुत सुन्दर था। रजनी सुख से रहेगी यह ध्यान में आते ही अघोषित 'मददगार' के रूप में मैं उस बहरे सज्जन के साथ प्राण दाँव पर लगा बातें कर रहा था। मुझे चिल्लाना पड़ा। पर रजनी को मेरे कार्यालय (?) की अनेक स्पर्धाओं में पुरस्कार मिले हैं, वह नाट्य संगीत बहुत अच्छा गाती है और इतना ही नहीं तो क्लासिकल गायन में वह 'उदीयमान सितारा' है, आदि-आदि मैंने कहा। मुकुंद, नाटक-सिनेमा में दिखते हैं, वैसा खँखारता रहा। उसके प्राण घबरा उठे थे। परन्तु, वह बूढ़ा-बहरा सज्जन सुखी है, ऐसा मुझे

लग रहा था। मुझे भी सुखद लगा। बाहर आते ही लगा कि मैंने मैदान मार लिया।

'अंकल! ये तो बहुत हो गया! उसे नाट्यगीत नहीं आते!'

'सिखाएँगे रे उसे!'

'और उगता सितारा?'

'चलता है, निराशावादी मत बनो!'

कहते हैं, प्रेम और युद्ध में सब चलता है। ज्यों उसका नशा मुझ पर ही चढ़ गया था। बाद में भी यह सामान्य बात खत्म नहीं हुई। क्योंकि दो दिन में श्री और श्रीमती नगरकर हाजिर हो गये। वे लगभग चिल्लाते हुए बोलने से लगे।

'क्या भाई साहब?'

'क्या हुआ?'

'वह क्या इतनी गुणवत्ता धारक है?'

'मुझे कहाँ मालूम था? वह गाना सीख रही है यह भी मुझे मालूम नहीं था! उन्होंने मेरे चुटकीदार उद्गार को नजरअंदाज किया। उन्होंने शिकायत की 'पर भाईसाहब!...इतना उन्हें बताया! अब आगे क्या होगा? आपने बहुत अधिक गड़बड़ की है!'

'कुछ नहीं भाभीजी! इसमें झूठ क्या है! उसका गाना चल ही रहा है! और बताने वाला मैं हूँ, आप नहीं। मतलब झूठ बोलने का दोष आपके हिस्से कहाँ है?'

उन्हें अच्छा लगा ही। कुछ हँसकर बोलीं—

'कुछ भी हो, आपके कारण व्यवस्थित हो गया, यह सही है! अजी आपको हम बताने वाले थे ही। पर तब तक आपने समस्या ही सुलझा दी!...उनकी सहमति आ गयी! मुकुंद बता रहा था!'

'सहमति आयी? अच्छा हो गया। फिर अब प्रोब्लेम कहाँ है?'

'फिलहाल तो नहीं है!'

वे हँसती हुई बोलीं और आज मैं भाईसाहब हो गया, यह भी ध्यान में आया। नगरकरों की नजरों में सीमाएँ कुछ घुलती नजर आईं। उसमें कुछ चिंताएँ भी थीं।

फिर दो दिनों में ही स्थान वही। अर्थात् मेरा ही ड्राइंग रूम। रात का समय। प्रसंग साधारण वैसा ही। पात्र कुछ अधिक। श्री व श्रीमती नगरकर, मुकुंद और रजनी। सब एक साथ। चिंतित चेहरों से आए। मैं भी कुछ चौंका।

'क्या हुआ?'

'अभी तक कुछ नहीं!'

'फिर?'

'निपटिए अब भाईसाहब!'

'मतलब?'

'अजी! रजनी ने स्पर्धा में भाग लिया है गाने की!'

'फिर?'

मुकुंद आगे बढ़ा। उसने सबको हाथ के संकेत से रोका। वह मुझे बताने लगा, 'अंकल! परसों वह बड़ी संगीत स्पर्धा है!...रजनी ने उसमें भाग लिया है! मतलब मैंने लेने के लिए कहा! बहुत हुआ तो वह जिस क्लास में जाती है न, वहाँ के सर ने भी इंट्री लेने पर जोर दिया!'

'अच्छा हुआ न, फिर?'

'उस कार्यक्रम के चीफ गेस्ट मेरे पिताजी हैं!'

एकदम शांति फैल गयी। मुझे कुछ समझ न पड़ता। बहरा आदमी संगीत के कार्यक्रम का मुख्य अतिथि? पर ठीक है। व्यक्ति प्रसिद्ध हैं। इस क्षेत्र के जानकार हैं। ऐसा हो सकता है। पर फिर प्रोब्लेम कहाँ है?

'तो?'

'अजी ऽ परीक्षक वसंतराव हैं!'

'मैं एकदम समस्या समझ गया!'

'अच्छा।'

'वही तो'

'तो?'

'इतने से बात नहीं बनती! श...शालिनी गाने वाली है, उनकी शिष्या!' भाभी कुछ ठसके से बोलीं। 'कुल मिलाकर ऐसा प्रश्न तो था, पर क्या किया जाए यह मुझे न सूझता।'

'फिर?'

'आप बताएँ वसंतराव को!'

'मैं?'

'फिर? हमारे उनके सम्बन्ध आपको मालूम हैं! आप ही को बताना चाहिए!' मैं एक बार फिर उलझ गया और इस बार कुछ अलग ही संकट था। परन्तु, कुछ करना जरूरी था। रजनी को यदि कुछ गुणवत्ता प्राप्त हुई तो भावी ससुर की साक्षी में और उनके हाथों पुरस्कार ले सकेंगे। आगे फिर सब कुछ सरल हो जाएगा। पर फिर करें क्या? मैं हाँ-ना कहते समय प्रयत्न करने की बात कबूल कर चुका था।

वसंतराव और मैं। मैं भावना तक पहुँचना चाहता हूँ। कहता हूँ कि आप जवान हैं आपकी शादी की बेटी नहीं है। मुझे नहीं है, फिर भी मैं भावना समझ सकता हूँ। समस्या ऐसी है।

'पागल हो क्या? दुश्मन की बेटी गाती है तो मैं क्या उसे जान-बूझकर कम मार्क्स दूँगा? वैसे भी लड़की से मेरा कुछ झगड़ा नहीं है!...वह यदि अच्छा गाती है तो कोई प्रश्न ही खड़ा नहीं होता।'

मैं यह मुद्दा उठा लेता हूँ। मैं कहता हूँ कि 'अदरवाईज' आप जो कहते हैं वह

ठीक ही है। पर इसमें 'चांस' है। वह अच्छा गाती है तो प्रश्न ही नहीं। बुढ़ऊ चीफ गेस्ट के हाथों उसे पुरस्कार मिलना बहुत आवश्यक है। लड़की की जिंदगी का सवाल है आदि। मैं मन लगाकर बोलता रहा। वसंतराव सुनते रहते हैं।

'बड़ी बात यह है कि शालिनी गा रही है!'

'हाँ!'

'फिर? वह यदि खराब गाती है तो उसे कम मार्क्स मिलेंगे। मैं उसे अधिक मार्क दूँगा क्या?'

'वैसा नहीं!...पर समस्या समझ लीजिए!'

'हूँ!'

स्पर्धा का दिन। मैं पत्नी के साथ उपस्थित। पहली कतार में वे बूढ़े सज्जन। उनकी बहुत खातिरदारी की गयी थी। परीक्षक मंडली में मुख्य रूप से वसंतराव थे, हम पिछली कतार में थे। मुकुंद जल्दबाजी में दरवाजे पर खड़ा मेरी ओर और वसंतराव की ओर देख रहा था।

स्पर्धा शुरू हुई और समाप्त हुई। औरों की तरह मुझे भी शालिनी का भी गाना पसंद नहीं आया, न ही रजनी का। बेसुर हो जाना भयंकर था। पर ठीक है। उनका प्रयास सराहनीय था। पर शालिनी भी और रजनी भी मंच पर अच्छी लग रही थीं। ऐसी लड़कियों की शादियाँ उनकी मर्जी से होनी चाहिए। विशेष बात यह भी कि शालिनी ने स्टेज से मुझे नजरों से परिचय दिया, मुस्कुरा कर।

फिर थोड़ा समय बीता और पुरस्कार वितरण। स्पर्धा का परिणाम विवादास्पद था। उस बारे में आसपास कुछ आक्षेपपूर्ण चर्चा। पर वह तो होता ही है। प्रथम पुरस्कार विभाजित कर दिया गया था, शालिनी और रजनी को। मुझे वह स्वाभाविक लगा। इससे अलग क्या किया जा सकता था? ज्यों नैतिकता की कसौटी हो।

फिर अगली औपचारिकता। मतलब वितरण। भाषण इत्यादि। रजनी ने बहरे-बूढ़े से जब पुरस्कार ग्रहण किया तो किसी ने (नगरकर के कहने पर) उनके कानों में चिल्लाकर कहा। वृद्ध-सज्जन के चेहरे पर प्रशंसा और आनंद। बाद में, शालिनी ने भी पुरस्कार लिया। श्रीमती नगरकर ने ऊँची आवाज में कहा–

'तो, ऽ हमारी छात्रा!'

'है', 'थी' इस प्रकार की बात उन्होंने बहुत होशियारी से टाली होगी। आसपास के लोग उन्हें देखते रह गये। भीड़ जमी। मेरी ओर किसी ने ध्यान नहीं दिया। भीड़ ने भी नहीं। श्री और श्रीमती नगरकर ने भी नहीं। वसंतराव ने भी नहीं। वे शालिनी से बातें कर रहे थे। संयोजक उनके आसपास थे। मुकुंद 'रजनीमय' था। भीड़ मुझे ढकेलने लगी थी। मैं उस केंद्र बिंदु से धीरे-धीरे बगल में होते-होते धकेला जा रहा था, दूर गया, ज्यों मेरी कोई आवश्यकता नहीं थी अब। मेरे आभार किसी ने नहीं माने। वह सामान्य-सी बात वैसे वहीं समाप्त हो गयी।

पर थोड़ा उपसंहार बाकी है ही। रजनी की मुकुंद से खुशी-खुशी शादी हो गयी। मुकुंद एक ही बार मिलकर गया, यह सही था, पर बाद में विवाह-पत्रिका डाक से आयी। रजनी ने गाने का क्लास भी बदला और वह 'सुर-बहार' में आ गयी। जब तक मैं आश्चर्य व्यक्त करूँ, शालिनी ने वसंतराव के साथ शादी कर ली है। और वसंतराव मेरे पास नहीं आते। अब श्री और श्रीमती नगरकर नहीं आते। अब रजनी, मुकुंद या शालिनी नहीं आते। उन्हें अब शायद मेरी आवश्यकता नहीं। यह छोटी-सी, सामान्य-सी बात यहीं समाप्त होती है। पर नैतिकता के कुछ प्रश्न उपस्थित होते हैं। कुछ सांस्कृतिक सन्दर्भों के प्रश्न खड़े होते हैं। ये सन्दर्भ आवश्यकतानुसार बदलते हैं यह भी मैं जान चुका था। मुझे आश्चर्य होता है। पत्नी मुझे समझाती है। आपको क्या करना है, यह भी कहती है। यह प्रश्न, यह कथा, यह बात मुझसे, उससे संबंधित नहीं है, ऐसा वह कहती है। मुझे ठीक जँचता है या नहीं, यह महत्त्वपूर्ण नहीं है। मैं थोड़ा दुःखी होता हूँ।

इस छोटी-सी बात का मुझसे और आपसे कोई सम्बन्ध नहीं, ऐसा आपको लगता है क्या? मैं आपसे पूछना चाहता हूँ।

एक नृत्य का जन्म

'य स्याहं अनुगृह्यामि हरिष्ये तद्धनं शनै रू।'

अर्थ : मैं जिस पर कृपा करता हूँ, धीरे-धीरे उसकी संपत्ति का हरण कर लेता हूँ।

यह 'श्लोक' पढ़ा उन्होंने श्रीमद्‍भागवत में, या गीता में या और कहीं, पर वे अत्यंत आश्चर्यचकित हुए, भीतर ही भीतर! पहले-पहल तो उन्हें सच ही न लगता। फिर उन्हें लगा कि अर्थ गलत होगा। फिर लगा उन्हें कि कुछ गलत पढ़ लिया होगा। फिर वे बार-बार और कई बार वह 'श्लोक' पढ़ते रहे, सुबह, दोपहर-आधी रात। और आश्चर्य में डूब गये। इस्तीफा देने के बाद अपमान के कुछ जख्म उभर आए हैं। अब मैं प्रमुख प्रवाह में नहीं हूँ और उपेक्षित-से लोगों में मेरा समावेश हो गया है, इस धारणा से उबरने के लिए उन्होंने धार्मिक ग्रंथों का पठन शुरू किया है।

मंजरी से उन्होंने कहा। पर उसके पास समय नहीं था। वह कम्प्यूटर पर काम कर रही है। मशीन बार-बार 'हैंग' हो जाती है। वह झुँझलाती है। उसे किसी चर्चा-सत्र, किसी वर्क-शॉप में जाना है। वह सुनती नहीं। वे पुस्तक लेकर घर में घूमते हैं, बाल्कनी में जाते हैं। वहाँ पेड़ की डाली और उस पर हल्के नीले रंग के फूल। बेटी भी 'जॉब' कर रही है। वह भी लौटी नहीं है। किसी के पास समय नहीं है। और वे आश्चर्य में डूब गये हैं, उस 'श्लोक' के कारण।

मतलब, मैं भगवान का कृपापात्र बनते ही क्या निर्धन हो जाऊँगा? या यह घर (जिसे मैंने बहुत परिश्रम से बनाया है) और भौतिक संपत्ति और नकदी और वाहन और आसपास का सब कुछ, ये सारा कुछ 'धीरे-धीरे' हरण कर लिया जाएगा? या मेरा शरीर, मेरे ये दो हाथ और पैर? और सिर? उसके भीतर के विचार? स्वप्न (जो बार-बार आते हैं इधर, बताने जैसे-न बताने जैसे), इसे यदि संपत्ति माना (माना?) तो वह 'हरण' कर लिया जाएगा, मैं यदि कृपापत्र हुआ तो? तब बाकी क्या बचेगा? क्या अर्थ है, इसका? उन्होंने आहट ली तो मंजरी बाहर गयी, अपने वर्कशॉप के लिए, समाजशास्त्र के! कोई फाइल ले गयी, कुछ नोट्स ले गयी है। दोपहर के बाद किसी दूसरे चर्चा-सत्र में उसे जाना है। उसे नहीं ले जाने की जिम्मेदारी अपनी।

बेटी अभी तक नहीं आयी है। किसी के पास समय नहीं है, 'श्लोक' सुनने के लिए। वैसे तो वह सुनाने जैसा है भी नहीं।

मनोहर शास्त्री पड़ोस में रहते हैं। तीसरे बेटे द्वारा खरीदी नई कार वे प्यार से पोंछ रहे हैं। उस पर नीले फूल, पंखुरी-पंखुरी में गिर रहे हैं। उनके चेहरे पर हँसी। बहुत मुलायम-सी। पुस्तक के उस 'श्लोक' की ओर देखते हुए उन्होंने, वह पुस्तक हाथ में रखते हुए ही चलने की शुरुआत की, शास्त्री जी की दिशा में। शास्त्री को कुछ आश्चर्य हुआ।

'क्यों, जी?'

'क्या...किसी काम में?'

'काम?...अजी, यह प्रेम का काम!'

वे शास्त्री को देखते खड़े, पुस्तक के पन्ने पलटते रहे। शास्त्री कौतुक से सराबोर। शास्त्री के साथ अक्सर चर्चा होती रहती—कई बार। पर शास्त्री टालने की ही कोशिश करते हैं—कई बार! उन्हें इस 'श्लोक' का अर्थ पूछना है।

'क्यों, जी?'

उन्होंने बताया। 'श्लोक' भी पढ़कर सुनाया। शंका कहकर सुनाई।

'इसका क्या अर्थ?'

'अजी, वह गूढ़ार्थ होता है...!'

'मतलब, मैं कृपावंत से दया माँगूँ!...उसके कृपा करते ही मेरा धन नष्ट हो जाएगा?...यह कैसा जस्टिस है?'

'जस्टिस? आपको रिटायर हुए कितने दिन हुए?'

'मैंने ही इस्तीफा दिया! साले हरामखोर—'

'कौन?'

'वे ही!'

शास्त्री ने कार पोंछने का काम जारी रखा। आँखों की कोर से देखा और हिचकिचाते बोले—

'...भगवान की वाणी है...!'

'हाँ!'

'समझ लेनी होती है...!'

'कृष्ण सुर है!...वह आसुरी संपत्ति के विरुद्ध तो बोलेगा ही! यानी कि किसी ने यदि असात्विक, अनैतिक धन जमा किया होगा तो कृष्ण भगवान कृपावान होकर आसुरी धन का नाश करेगा—ऐसा ही है न?'

'कुछ-कुछ सही है!'

'पर इसमें जस्टिस नहीं है—'

'जस्टिस?'

'धीरे-धीरे आप मेरा धन हरण करेंगे—यानी उड़ा ले जाएँगे? फिर मैं सुखी होऊँगा?' शास्त्री बड़ी मुश्किल से हँसते हैं। विषय बदलते हैं।

'सुबोध ने यह नई गाड़ी ली है, देखिए!'

'हाँ!...पेढ़े मिले न!...तीसरा बेटा न?...'

'हाँ!'

'कितने नंबर की गाड़ी उसकी? दूसरी?'

'हूँ'

'कम उम्र में अच्छी संपत्ति कमायी उसने!'

इस बात पर शास्त्री बेचैन हो जाते हैं। गाड़ी पोंछते हुए कहते हैं—

'अगले-पिछले सन्दर्भ देखने पड़ते हैं!...अर्थ गूढ़ार्थ होते हैं!...आपकी तबियत कैसी रहती है?...आजकल?'

फिर अर्थपूर्ण निहारते हैं।

इस पर उन्होंने पुस्तक के पन्ने उलटे-पुलटे। वे बिना कुछ बोले वापस लौटे। चलते रहे...अगले-पिछले सन्दर्भ!...उन्होंने मन ही मन कहा, नीले फूलों को देखते हुए।

बेटी आयी है।...वह खुश है। इसके दो कारण हैं। एक—उसके किसी मित्र का फोन। दूसरा—मंजरी को वर्कशॉप के लिए बुलाया जाने लगा है। वे उसे 'श्लोक' सुनाते हैं। वह सुनती है। विचार करती है और कहती है—

'मतलब क्या ऽ ऽ?'

और वह निकल जाती है। उसे भी जाना है। उसके पास भी समय नहीं है। जब-जब समस्या आयी है, तब-तब भगवान की दया चाही है यह उन्हें याद आता है। वह पुस्तक कुछ भय से वे अधिक मजबूती से पकड़ लेते हैं।

कुछ देर बाद उन्होंने फोन किया, पुराने मित्र को। उसे भी बताया 'श्लोक' के बारे में। अर्थ भी समझाया। पूछा,

'ऐसा कैसे होगा?...तुम्हें क्या लगता है?'

मित्र दादा बन गया है। उसके पास समय नहीं है। पोता यानी 'ब्याज का ब्याज।' उनका कहना था। उनके पास 'श्लोक' सुनने के लिए समय नहीं। वह पारिवारिक 'ड्यूटी' कर रहा है, सुख से लबालब है।

'बाद में बोलेंगे—बाद में!'

पर मित्र उत्सुक नहीं है। बाद में मतलब कभी नहीं—यही अर्थ। बेटी निकल गयी है, वह जल्दी में है। मंजरी पहले ही चली गयी है और उसे दूसरे सत्र के लिए उन्हें ले जाना है। बाल्कनी में हल्के नीले रंग के फूल गिर रहे हैं। इस्तीफे का दुःख नहीं है, पर वह देना पड़ा अपमानित होकर, इसका दुःख जलाता है। उस दिन ऐसे ही नीले रंग का सूट पहना था। बॉस के चेहरे पर चिढ़ाने वाली हँसी थी। उन्होंने

पुस्तक टेबल पर रख दी। उस पर वे नीले फूल भी रख दिए। कार की चाबी उठाई और बाहर निकल आए।

कॉलोनी में सड़क पर उत्सव चल रहा है। सजावट है। संगीत है। एक गंजा, दुबला-पतला अधेड़ व्यक्ति नाच रहा है, अकेला ही, आत्ममग्न-सा। उसके आसपास कोई नहीं। कोई देख भी नहीं रहा। 'टण्णांग-टण्णांग-टणांग-टणा ऽ ऽ टणा ऽ ऽ' तीस तोले की माला गणपति के गले में पहनाई गयी, गुच्छा चौरंगी है। गणपति हँस रहा है। उनकी ध्यान में आता है, उस नाचनेवाले की आँखीं में आँसू हैं। शायद उसे अपने घर की याद आयी होगी। वह यहाँ अकेला होगा। वह रो रहा है। और नाच रहा है। गणपति का फुंदना ऽ...

उन्होंने कार बाहर निकाली और रोकी। एक 'रेस्तरां' सामने। भूख लगी है थोड़ी। जिन्होंने मुझे इस्तीफा देने को विवश किया उस हरामखोर पर भगवान ने क्यों कृपा नहीं की?...पर इतना सस्ता अर्थ नहीं ही होगा इसका। फिर क्या अर्थ है उसका? मैं जिन पर कृपा करता हूँ उनकी संपत्ति...

समोसा और कॉफी। इस समय यही खाना पर्याप्त है। सामने टेलीविजन का बड़ा परदा। पुरानी कृष्ण-धवल रंग की हिंदी फिल्म चल रही है। (यहाँ भी कृष्ण?) कोई नहीं देखता यह फिल्म। फिर भी चल रही है। एक स्त्री-पुरुष की जोड़ी व्यवस्थित भोजन कर रही है। साथ की स्त्री भी नजाकत से शराब पी रही है। उधर अशोक कुमार प्रसिद्ध-सी छद्म हँसी हँसता है। एक स्त्री युवा हो रही अपनी बेटी के साथ बैठी है, उदास-सी। बेटी बीच-बीच में खाते-खाते फिल्म देख रही है। दूर संगीत। सड़क के उत्सव का-टणांग ऽ टणांग ऽ ग--गणपति का फुंदना ऽ...

उन्होंने घड़ी की ओर देखा। समय है, अभी समय है, 'इन्स्टीट्यूट ऑफ सोशल साइसेंस' की ओर जाने के लिए। थोड़ी देर बैठा ही रहना पड़ेगा। एक सूट पहने हुए व्यक्ति दुःखी-सा किसी 'इंडस्ट्रीज एक्ट' के बारे में बोल रहा है। सरकार की नीतियों के कारण उसका बहुत नुकसान हो रहा है। वह भी फिल्म नहीं देख रहा है। फिल्म के विमान में खराबी आ गयी है। विमान जबरन उतारना पड़ेगा। नायिका अशोक कुमार से चिपक बैठी है, डर के कारण। पूछ रही है कि उसे मरने का डर नहीं लगता क्या? वह कहता है (धीरोदात्त की तरह!) कि उसे डर नहीं लगता। पर हाथ का काम अधूरा रह जाएगा। सामने (फिल्म में) एक व्यक्ति सिसकारी भर रहा है, ऐसे समय भी। उसकी पिछली सीट पर मारवाड़ी यात्री उसे पूछता है कि उसे मरने का डर नहीं लगता क्या? यात्री--नहीं कहता है। फिर एकदम मारवाड़ी उस सिसकारी भरने वाले को दोनों हाथों से पीटने लगता है। आक्रोशपूर्ण, तनावयुक्स्त आवाज में पूछता है--

'क्यों नहीं-क्यों नहीं?'

'मौत का डर सबको लगना चाहिए। क्यों नहीं लगता मौत का डर?' क्यों नहीं?'

परदे पर की अचानक हलचल से उस लड़की का ध्यान खींचा जा रहा है। मैं कहती हूँ कि यह 'जस्टिस' नहीं। किसी को मौत का डर क्यों लगना चाहिए? और नहीं लगा तो वह लगे, ऐसा आग्रह रखना यह 'जस्टिस' नहीं...मैं जिस पर कृपा करता हूँ, उसकी संपत्ति धीरे-धीरे नष्ट करता हूँ...डर इत्यादि का आवरण भी निकाल लिया जाता है क्या?...उदास स्त्री बेटी से कहती है कि जस्टिस इज नॉट आलवेज ए जस्टिस! मतलब यह स्त्री कुछ अंशों में दार्शनिक है। यहाँ समोसा खा रही है। अशोक कुमार 'खिन्न छद्मी'-सा हँस रहा है। दूर सड़क पर संगीत। मंजरी 'सोशल जस्टिस' विषय पर ही बोल रही है—बोल रही होगी अभी। फिल्म की मारकाट अब थम गयी है। जाने का समय हो गया है।

सरपट दौड़ने वाली कार। अशोक कुमार का 'खिन्न छद्मी' हास्य उन्हें पसंद रहा है। उन्होंने आईना घुमाया, उसमें स्वयं को देखा। उस तरह हँसकर भी देखा। पुराना जमाना गया अब, पुराना जमाना गया।

इधर अब सारे बुद्धिवादी व्याख्या करते हैं। उधर मंजरी भी व्याख्या कर रही होगी। तो, पहले यह तय करना होगा कि मेरी संपत्ति में जिन-जिन की गिनती होती है, उस पर मेरा अधिकार है क्या? दूसरे, मेरी संपत्ति यानी किसकी। और 'धन' की व्याख्या भी करनी होगी। मतलब धन यानी नाते-रिश्ते भी हैं क्या? वह काला भगवान 'धीरे-धीरे' क्या-क्या निकाल लेगा? मतलब उसने भी कुछ 'प्रायरिटीज' तय की होंगी।

इस्तीफा देने के कारण (देना पड़ा इस कारण) अब नौकरी का कोई व्यवधान नहीं था। इस कारण बॉस का द्वेष नहीं, सहयोगियों की ईर्ष्या नहीं, सही-गलत की उलझनों में फँसना नहीं। यह सारा 'वह' निकाल लेता है क्या?...नहीं, धन की व्याख्या करनी होगी।

एक नंगा बच्चा सड़क पर दौड़ता जाता है और ब्रेक लगाना पड़ता है। सड़क पर उत्सव। बाद में कार का 'इन्स्टीट्यूट' में घुसना। वहाँ बहुत सारे पेड़ों के बीच उन्होंने कार लगाई और वे 'विजिटरूम' में पहुँचे। वहाँ दो-तीन व्यक्ति बैठे थे। शायद वे भी किसी को लेने आए थे। बीच में काँच। उस ओर चर्चा जारी थी। मंजरी दिख रही थी। वह उठ-उठकर, बीच-बीच में मुद्दे रखती है। दूसरे लोग मुद्दे काट डालते हैं। विषय है—सामाजिक न्याय—सोशल जस्टिस। तो पहली बार व्याख्या करनी होगी, है न? और सोशल जस्टिस किसके लिए यह भी देखना होगा—यानी 'वंचित वर्ग' आँखों के सामने है ही। तो व्याख्या करनी होगी व्याख्या। सारी चर्चा अंग्रेजी में चल रही थी। और आँखों के सामने 'मराठी प्रदेश का वंचित वर्ग' है। जहाँ सामाजिक अन्याय है उसे दूर करना यानी सामाजिक न्याय, डॉ. रमैया कह रहे हैं। अन्य सब टूट पड़ते हैं। कहते हैं कि नकारात्मक व्याख्या है यह। हेहः ठीक से व्याख्या करनी होगी, व्याख्या।

वे कुर्सी पर बैठ गये। चर्चा सुनते रहे। अशोक कुमार की तरह 'खिन्न –छद्मी' हँसकर देखा उन्होंने काँच के उस पार। किसी के ध्यान में आया, सहानुभूति से उसने अंग्रेजी में कहा--

'अकेडमीशियन्स हैं—सारे!'

मंजरी बहुत आवेश में अंग्रेजी में मुद्दे उपस्थित कर रही है। बोर्ड पर लिख रही है। उसका कहना है कि सामाजिक न्याय की संकल्पना की व्याप्ति बहुत बड़ी है। व्यक्तिगत, पारिवारिक और सामूहिक न्याय यहाँ अभिप्रेत है। एक टिप्पणी करता है कि इसमें नया क्या है? पर मंजरी सुनती नहीं। वह कहती है, विकास के समान अवसर, समता और बंधुभाव...

'फिर यह घटक व्याख्या में ले लें क्या?'

'हाँ, व्याख्या तय करनी होगी, व्याख्या और 'वंचित वर्ग' यानी कौन?...कौन वंचित है? काँच की ओर यह सब चल रहा है?'

'आपको देखा है, कहीं तो?'

तोंदवाला, टाई लगाया व्यक्ति कहता है। वे कुछ चौंक जाते हैं। फिर अपना परिचय देते हैं। तोंदू का 'बॉस' से परिचय निकल आया है। वह हँसकर कड़ुआहट से बोला—

'अच्छा ऽ मतलब मुझ पर स्पाइंग करना अब भी उन्होंने बंद नहीं किया तो!... अब मैं बाहर जाता हूँ!' तोंदू भी हँसा। वह क्या समझा, उन्हें समझ में नहीं आया। पर उसने कहा—

'लाइफ इज लाइक दैट!...पर बेचारा परेशानी में है—'

'अं?...क्या?'

'बॉस' के बेटे को! यू नो ऽ। बी पॉजिटिव खून की तुरन्त आवश्यकता है। बेचारा परेशान है—'

'बेटे के बारे में सहानुभूति! पर बॉस कुछ बेचारा नहीं!...आप उनके मित्र हैं क्या?'

तोंदू सांकेतिक हँसी हँसता है। हाँ-ना कुछ नहीं कहता। उधर काँच के पार जीवन पर गम्भीर विचार-विमर्श हो रहा है। मंजरी कहती ही है कि हर 'इंडिविज्यूअल' को समझ लेना चाहिए। डॉ. रमैया कहते हैं कि 'वंचित-वर्ग' कौन है यह तय करेंगे। सभी बोल रहे हैं। माइक से। उन सबकी आवाज आ रही है। सभी विद्वान एक ही समय बोलते हैं। 'वंचित वर्ग' किसे कहें? भिखारी-भिखारियों के बच्चे। वेश्या-वेश्याओं के बच्चे। एच. आई. वी. पॉजिटिववाले—गरीब वर्ग—शराब की लत वाला?...हाँ! हाँ!...नहीं!...नहीं!...और मंजरी कहती है कि प्रत्येक को समझ लेना चाहिए। वह हमें और हम उसे क्या समझ सके?

तोंदवाला उठा और अलसाया। बोला—

'मैं ऊब गया! कब खत्म होगा यह?'

'मतलब व्याख्या करना? चर्चा करना? या राह देखना?' तोंदू हँसा। बोला–

'ऊब...ऊब गया! ये लोग हमें चाय क्यों नहीं पिलाते? माइक में से 'चाय-चाय' जैसा अंग्रेजी कोलाहल सुनाई देता है। किसी ने मजाक किया होगा। मंजरी की आवाज आ रही है। वह बहस कर रही है। उसका कहना है, व्याख्या पर्याप्त नहीं है। 'सोशल सिक्युरिटी' का मुद्दा है ही। अतिवृद्धों को 'वंचित वर्ग' में समाविष्ट करना चाहिए। काम न करने वाले 'मुफ्तखोर' लोगों के वर्ग पर वह टिप्पणी कर रही है। समाजशास्त्र व्यापक हो रहा है। उन्हें फिर याद आता है। अशोक कुमार का वैसा सांकेतिक, आवाहक, पर 'खिन्न-छद्मी' हास्य। और वह सवाल-मृत्यु का डर क्यों नहीं लगता–क्यों नहीं?...

और उसका वह 'मुफ्तखोर' शब्द।

बीच में ही दोनों उठकर चले गये और तोंदवाला बेचैन लगने लगा। उन्होंने तोंदवाले की ओर सहानुभूति से देखते हुए कहा–

'ये लोग हमें चाय देंगे, ऐसा लगता नहीं!...पर मैंने इस्तीफा क्यों दिया, यह बताऊँ क्या इन्हें?'

'आई नो–'

'नहीं...आपको मालूम नहीं है!...सच तो यह है कि मुझे उसका चेहरा पसंद नहीं था!...पर मैंने इस्तीफा दिया तो क्या मैं निकम्मा हो गया?'

'नहीं...नहीं!'

'सच तो यह है कि उन्होंने मुझे जख्मी कर–'

'जख्मी?'

'मतलब वह नहीं जी! परन्तु मैं आपको वह 'श्लोक' सुनाता हूँ!'

'श्लोक?...यहाँ किसे संस्कृत आती है...'

'अर्थ बताता हूँ!...'

उन्होंने बताना शुरू किया। 'श्लोक' भी सुनाया!...मैं जिस पर कृपा करता हूँ...उधर, काँच के उस पार 'जस्टिस-जस्टिस' का शोर...व्याख्या करनी चाहिए, व्याख्या। धन की व्याख्या करें। मिलकियत की व्याख्या करें।

तोंदू आदमी अचानक, बुद्धिमान और विचारशील लगने लगा। वह सिर खुजलाता है, चिंतित लगता है, कहता है–

'आपने मुझे कॉलेज के पुराने दिनों में ढकेल दिया है!...यदि रिश्ते-नाते का 'रिलेशन्स' में समावेश किया तो?–साथ ही, पशुओं और स्त्रियों की गणना तो पहले धन में की ही जाती थी!'

'रिलेशन्स'

'येस!...फिर भगवान जस्टिस कहाँ कर रहे हैं?...इज इट फेअर?'

'थोपा गया अकेलापन भी अन्याय हो सकता है न?'

'आइए ऽ!...आपको बताता हूँ, मेरा डाइवोर्स हुआ!...तब–'

'या स्वतंत्रता धन हो सकता है क्या?'

'मेरा डाइवोर्स... ।'

'या निर्णय प्रकिया में आपका स्थान...!' व्याख्या...व्याख्या...व्याख्या कीजिए। उस पार का शोर-गुल।

'आई डोंट नो!...मुझे चाय चाहिए...'

उन्होंने काँच के पार देखा मंजरी की ओर। वह अब भी बोल रही है। उन्होंने उस तोंदवाले की ओर देखा, ठीक ढंग से। वह उनको दुःखी लगा। शायद उसे अपना डाइवोर्स याद आया होगा। मैं जिस पर कृपा करता हूँ, उसका धन धीरे-धीरे हरण कर लेता हूँ। मतलब उसके रिश्त-नाते उसका भौतिक धन...और उसका मन?...विकास का समान अवसर, समता, बंधुभाव...जस्टिस...जस्टिस...दि टी हैज कम!

काँच पार का कोलाहल और इधर कोई चाय लेकर आया। तोंदवाले के पास 'इस्कॉन' की पुस्तक। उस पर भगवान कृष्ण का बड़ा सुन्दर-सा चित्र।

'आप यह पढ़ रहे हैं?'

'नो...नो!...किसी ने दिया है मुझे! क्यों?'

'सच्चा वैष्णव चाय नहीं पीता!'

'मतलब?'

'वह एक हकीकत है!'

'अं?'

वे बताते हैं। तोंदवाले को। वह सुनता है। मन लगाकर वे बताते हैं कि उन संस्थापकों को लगता था कि पत्नी उनके भक्ति कार्य में मदद करे, रुचि ले। लोग उन्हें मिलने आते तब एक कमरे में भक्तिरस पर चर्चा चलती। दूसरे कमरे में उनकी पत्नी दूसरों के साथ चाय पीते बैठती थी।

'चाय?'

'हाँ!...उस समय भारत में चाय का बहुत चलन था। फैशन थी...पर आगे सुनिए!'

संस्थापकों ने पत्नी को समझाया कि मुझे छोड़िए या चाय को। मतलब अन्तिम चेतावनी ही। पत्नी ने मजाक में कहा कि फिर पति को ही छोड़ना पड़ेगा न!

'फिर?'

एक बार उनकी पत्नी ने श्रीमद्भागवत ग्रंथ ही बेचकर चाय पाउडर खरीदी। बाद में, इन्होंने संन्यास ही ले लिया। उन्हें हँसी फूट रही है, भीतर से–मन से, इस मुद्दे पर। मतलब चाय का, पुस्तक बिक्री का और सत्य का क्रम ध्यान में रखकर।

परन्तु, बाद में वे एकदम गम्भीर हो जाते हैं। तोंदवाला चिंतित दिखने लगता है।

'मुझे यह विचित्र लगता है!'

'परन्तु इसमें अर्थ है!...सामान्यतः गृहस्थीवाली स्त्री चाय के लिए दूसरा कुछ तो बेचेगी, है न?...ग्रंथ ही क्यों?...सो अ मीनिंगफुल जस्टिस् इज हिड्न—'

'न्याय? यानी चाय और ग्रंथ एक समान?'

'वैसा उसे दिखा देना होगा!...मुझे वह बुद्धिमान लगती है!...पर उन्होंने पलायन ही किया!'

'उनके ध्यान में आया नहीं?'

'वह उन्हें चाय नहीं पिला सकी!—वे उसे भक्तिरस नहीं पिला सके!...यही भगवान की कृपा?...धन हरण करना?...इसमें जस्टिस कहाँ है?'

'उस स्त्री पर अन्याय हुआ, ऐसा मुझे लगता है!'

व्याख्या...व्याख्या...धन की व्याख्या...वंचितों की व्याख्या...डॉ. रमैया...डॉ. हीरामन,...डॉ. अमुक...डॉ. मंजरी...बोलिए! बोलिए!!...बट दि टी हैज कम...

तोंदवाले ने पुस्तक अंगुलियों से उठाई। दूर रखी। बाद में, चाय पीते समय कहा—

'तो नहीं चाहिए मुझे वह पुस्तक!'

'सेशन' खत्म हुआ। व्याख्या हुई नहीं। न्याय खत्म नहीं हुआ। चर्चा समाप्त नहीं हुई। सत्र समाप्त हुआ। अपनी प्रतिष्ठा धूल में मिल गयी, अपने को दुष्टता से, टॉर्चर कर इस्तीफा देने के लिए मजबूर किया, इस कारण अपना 'मानसिक नुकसान' हुआ यह शायद बताना है उस तोंदवाले को, क्योंकि वह बॉस से परिचित है। शायद तोंदवाले को 'डाइवोर्स' के बारे में बताना है। सम्भवतः 'श्लोक' के अर्थ पर चर्चा करनी है उन्हें। नाराज होकर, उन्हें पूछना है कि यदि मुझ पर कृपा हो गयी, तो भगवान मेरा धन हरण कर लेंगे यानी क्या करेंगे? मेरी प्रतिष्ठा, मेरी महत्त्वाकांक्षा, मेरे विचार, मेरी पत्नी और बच्चे, घर-गाड़ी आदि भौतिक संपत्ति, मेरी स्वतंत्रता, मेरी निर्णय शक्ति, निद्राक्षमता, क्षुधा, भोग...इन सबसे दूर ले जाएँगे? यह कैसा न्याय है? पर चर्चा नहीं होती। कारण चर्चा बाकी रह गयी पर सत्र समाप्त हो चुका है। व्याख्या करनी ही बाकी है। धन की व्याख्या करनी बाकी है, न्याय की व्याख्या करनी बाकी है। तोंदवाला अपने बेटे के बारे में बताते हुए चुप हो गया है। शायद उसके बेटे ने उसको लात मारी है। पर अब चर्चा-सत्र समाप्त हो चुका है। चाय का द्वेष करने वाले एक संस्थापक की पुस्तक फड़फड़ा रही है, हवा से। वह दुनियाभर गया। न्याय हुआ नहीं, चर्चा-सत्र समाप्त हुआ।

औपचारिकता पूरी कर मंजरी बाहर आयी तब कुछ नाटकीयता से वे उसका स्वागत कर गाड़ी तक ले गये। अनचाहे थोड़ा हँसकर, निषेधात्मक-सा देखकर उसने भौंहें चढ़ाईं। फिर अन्यत्र देखा कि कोई देख तो नहीं रहा है—यह क्या चल रहा है?

'तुमने जस्टिस की भूमिका ठीक ढंग से नहीं रखी।'

'आपने सुना लगता है!'

'फिलहाल मैं इतना ही कर सकता हूँ!'

उसने एकदम उनकी ओर देखा—तीव्रता से। उसके मन पर खरोंच लगी होगी।

गतिमान गाड़ी में नीले फूलों की तेज-मीठी गंध फैल गयी, गमकने लगी, दोनों में। उसने गहरी साँस ली। बोली—

'इस्तीफे का दुःख नहीं है!...आपको भी आराम चाहिए ही था!...पर आपमें कड़वाहट आने लगी!'

'नहीं...नहीं!'

'दूसरों को कितना और क्यों दोष देंगे?'

'मैं कोई झगड़ते नहीं फिरता!'

'आपने शास्त्री को ताना मारा न?'

'तेरी तो!...उन्होंने इतने में फोन भी कर दिया क्या?'

'मतलब तीसरे बेटे की युवावस्था में ही दूसरी कार, यह आसुरी संपत्ति है, ऐसा कुछ क्या मैंने उनसे कहा?...पर कहना चाहिए था!...कारण ये भागवत धर्म के प्रचारक...'

'नाऊ लुक!...अब वह 'श्लोक' लेकर क्या बैठ गये—'

'मुझे उसका अर्थ चाहिए—'

'दूसरे लोग अपने-अपने कामों में व्यस्त रहते हैं, यह क्या उनका अपराध है?'

'ऐसा मैं कहाँ कहता हूँ?'

'पिछला सब भूल जाइए!...अपमान वगैरह...'

उन्होंने गाड़ी की गति बढ़ा दी। फिर नीले फूल पेड़ों के। उनके गुच्छे। पंखुरियाँ गाड़ी पर गिर रही हैं। उनकी एक विशिष्ट गंध। इस्तीफे के दिन भी ऐसे ही नीले फूल थे। उस दिन के कपड़े भी नीले थे। ऐसी ही वेदना थी।

'मुझे सम्मान से जीने का हक था—है!...उन्होंने साजिश की!...सब कुछ सोच-समझकर!...वे दोषी हैं...'

'आप...बॉस का अब भी द्वेष करते हैं?'

'आई डोंट नो!...यस—परहैप्स!'

'आप अपने एक्स बॉस को अब भी...फोन करते हैं?'

'कौन बोला?'

उसने उत्तर नहीं दिया! वह चुप रही। पेड़ दौड़ रहे हैं, हवा से बाल उड़ रहे हैं। नोट्स के कागज फड़फड़ा रहे हैं। उसमें जस्टिस की व्याख्या है—आधी-अधूरी-सी।

'आप दूसरों को टॉर्चर करते हैं!...स्वयं को भी!...अपना सही, दूसरे गलत!...यह बंद होना चाहिए!'

उन्होंने आत्मक्लेशी-सी और दार्शनिक-सी मन ही मन मुस्कान उभारी। 'इंस्टीट्यूट' करीब आ रहा है। उसे बहुत बोलना है। समय कम है। हमेशा ही कम होता है। कुछ तो गलत हो रहा है। गलत होता जा रहा है। कुछ तो है, किसी बात से गला भर-भर आता है। उसने कहा, किसी तरह। बड़ी मुश्किल से—

'आपने मुकुंद को फोन किया था क्या?'

मुकुंद उनका बेटा है। वह अलग रहता है। जैसी कि होनी चाहिए, उसकी महत्त्वाकांक्षा वेगवान रूप धारण करती जा रही। और इनका कहना है कि काल-प्रवाह की गतिमान धारा में शामिल होकर हम कट-कटकर धीरे-धीरे अकेले होते जा रहे हैं। परम्पराओं से दूर जा रहे हैं। कितनी भयानक कल्पना! और अब तो यह 'श्लोक' है, इनके दिमाग में। फिर हवा, फिर फड़फड़ाता आँचल। फड़फड़ाते पन्ने, कॉपी के। फड़फड़ाती व्याख्या। न्याय-अन्याय की चर्चा—और पेड़ के नीले फूल।

'किया नहीं! पर करूँगा!...मेरे घुटने की तकलीफ का कोई विचार न कर उसने सीधे पाँचवीं मंजिल पर फ्लॅट बुक किया है! वहाँ लिफ्ट नहीं!...मतलब मैं वहाँ न जाऊँ!...भगवान की मुझ पर कृपा हुई...!'

वह पल भर आँखें मूँद लेती है। सह लेती है। सहनशील होकर कहती है

'फ्लैट उपलब्धता के आधार पर मिलता है—आजकल!...उसने ऐसा कुछ सोचा नहीं था!'

'उसका ससुर उसके साथ रहने वाला है!...मतलब उन्होंने केवल उन्हीं का विचार किया है।'

वह कुछ नहीं बोलती। वे गाड़ी की गति कम करते हैं। गरीब माँ-बाप का धनी नंगा बच्चा फिर सड़क पर दौड़ता हुआ जाता है। पर वह तब का नहीं होगा, क्योंकि लोकतंत्र में जनसंख्या बहुत है। वे थोड़ा हँसते हैं, मन ही मन में। उसे मालूम है। उसे मालूम है कि उन्होंने जान-बूझकर यह मत बना लिया है कि बेटा ससुराल वालों के इशारों पर चलता है। यह 'सिलीसॉरो' है, उन्हें 'समय कुतरने के लिए' उपयोगी रहता है, ऐसी यह पगली सोच! उसने गहरी साँस ली। घड़ी में देखा, कहा,

'ऐसा विचार आप करते हैं, और...'

'आई नो!...पर वह खुर्राट समधी, बेटे को मुझसे दूर ले जा रहा होगा तो...'

'ऐसा नहीं!'

'नहीं होगा!...पर ऐसा होगा कि हम काल-प्रवाह की तेज गति धार में शामिल हो गये हैं और...'

'आप!...आप मुकुंद को फोन करें!'

'मैं क्या झगड़ता हूँ किसी से?...मैं खाली जरूर हूँ, पर मुझे उस 'श्लोक' का अर्थ समझ लेना है...'

गाड़ी की कम होती जाती गति। उसका निःश्वास। मुँदती आँखें...अपने हाथ

के नोट्स के कागजात को...फाइलों को उसने जोर से पकड़ लिया है। तब कुछ हँसकर, नरमी से उन्होंने कहा–

'मैं उसे फोन करूँगा!'

अब एक मोड़। एक वही, इस मौसम में फूलने वाला पेड़ और उसके नीले फूल, घर के सामने हैं वैसी फिर झाड़ियाँ। फिर 'इन्स्टिटट्यूट'। फिर चर्चा, फिर व्याख्या, फिर सामाजिक न्याय, फिर 'वंचित वर्ग' फिर वही विद्वान। कोई पहले ही पहुँचा हुआ। कोई पहुँचने वाले हैं। कोई डॉ. मंजरी से बोल रहे हैं, गाड़ी से उतरने से पहले ही। उसे सुविधा नहीं है, उनकी ओर देखने की, विदा लेने की। और 'भक्तिरस' और चाय की नई थीयरी उसे बताने का उनके पास समय नहीं होता। गाड़ी चल रही है। वे धीरे-धीरे गति बढ़ाते हैं, गाड़ी बिना रोके। मंजरी पहले ही उतरकर विद्वानों के अंग्रेजी घेरे में गुम हो गयी। वह डॉ. रमैया से बातें कर रही है। उन्हीं में से एक हो गयी है। उसे अब चर्चा-सत्र में (फिर) सामाजिक-व्यक्तिगत-सामूहिक न्याय की व्याख्या करनी है। अब वह अपनी सुविधा से अकेली आएगी। हम अब मुक्त हैं!...मैं जिन पर कृपा करता हूँ...सड़क पर उत्सव, संगीत बजता है। लोग नाच रहे है, क्यों किसे मालूम! टण्णाणा ऽ ऽ टणां ऽ टणां ऽ...गणपति का फुंदना ऽ...

फिर वही 'रेस्तारां' यहाँ कुछ शांति होती है। अपनी हमेशा की जगह पर एक व्यक्ति जल्दी-जल्दी खा रहा है। पर ठीक है, यहाँ शांति है। दो-तीन ही लोग हैं। और कोई नहीं। हाँ, टेलीविजन पर एक सिनेमा है ही, पुराना, विशेष रूप से लगाया गया।

अब कॉफी और समोसा-सा कुछ नहीं चाहिए। अब कुछ ही समय में निकल जाता है और फोन भी करना है। पर चाय चलेगी। चाय यानी 'मेडिटेशन' होती है। यहाँ अँधेरा और प्रकाश है। दूर सड़क पर संगीत है। घर भी दूर नहीं।...सच तो यह है कि 'चाय और भक्तिरस' का ही द्वंद्व है। संसार और विरक्ति। संसार और संन्यास इधर संप्रदाय-संस्थापक सतसंग करते। उसके पास वाले कमरे में पत्नी मित्रों के साथ चायपान कर रही है। वे उन्हें चाय नहीं पिला सकी। और वे पत्नी को भक्तिरस नहीं पिला सके। पर वह बुद्धिमान होगी। क्षुद्रत्व के पार शाश्वत सत्य की ओर उसने शायद निर्देश किया होगा। परन्तु, वह संस्थापकों की समझ में ही नहीं आया...पर हम एक-दूसरे को समझ ही नहीं लेते। उम्र खत्म हो जाती है। काल प्रवाह की वेगवान धारा में फँस कर हम टुकड़े-टुकड़े, अकेले-अकेले होते जाते हैं, एक-दूसरे से। फिर, आप अपने ही रह जाते हैं। यही भगवान की कृपा?

और यह 'थीयरी' मनोहर शास्त्री को बतानी चाहिए, चाय की। क्योंकि उनके पास भी 'इस्कॉन' की पुस्तकें हैं।

तब की ही फिल्म है कि क्या? अभी भी अशोक कुमार फिर दिख रहा है, धुएँ के वलय में। पर नायिका कोई और है। मधुबाला। वह कह रही है...'आइए

मेहरबाँ...।' ऐसे निमंत्रणों के फेर में वह नहीं आता। छद्म-सा देखता है, मन ही मन हँसता है। उसे मालूम है कि आदमी अकेला-अकेला रहता है।

उन्होंने कुर्सी में बिठाकर हमारी पूछताछ की। 'द ट्रायल' या किसी नाम के नाटक-सिनेमा की तरह! उन्होंने साजिश की। उन्होंने तय कर, इकट्ठे आकर साजिश कर अपमानित किया-'जलील' किया। (फिल्मों में इसी शब्द का उपयोग किया जाता है।) इस्तीफा देने के लिए मजबूर किया, तब बहुत गहरे वेदना हुई थी। तभी मैं अलग-थलग पड़ने लगा था। कपड़े नीले थे उस दिन। नीले फूल खिले थे घर के सामने और मुहल्ले में। 'बॉस' इसी तरह छद्मी हँसा था, मन ही मन तब से हर व्यक्ति काम में है, मैं नहीं हूँ।

किसी ने चैनल बदला। अब एक प्रगतिशील 'चैनल' पर एक चर्चा-सत्र है, वेश्या-व्यवसाय से संबंधित। चार वक्ता हैं। सामने स्टुडियो में बुलाए गये आमंत्रित स्त्री-पुरुष। वक्ताओं में एक तो नेपाली वेश्या। वह कह रही है कि हम तो सामाजिक न्याय कर रहे हैं, अन्यथा सर्वत्र बलात्कार होंगे। श्रोताओं में एक स्त्री क्षुब्ध हुई। वह लगातार कह रही है कि इनकी दुकान बंद करें, इसके कारण घर-गृहस्थी उजड़ रही है। उसके आक्रोश में व्यक्तिगत वेदना होगी। श्रोताओं को चर्चा में 'मजा' आ रहा है। चैनल वालों का उद्देश्य सफल हो रहा है। सारे उस महिला को चुप कराने में लगे हैं। नेपाली वेश्या तर्क दे रही है। वह स्वयं को 'सेवा' देने वाली कहती है। उसका नितांत अकेलापन उसके ध्यान में नहीं आ रहा है। काल-प्रवाह उसे भी खींचकर बहा ले जा रहा है। पर चर्चा जारी है। फिर चैनल बदला जाता है। फिर मधुबाला और अशोक कुमार का आत्ममग्न ज्ञानी-सा हँसना!

अन्ततः ज्ञानी होना महत्त्वपूर्ण। घटना के पीछे के अर्थ इसके कारण मालूम होते हैं।

कोने के बूथ की ओर वे धीरे-धीरे जाते हैं। उन्होंने आँखें बंद कर ली हैं। साँस लिया। उन्होंने फोन लगाया मुकुंद को।

'सुना है, तुमने पाँचवीं मंजिल पर फ्लैट बुक किया है।'

'अं ऽ...हाँ...'

'मेरे घुटने की बीमारी तुझे याद नहीं आयी?...वहाँ लिफ्ट भी नहीं है!... मतलब, मैं न आऊँ ऐसी व्यवस्था लगती है...।'

'बाबा...'

'और मेरा खुर्राट समधी तेरे साथ रहेगा?'

'बेटा व्याकुल हो गया। उसे गुस्सा भी आया होगा। वह आहत भी हुआ होगा। वह कहता रहा कि आपका 'देखने का दृष्टिकोण' गलत है। दरअसल सच तो यह है कि वह जिस कम्पनी में काम करता है, वहाँ के सब लोगों ने एक साथ इस अपार्टमेंट में फ्लैट 'बुक' किये हैं। यहाँ से कम्पनी पास पड़ेगी। अब इसमें पाँचवीं

मंजिल पर 'घर' मिला, इसमें उसका क्या दोष?...उपलब्धता के आधार पर फ्लैट लेना होता है। आप यूँ ही...इत्यादि, इत्यादि। वे सुनते रहे। उसके तर्क उन्हें सुनने नहीं हैं। उसकी आवाज से निकली वास्तविक सच्चाई उन्हें सुननी है। वह उन्हें महसूस हो रही है। इतनी रसीद उन्हें काफी लगती है।

'ओके!...मैं...आई एम् जोकिंग...'

वे ऐसा कहते हैं। पर बेटा आहत है। ससुर के बारे में जो मुद्दा है, उसे वह स्पष्ट करना चाहता है। समर्थन पाना चाहता है। वे सुनते हैं और सच तो यह है कि वे सुनते नहीं। निर्णय-प्रक्रिया में तूने मुझे शामिल नहीं कर लिया या मेरी सलाह नहीं ली या तेरी पत्नी अपने पिता को 'डैड' कहती है, इसलिए तू उन्हें (खुर्राट को) 'डैड' क्यों कहता है, ऐसे कुछ प्रश्न वे पूछ सकते थे, पर वे बेटे का बोलना, सच तो यह है कि इस बारे में वे उसकी बेचैनी सुनते रहे। उन्हें दुःख भी होता है। अच्छा भी लगता है। मन भीतर से भर उठता है और शांत भी लगता है। कुछ तो समझ में आ रहा है, मिल रहा है। धीरे-धीरे वे फोन रखने लगते हैं, बेटे के बोलते रहने के बावजूद। शांत खड़े रहते हैं, आत्ममग्न।

उन्होंने फोन फिर उठाया। नंबर तो याद ही है। 'बॉस' होगा ही इस समय। पिछली बार बोला था, बार-बार फोन मत कीजिए। शिकायत करूँगा, बोला था। हमने कहा था कि फोन करना अपराध नहीं। मैं कोई आपको धमकियाँ नहीं दे रहा हूँ...पर इस समय बॉस आफिस में नहीं है। घर में भी नहीं है। अब मोबाइल। उसे 'श्लोक' सुनाना चाहिए। नहीं तो 'चाय वाली थीयरी'।

बॉस की आवाज। जो दिमाग में बहुत गहरे बैठ गया है। नाटकबाज, व्यावसायिक। पर फिर भी अब अलग। कुछ जमा हुआ।

'मैं आपका प्रिय मित्र बोल रहा हूँ।'

बॉस पहचानता नहीं शुरू में। वह कुछ और ही बुदबुदाता है। औपचारिक रूप से देखता है। परन्तु, जब पहचानता है, तब उसके गले में कुछ अटक जाता है। बॉस के फोन बंद करने से पहले उन्होंने कहा—

'आपके फायदे का पूछता हूँ! आपके बेटे का ब्लड ग्रुप क्या है?'

'बे...बेटे का...'

'ब्लड ग्रुप...ब्लड ग्रुप!...मेरे इस्तीफे के बाद बहरे हो गये क्या?'

'बी!...बी पॉजिटिव!'

'मेरा है, मैं वहाँ आकर देता हूँ अभी!...'

'...मैं कोई नियमित डोनर नहीं!...पर आज दूँगा!...नहीं...आपके लिए नहीं!...बच्चे के लिए!...'

'आई विल बी...'

'यह सब बच्चे के लिए कर रहा हूँ!...इंसानियत के नाते!...लेकिन बाद में

आपके पार्श्व भाग में कोड़े मारने हैं ही!...वह कार्यक्रम हम बाद में करेंगे, कभी तो!...एक 'श्लोक' भी सुनाना है, बॉस!...पर और कभी!...अभी, आ रहा हूँ मैं...'

बॉस हॉस्पिटल का पता बताता है। थरथराते 'थैंक्यू'-सा बुदबुदाता है। वे फोन रख देते हैं।

बूथ के बाहर, अब भी टेलीविजन पर चर्चा चल रही है। बूथ के बाहर आकर वे अचानक खड़े रहे, शांत। अचानक भीतर से कुछ मालूम होता है, अहसास होता है, अनायास शांति फैल जाती है। 'श्लोक' का अर्थ अचानक खुलकर सामने आता है, स्पष्ट होता है। कैसा है यह समाधान।

अर्थ ऐसा है कि भगवान की आप पर कृपा हो गयी है। आपके आसपास के माया-मोह-जाल के धागे तोड़े जा रहे हैं। धन समझकर जो जंजीरें छाती पर कस ली थीं, वे टूट रही हैं—दूर हो रही हैं। यह कृपा ही है। बेटा अपने प्रारब्ध की ओर खिंचा जा रहा है। उसे हमारी, हमें उसकी बाधा न हो। एक अर्थ में, हम मुक्त हो रहे हैं?...और आसपास के लोग काम में लगे हैं, एक गति से व्याप्त है। उन्हें सुविधा ही नहीं है। हम स्वतः ही स्थिर हो रहे हैं। यह कृपा ही है। 'धन' का हरण हो रहा है, धीरे-धीरे!

और 'बॉस' पर भी कृपा हुई होगी। शत्रु से अन्तिम समय में मदद स्वीकार करते समय अहंकार टुकड़े-टुकड़े हुआ होगा। उसने भी, जो सँजो रखा था उम्र भर अब वह हरण हो रहा है धीरे-धीरे!...(...हरामखोर कैसे 'थैंक्यू थैंक्यू' कह रहा था।) लगता है यही न्याय है। व्याख्या करना मुश्किल है, ऐसा न्याय। अमेय, अनिर्वचनीय... अपने पर कृपा हुई है।...जिन पर मैं कृपा करता हूँ, उनकी संपत्ति हरण कर लेता हूँ, धीरे-धीरे...

जाते समय उन्होंने 'रेस्तारां' के मालिक की ओर 'दैवी हास्य' बिखेर कर देखा। अशोक कुमार-सा ज्ञानी, आत्मकेंद्रित, छद्मी-सा नहीं। मालिक आश्चर्य से देख रहा है। बाहर शाम उतर रही है।

उन्होंने कॉलोनी के सामने, नीले फूलों के पेड़ के नीचे कार रोकी। सामने सड़क पर उत्सव है। तब का एकाकी आदमी अब भी नाच रहा है। अब भी नाच रहा है। पर अकेला ही। उसकी आँखों में आँसू हैं। शायद उसे घर की याद आ रही होगी। लाउडस्पीकर पर भी गाना है। संगीत है। तीस तोले की माला गणपति के गले में पहनाई। फुँदना का रंग चौरंगी है। गणपति हँस रहा है। टण्णांग ऽ, टणां-टणां ऽ-गणपति का फुँदना-नाचने वाला तल्लीन, पर क्लेशमग्न, स्वयं ही नाच रहा है, रो रहा है। उसका साथ कोई नहीं दे रहा, उसे कोई देख नहीं रहा।

वे कार से उतरे। पास गये। देखने लगे, उनका नाच। आत्मा कहती है मैं नर्तकी हूँ। शरीर तो आविष्कृत होता है केवल। सारा तो नाच मेरा ही। अब यदि भगवान ने हाथ-पैर वापस ले लिए तो नाचना सम्भव नहीं, क्षमता नहीं रहेगी, पर

इच्छा तो रहेगी? (क्योंकि आत्मा नर्तकी है) और सारा धन धीरे-धीरे हरण कर भी लिया तो क्या? प्याज के छिलके एक-एक अलग करे और अंदर रिक्त स्थान रह जाए अन्तिमतः, उसी तरह धीरे-धीरे सारे बंधन काट दें तो क्या बचेगा? स्वयं भगवान? वह शुद्ध स्वरूप! (या यह अधिक फिलॉसॉफिकल' हो रहा है?) पर नाचने का अधिकार भगवान छीन तो नहीं सकता। क्योंकि नृत्य अन्तिम सत्य...और हम पर भगवान की कृपा हो रही है।...मैं जिन पर कृपा करता हूँ, उसकी संपत्ति धीरे-धीरे हरण कर लेता हूँ...और यह नीले फूलों की गंध और कुर्सी पर बैठकर कइयों के षड्यंत्री जाँच का हमारे द्वारा सामना किया जाना और वेदना स्वीकार किया जाना। और क्रम-क्रम से सबसे हमारा दूर निकलते जाना। अकेले रह जाना। और अब तक भगवान की कृपा होने का बोध होना। हाँ, वहाँ रक्तदान करने जाना है। वहाँ जरूरत है जरूरत।

उन्होंने आगे आकर, उस एकाकी आदमी के साथ नाचने की शुरुआत की। उसे साथ देना चाहिए न टण्णांग ऽ, टणां-टणां ऽ- गणपति का फुँदना—मनोहर शास्त्री भयभीत होकर देखते रहे बाल्कनी से। उन्हें अब मंजरी को फोन करना है। और सामने भीड़ जमा होने लगी परिचित प्रतिष्ठितों की। वे नाचते रहे, उस मरियल, गंजे, एकाकी आदमी के साथ। पर अब वहाँ दोनों हैं, दोनों। दोनों नाच रहे हैं। साश्चर्य भयभीत भीड़ जमा हो रही है। भगवान की कृपा हो रही है। 'श्लोक' का अर्थ उनके बीच स्पष्ट हो रहा है। नृत्य का जन्म हो रहा है। टण्णांग ऽ, टणां-टणां ऽ- गणपति का फुँदना...पेड़ से नीले फूल झर रहे हैं, उस नृत्य पर, उन दोनों पर। वे नाच रहे हैं, निःसंकोच, सड़क पर। वेदना पर बरसते नीले फूल देखते...और नृत्य का जन्म हो गया है। 'श्लोक' का अर्थ भी समझ में आ गया है...नृत्य शुरू है...टण्णांग ऽ, टणां-टणां ऽ- गणपति का फुँदना...

नाटक

सन् उन्नीस सौ चालीस के आसपास मराठी रंगमंच पर लीलावती नामक किसी मशहूर अभिनेत्री की जानकारी लेनी चाहिए, माधव को अचानक लगने लगा। इसके पीछे ऐसा कोई कारण नहीं था। शायद वह खून में ही रहा हो। माधव के पिता कोई प्रसिद्ध अनुसंधानकर्त्ता वगैरह नहीं थे। लोगों ने उनकी उपेक्षा ही की। परन्तु भारतीय पुराण के 'तुंबरू' के बारे में उन्होंने अनुसंधान शुरू किया था। जितने भी 'तुंबरू' की कहानियाँ होंगी या सन्दर्भ होंगे वे उन्होंने इकट्ठा किये थे। (उस जमाने में कंप्यूटर नहीं थे।) ये सन्दर्भ प्रयत्नपूर्वक एक स्थान पर एकत्र किये थे। लोग मजाक उड़ाते। अनुसंधान करना है तो विष्णु पर कीजिए, लक्ष्मी पर कीजिए, 'तुंबरू' पर समय क्यों नष्ट कर रहे हैं, ये आक्षेप भी होते। पर उपेक्षित पर ध्यान देने की कोई प्रेरणा भी होगी। माधव को यह विरासत मिली थी। और दो कारण भी थे। एक था, उसने पढ़ा हुआ उल्लेख। उल्लेख यह था कि लीलावती एक श्रेष्ठ अभिनेत्री थीं पर उन्हें शोहरत नहीं मिली। प्रत्यक्ष में, तत्कालीन अभिनेत्रियों में वे सामर्थ्यशील थीं और नाट्य-प्रेमियों की चहेती थीं। पर एक भी फोटो उपलब्ध नहीं है। जानकारी उपलब्ध नहीं। केवल लिखित इतिहास में कुछ अस्पष्ट-सा उल्लेख माधव ने पढ़ा। उसे कुतूहल लगने लगा। दूसरा कारण यह हुआ कि—एक पुराने, वयोवृद्ध सज्जन उससे मिले। मिले भी तो एक नाटक के मंचन के अवसर पर। नाटक पुराना था। नई टीम ने फिर मंचन किया था। ये सज्जन पास ही बैठे थे। वे एकदम बोल पड़े, 'अहा ऽ हा! लीलावती क्या बहार लाती थी!...नहीं तो इनका काम देखिए!...शी!...शी!' यहाँ फिर लीलावती का उल्लेख कानों पर आया। चालू नाटक में उनसे कुछ पूछना सम्भव नहीं था और इंटरवल में वे सज्जन नहीं मिल पाए। लीलावती नामक 'पुराने जमाने की अभिनेत्री' मन में घर कर गयी। माधव को पता भी न चला कि लीलावती की खोज कब शुरू हो गयी।

अपने शोधग्रंथ के निमित्त उसे अध्ययन करना पड़ा। उसके ध्यान में आया कि केवल छना हुआ इतिहास ही लिखा हुआ होता है। हम 'मिथ' पर खुश होते हैं। यानी, बालगंधर्व के नाटक मंचन के अवसर पर इधर से खास रेल चलाई जाती थीं

या लोग बैलगाड़ी से दूर-दराज से आते थे, इत्यादि। पर बाकी विवरण न मिल पाते। लीलावती का उल्लेख कहीं न मिल पाया। परन्तु, एम. रमेश का नाम उसने पढ़ा। पुराने जमाने के निर्देशक के रूप में। और उनका पता भी मिला। मिला मतलब खोज निकाला। माधव उनसे मिलने गया।

एम. रमेश एक अकड़बाज नाम, नाटक का। वैसे प्रत्यक्ष में वे रमेश मोहोलकर। वे माधव की राह देख रहे थे। पुरानी पारंपरिक दुकान। कोई चमक नहीं। सादा, सरल, उपेक्षित, अविकसित-सा गाँव। पर यहाँ एम. रमेश रहते हैं। सच तो यह है कि वे पहले उधर थे बड़े गाँव से। मुंबई-पुणे की तरफ के। इस तरह के उल्लेख हैं। अब उत्तरार्ध में यहाँ रहते हैं। परन्तु, वह जो रंगभूमि का समय था, उसके वे सक्रिय साक्षी—सम्भवतः अन्तिम साक्षी के रूप में उनका उल्लेख किया जाता है। कम से कम लिखित इतिहास के रूप में। उन्हें मालूम होगा लीलावती का नाम या उनके बारे में विवरण।

जब वह वहाँ पहुँचा तो बाहर खड़े थे एम. रमेश। माधव ने पहचान लिया। या पहचान लिए जाएँ, ऐसे ही थे। मफलर लापरवाही से लपेटा हुआ और पाइप। उम्र पकती जा रही, पर बड़ी बातूनी काली आँखें। उसने रिक्शावाले को रवाना किया और उन्हें नमस्कार किया। वे कुछ मुस्काए। आत्ममग्न से, प्रत्युत्तर में 'शायद। फिर उन्होंने कहा, गहरी गम्भीर आवाज में, पर कुछ उपहास से,

'एम. रमेश जिंदा है, इसकी सुध लेनी पड़ी शायद, मराठी नाटक को।' माधव कुछ संकोच में पड़ गया। इस पर वे जोर से हँसे। बोले—

'आइए ऽ, भीतर आइए!...छोटा-सा घर है, गरीब का!' माधव कुछ अधिक संकोच में आ गया। पर उसने घर में प्रवेश किया।

'आप शोधकर्त्ताओं को अन्ततः मेरी याद आयी, लगता है?'

माधव को एकदम न सूझता कि वह क्या कहे। पर बाद में कुछ हँसकर उसने कहा, 'सर! याद तो आएगी ही न! आपका कार्य...'

'कार्य?...उस पर कब किसका ध्यान गया?'

'उसी के लिए मैं आया हूँ!'

एम. रमेश माधव को कुछ प्रसन्न लगे। उन्होंने माधव को बैठने का इशारा किया। फिर वे बड़ी शान से कुर्सी में बैठ गये।

'इंटरव्यू लेने का आपका तरीका क्या है?...प्रश्नोत्तर या टेप करते हैं?'

'लिखकर...लिखकर ही लेता हूँ।'

माधव को उनकी गलतफहमी दिखने लगी। मूल रूप से एम. रमेश का इंटरव्यू लेना या उनके कार्यों का विवरण लेने जैसा अपना कोई उद्देश्य नहीं है। अपने को उनसे लीलावती के बारे में जानकारी चाहिए। ऐसी जानकारी उनके पास होगी। उनकी स्मृति अच्छी होगी और वे वृद्ध नहीं लगते। उद्देश्य लीलावती के बारे में है।

पर यहाँ उनका वृद्ध अहंकार स्फुलिंगित हुआ लगता है। कम से कम पुरानी यादें उनसे पूछ सकेंगे, उनका इंटरव्यू भी ले सकेंगे। उसने तय कर लिया।

अब शुरुआत कहाँ से करें? अपनी यादें सुनाएँ? या आपके द्वारा निर्देशित नाटक के बारे में बताएँ, या ऐसा ही कुछ? प्यास लगी है प्यास। पर बेचैन होकर उन्होंने थैली खोली। 'नटरंग' का पुराना अंक बाहर निकाला। वह फट गया था।

'अमुक साल का 'नटरंग' का पुराना अंक है, देखिए–'

'हूँ ऽ'

'आपने 'आखिरी प्याला' नाटक का मंचन भी किया था। वह भी उसमें कुछ काट-छाँट करके?'

एम. रमेश को सुखद लगा। फैलकर बैठ गये। यादों में खोए से लगे।

'मंचन किया था!...पर किसे मालूम है?...उसमें के अभिनेता, अभिनेत्रियों के बारे में बताता हूँ आपको–'

तभी एक युवती अचानक भीतर आयी, बीस-बाईस साल की। देरी के लिए क्षमा माँगकर वह भीतर गयी। माधव ने प्रश्नार्थक नजर से देखा।

'शिष्या तो नहीं कह सकते, पर उसे नाटक सीखना है! आती रहती है, पास ही रहती है!'

'अच्छा ऽ!...उस समय–'

'उस समय? रुकिए!...वह समय क्या था, यह तो बताने दीजिए।'

माधव लिखने लगा। 'आखिरी प्याला' यह नाटक व्यावसायिक रूप में कितना ही सफल रहा हो, तब भी उसमें के दोष निकाल बाहर कर इस नाटक को नई पद्धति से मंचित किया था, यह कितने लोगों को मालूम है? केवल कुछ अस्पष्ट से नाट्यरंग के उल्लेख!...उससे अधिक बातें बताता हूँ। आज के युवा को यह मालूम होना चाहिए!...माधव लिखता रहा। प्यास लगी है प्यास।

खाना वगैरह होने के बाद मैं किसी लॉज में जाकर रुकूँगा, ऐसा निर्णय उसने लिया। पर एम. रमेश को अभी और बोलना होगा। पर भोजन के समय शांति थी। और वह लड़की (जिसे नाटक 'सीखना' है) परोस रही थी, तत्परता से देख रही थी। एम. रमेश की पत्नी तो थककर खड़ी थीं। कम से कम वे माधव को ऐसी ही दिखीं। उनकी आँखें गहरी धँसी थीं। और उन्हीं में से उदास हँसी हँस रही थीं। पर वे कुछ बोली नहीं।

भोजन के बाद माधव कुछ बेचैनी से बोला–

'मैं जाऊँ क्या, अब? कल समय दीजिए, आता हूँ!...बहुत पूछना है!'

'पर मुझे तो बहुत बताना है!...इतनी जल्दी जाकर क्या करेंगे?...इनको!... शंकर बाद में पहुँचा देगा।'

'शंकर?'

'शिष्य है!...आता रहता है!'

'ठीक, बैठेंगे।'

उन्होंने इस बात पर पाइप जलाया। वे शान से बैठकर थोड़ी देर सोचते रहे। फिर बोले, 'नाटकों का जो इतिहास बताया जाता है वह सारा पर्याप्त और सही नहीं है!...मेरे द्वारा मंचित नाटक उसी समय लोगों के सामने थे!...हैमलेट के विदेशी दल का मंचन हमने देखा है।

'अच्छा!–'

'मैंने हैमलेट के बाप के भूत की हूबहू आवाज निकालकर दिखायी थी!'

'अं? किसे?'

'उन्हीं को!...मूल अभिनेता को!...रुकिए आपको फोटो दिखाता हूँ उस समय का!'

वे उठे और भीतर चले गये। माधव बैठा रहा और इधर-उधर देखने लगा। उन्हें मिले अवार्ड्स। कुछ पुराने फोटो। एक फोटो में शायद केशवराव दाते। एक फोटो में युवा एम. रमेश और के. नारायण। शायद 'झुंजारराव' नाटक के कुछ फोटो भी होंगे, पुराने पीले पड़े हुए। 'रानी का बाग' और 'अंधों की पाठशाला' भी। इससे एम. रमेश के कालखंड को कुछ समझा जा सकता है। इतने में उसने आहट सुनी। एम. रमेश की पत्नी को उसने देखा। वे कमरे में कब आईं, पता नहीं चला। परन्तु, वे कुछ कौतुक से देख रही थीं।

'अरे!...आप–'

'मैं बैठूँ यहाँ?'

'क्या मतलब! आपका ही घर है!...'

वे ज्यों सहमति का इंतजार ही कर रही थीं। वे कुर्सी में बैठ गईं। थकी-थकी सी, बीमार लगीं।

'आप पुराना जमाना जान लेना चाहते हैं शायद।'

'हाँ-हाँ...! सामान्यतः चालीस के बाद का।'

'क्यों?'

'अध्ययन के लिए!...शोधग्रंथ के लिए!'

'मुझे बहुत मालूम है...पुराने जमाने के बारे में!...बहुत देखा!...मेरा इंटरव्यू लीजिए–'

माधव चकरा गया। उसे ठीक से समझ में नहीं आया। क्या कहे समझ न पड़ता।

'ज...जरूर!...पर अभी सर का इंटरव्यू चल रहा है न! वे अब आएँगे!...फिर बीच में ही...इससे अच्छा है बाद में...'

उन्होंने ठंडी आह भरी। उन्होंने वह दिक्कत भी ज्यों मान्य कर ली। विवश

होकर, हाथ पर हाथ धरकर ज्यों बैठें, वैसी वे बैठी रहीं। फिर बोलीं–

'मुझे बहुत मालूम है!...पुराने नाटकों के बारे में!...मुझे पूछिए, मैं बताऊँगी!'

'अवश्य!'

'तो मैं यहाँ बैठूँ?'

'हाँ!'

उसने बेचैनी से कहा और वह 'नोट्स' देखने लगा। एम. रमेश दूसरे कमरे में होंगे। शायद, तभी की वह लड़की भी बगल वाले कमरे में आयी होगी। दिखाई तो कोई नहीं दे रहा था। पर संवाद सुनाई देते रहे। उनकी बातें सुनाई देती रहीं। उनके संवाद स्पष्ट और खनकदार थे, करीब से आ रहे थे।

'यह वह उमा बोल रही है!...उमा ऽ!...तभी परोस रही थी न आपको?... वही!...बड़ी अच्छी-प्यारी लड़की है–'

'आपकी कौन है?'

'कोई नहीं...पर वह आती है!...इधर बच्चे स्पर्धा में नाटक खेलते हैं न ऽ!...पहले ऐसा नहीं था!...पहले हर मंचन स्पर्धा थी।'

'हाँ!...आपने बहुत देखे होंगे न?...वैसे भी बाद में मैं बोलने ही वाला हूँ, आपसे!'

तभी उस कमरे के संवाद स्पष्ट सुनाई पड़ने लगे। ज्यों कोई नाटक सुनाई दे रहा हो। संवाद ऐसे थे, परदे के पीछे के नाटक के–

एम. रमेश : (कठोरता से) तुम्हें कहना क्या है?

उमा : आपकी अनुमति मिलनी चाहिए।

एम. रमेश : जल्दी क्या है?

उमा : आपकी अनुमति के बिना वह शादी के लिए तैयार नहीं होगा!

एम. रमेश : वह इतना मानता है मुझे?

उमा : मतलब, आपको तो सब मालूम है!...आप न होते तो...आज है वैसा...रह पाता क्या?

एम. रमेश : मतलब मेरे उस पर अहसान–

उमा : हैं ही! और मुझ पर भी!...कल वह जाएगा, मुंबई! फिर छह माह में लौटेगा!...आप अनुमति दें तो–

एम. रमेश : दी तो क्या रातोंरात शादी कर लोगे?

उमा : नहीं-नहीं! ऐसा क्या कहते हैं दादा ऽ? पर कम से कम उसे कह सकेंगे न कि आपकी अनुमति है!...फिर वह मिलने वाला नहीं है जल्दी...दादा अनुमति दीजिए!

उस ओर दीवार के पार मंद पीला प्रकाश होगा। कोई मंद प्रकाश का बल्ब। इस कारण दोनों की छाया दीवार पर उभरी थी, छत की ओर जाने वाली। वे बड़ी,

समस्याओं से बड़ी लग रही थीं। एम. रमेश के हाथ तेजी से हिलते। इससे प्रतिबिंबित आक्रामक भाव। उसका आग्रह। ज्यों किसी नाटक की छायाकृति।

'यह उमा है, उमा!...प्यारी लड़की है–'

'हाँ, आपने बताया था तभी!'

'उसे शंकर नामक लड़के से शादी करनी है...!'

'तो...वे अनुमति कौन-सी माँग रहे हैं?'

'शंकर उनको मानता है!...उन्होंने ही उसका सब कुछ किया–'

'फिर वह अनुमति...यानी मैं अपना सहज पूछ रहा हूँ...मेरा वैसे कोई सम्बन्ध नहीं है। पर...'

'पर!...पर का ही तो महत्त्व है न?'

'हाँ!...वैसा ही होना चाहिए!'

फिर नाटक के संवाद सुस्पष्ट सुनाई देने लगे।

एम. रमेश : (गुस्से से) वह आने वाला है? अभी? अभी तो मेरा इंटरव्यू चल रहा है...

उमा : इंटरव्यू...

एम. रमेश : इंटरव्यू!...उन्हें अन्ततः मुझ तक आना ही पड़ा!...न आकर बताते किसे हैं?...पर अब वह–

उमा : बोला कि कल सुबह की ही गाड़ी है!...इसलिए तो रात को ही–

एम. रमेश : पर अभी समय नहीं है!

फिर एम. रमेश तुरन्त इस कमरे में आ गये। उनकी मुद्रा क्रोधी थी। पर वह तुरन्त पिघल गयी। फिर उन्होंने कुछ छद्म-सी हँसी की कोशिश की, ज्यों उन्हें मालूम ही था कि 'उन सभी नाट्य-प्रेमियों को कभी न कभी आदमी भेजना अनिवार्य ही था–उनकी मुलाकात के लिए। उन्होंने कुछ शान से देखा और बोले–

'कुछ फोटो ढूँढ़ने थे!...अन्ततः इतने पुराने हैं न वे!' फिर उन्हें अपनी पत्नी दिखी कुर्सी पर बैठी हुई, दूर शून्य में देखती हुई। वे एकदम रुक गये, स्तब्ध हुए–

'आप?...आप क्या कर रही हैं यहाँ?'

उनकी पत्नी तक ज्यों यह बात नहीं पहुँची। वे छत तक पहुँचीं, उमा की परछाईं की ओर देख रही थीं। उमा उधर से हिली होगी। इस कारण परछाईं हिली। और गायब हो गयी। पर छत मंद प्रकाश से आलोकित हुई।

'आप क्या कर रही हैं...आप जाकर सो जाइए!...तबीयत ठीक नहीं है आपकी!'

माधव को लगा कि कहे, रहने दीजिए, चर्चा में भाग लेंगी, उनके पास भी जानकारी है। पर वह बोला नहीं। एम. रमेश ने उन्हें धीरे से उठा दिया। कुछ कहा। धीरे-धीरे वे चलती गईं। रुक गईं। बोलीं–

'पर मेरा इंटरव्यू लेंगे न?'

'हाँ, अवश्य–'

एम. रमेश ने यहाँ उन्हें कुछ धकेला, कुछ गुस्से से, कुछ कठोरता से। वे धीरे-धीरे निकल गईं कमरे से।

एम. रमेश ने पाइप मुँह में रखा। धुएँ का वलय छोड़ा उन्होंने ज्यों पुराना समय फिर देखा और हौले से हँसे।

'मैं हैमलेट के मंचन के बारे में बोल रहा था!...विदेशी दल हैमलेट का नाटक लेकर आया था!...उनका निमंत्रण मतलब सम्मान-निमंत्रण कुछ ही लोगों को था। मुझे भी था!...पहला मंचन! ठीक था! अन्ततः अंग्रेज वे ऽ!...उन्हीं का नाटक था। पहला प्रयोग!...बाद में मैंने उसके अभिनेता को ही हैम्लेट के बाप के भूत का आवाज निकालकर दिखाया था!'

'अच्छा!...मतलब कैसे?'

'आपके पास टेपरेकार्डर नहीं!...और मेरी उम्र हो चली है!...'

'अब वह आवाज मैं क्या निकाल कर बताऊँ ?...पर कुएँ से आती आवाज-सी लगी वह!'

'सच?...निकालकर बताइए न?'

वे कुछ चुप बैठे। उन्हें कुछ पसंद नहीं आया। बोले–

'मैं निर्देशक था!...कुछ अभिनेता भी था!...उस समय करके भी दिखाना होता!...पर अब आवाज निकालकर दिखाना बचकाना है!...यू सर्टनली डोंट विश दैट?'

माधव कुछ सँभल कर बैठ गया। जो कुछ चल रहा था, वह विचित्र उसे लग रहा था फिर भी उसे गाड़ी फिसलने देनी नहीं थी। उसने छत की ओर देखा। वहाँ उसे अचल परछाईं दिखी। कोई तो उस ओर खड़ा था। शायद थोड़ी देर पहले गयी पत्नी या उमा, या अन्य कोई।

'केवल इतने के लिए ही कि तत्कालीन संवाद कैसे कहे जाते थे, इसकी कोई जानकारी हमें नहीं! और आप तो उस समय के जानकार प्रतिनिधि।'

'ठीक है! मैं कोशिश करता हूँ!...काफी साल हो गये हैं न ऽ!'

माधव ने देखा कि अब और एक परछाईं आ गयी है। इधर एम. रमेश उस काल में पहुँच गये हैं। उन्हें कुछ आनंद की अनुभूति होती है। सम्भवतः कुछ संकोच। थोड़ी विवशता। कुछ गुस्सा कि किसी अपरिचित आदमी को 'कुछ करके दिखाना पड़ रहा' है।

नीचे से आनेवाले प्रकाश के कारण दीवार पर, छत तक पहुँची हैं दो परछाइयाँ। एक शायद उमा और एक एम. रमेश की पत्नी। उसके संवाद अब सुनाई देते हैं। बीच में केवल दीवार, वह भी आधी।

पत्नी : मैंने बताया उन्हें—

उमा : क्या?

पत्नी : तुम्हारा नाम उमा है। और तुम प्या ऽ री लड़की हो!

उमा : किसको?

पत्नी : उन्हीं को!...इंटरव्यू लेने आए हैं—वे!

उमा : उन्हें क्यों?

पत्नी : मतलब क्या? बताना चाहिए न?.. वे मेरा भी इंटरव्यू लेने वाले हैं।

उमा : शं...शंकर आने वाला है...माई, आप कहिए न ऽ! (दादा ऽ, वे आए ना ऽ की मिठास कुछ और ही शायद)

पत्नी : बोलूँगी न!...इसमें क्या?

उमा : ऐसा नहीं! दादा से कहिए न!

एम. रमेश ने गला साफ किया। वे अब हैमलेट नाटक में पहुँच गये हैं। पुराने जमाने के नाट्य-निर्देशक छोटे से अभिनेता की भूमिका में प्रस्तुत हो रहे हैं।

'पहले अंक के पाँचवें प्रवेश में, आपको मालूम है, कम से कम होगा ही न? हैमलेट को बाप का भूत दिखता है और बोलता है!'

'हाँ!'

बाद में एकदम आवाज में परिवर्तन हुआ। एकदम एक अलग ही आदमी वहाँ अवतीर्ण हुआ। एक अलग ही आवाज वहाँ घूमने लगी। गहराई से। ज्यों कुएँ से कोई बोल रहा हो। त्रस्त, दुःखी ज्यों कोई अज्ञात के पार से न्याय माँग रहा है।

'मैं भूत, तुम्हारे बाप का ऽ
कुछ समय के लिए शापित हूँ—
रात में भटकने के लिए!
औ ऽ र दिन में भूखे ही—आग में तड़पने के लिए ऽ'

बिजली चमक गयी। अमूर्त में से कहीं का धन एकदम अनपेक्षित रूप से सामने आया, शेक्सपियर आया, उसकी भाषा आयी, निर्देशक आया। अभिनेता का सामर्थ्य आया। वह सारा-सारा कालखंड सामने आया। माधव थर्रा गया।

'टेपरेकॉर्डर लाया नहीं इसका दुःख हो रहा है—'

एम. रमेश अभी भी वर्तमान में नहीं लौटे थे। उनकी आँखें धीरे-धीरे सामान्य हो रही थीं। उन्होंने पाइप सुलगाया। मफलर फिर शान से गले में लपेटा।

'हूँ! पर हम बुद्धि का उपयोग कब करते हैं? अजी? अपने यहाँ डॉक्युमेंटेशन नहीं!...बालगंधर्व की ठीक से आवाज तक रेकॉर्ड नहीं! दूसरों की आवाज नहीं?...नहीं हैं न?...अपना ऐसा ही है!'

'तो सर! हम 'आखिरी प्याला' के बारे में बात कर रहे थे!...उसका नया कुछ इंटरप्रिटेशन—'

'नया इंटरप्रिटेशन अब पुराना हो गया है!...पर यह इतिहास किसी ने लिखा नहीं! प्रसिद्ध अभिनेता बगल में रखकर, अलग ही समूह ने यह प्रयोग प्रस्तुत किया था!...पर कौन ध्यान देता है?...आप क्या गंधर्व के पीछे भागेंगे–'

'इसलिए तो मैं–'

'आपने अपने प्रश्न अब भी मुझे ठीक से दिखाए नहीं-दिए नहीं!...आप तैयारी से आए हैं ना?'

माधव संकोच में पड़ गया। एम. रमेश को पत्र लिखा था, यह सच है। भेंट करनी तयशुदा थी। पर, इंटरव्यू वाली बात का उल्लेख उसमें नहीं किया था। कुछ पूछताछ, उस कालखंड की जानकारी लेना, विशेषतः 'लीलावती' की जानकारी लेना। परन्तु, ये ऐसा मान बैठे कि पुराने जमाने के 'एम. रमेश' पुराने जमाने के नाट्य-निर्देशक का इंटरव्यू लेने के लिए मैं आया हूँ। 'नटरंग' का उल्लेख मैंने जरूर किया था, पर त्रैमासिक पत्रिका बंद हो गयी है और हम किसी के भी प्रतिनिधि नहीं। पर अब क्या बताएँगे? इनसे पूछ-पूछकर ही जानकारी लेनी चाहिए। रात बढ़ रही है। लॉज पर भी जाना है।

अब परछाइयाँ कुछ बदल रही हैं। वे लोग वहाँ केवल खड़े क्यों हैं, पता नहीं। पर वहाँ दीवार पर और छत पर छायाकृति दिख रही है। अब एक तीसरी आकृति भी है। यह शायद शंकर? शायद पिछले दरवाजे से आया होगा। फिर वह 'परदे के पीछे' का नाटक रंगने लगा है। एम. रमेश पर नजर रखकर उधर भी सुनने की इच्छा है। वे संवाद अब सुनाई देने लगे हैं–

माई : तू कैसे आया...शंकर?

शंकर : पिछले दरवाजे से! उधर बैठे हैं ना–

माई : अच्छा हुआ बाबा, आ गया! यह कह रही थी कि कहो...!

उमा : मैं दादा से बोलूँ, यह कह रही थी माई–'

शंकर : मैं कल जाने वाला हूँ! बहुत सबेरे ही!...इसलिए देर रात क्यों न हो जाए, मिलकर जाऊँ, इसलिए आया।

उमा : तू छह महीने बाद आएगा?

शंकर : हाँ! घर पत्र लिखूँगा!...इस पते पर!

उमा : तुम बोलो दादा से!...आज ही!

शंकर : क्यों?

उमा : अभी तक उन्होंने अनुमति-

शंकर : मैं रुकूँगा!

उमा : तब तक घर के लोगों ने...(बुदबुदाते हुए) दूसरे स्थान में...शादी...तय कर दी तो?

शंकर : पर वे अनुमति नहीं दे रहे हैं?

माधव : (मन ही मन) पर वे क्यों दे नहीं रहे हैं अनुमति?...इस लड़के के माँ-बाप नहीं हैं क्या?...या दादा ने—एम. रमेश ने इसकी परवरिश की है क्या? (प्रकट) प्रश्न है न, तैयार। एम. रमेश ने लाए फोटो, पुराने अलबम और कतरनें सामने रखे। उन सबको छुआ, आत्मीयता से। ज्यों वे भूतकाल को छू रहे हों।

'पूछिए!'

'वह समय!...कैसा था?'

एम. रमेश कुछ नाराज हुए। उन्हें अपने बारे में बताना था। पर यह प्रश्न सामाजिक आदि स्वरूप का था। वह समय!...नाटक का समय!...जब नाट्य-मंचन के लिए खास रेल गाड़ी छोड़ी जाती। वे कुछ उस कालखंड के बारे में बोले और फिर अपनी ओर मुड़े।

' 'रानी का बाग' किसने निर्देशित किया था, मालूम है?'

'रांगणेकर?'

'वह लिखित इतिहास है!...पर प्रत्यक्ष में नाटक के निर्देशन का पहला खुरचन मैं—'

'आप?'

'क्यों? आश्चर्य हुआ? नाट्य निकेतन से मेरा सम्बन्ध नहीं था?'

'था!'

'रांगणेकर को मोटी कल्पना मैंने तैयार कर दी थी!'

'वह...कैसे?' माधव को आश्चर्य होने लगा। उधर परदे के पीछे 'नाटक' फिर शुरू हुआ। अब केवल कानाफूसी। पर छायाकृति दिख रही है। फिर संवाद सुनाई देने लगे।

उमा : यदि अनुमति नहीं मिली तो?

शंकर : रुकेंगे!

उमा : तुम रुकोगे! इधर मेरे घर के लोगों ने...तय किया तो?

शंकर : पर दादा! उनकी अनुमति चाहिए। उसके बिना मैं—

उमा : (चिढ़कर दबे स्वर में) फिर तुम कहो ना, तुम उनके साथ बोलो न—

शंकर : बोलूँ?

तीसरी परछाईं धीरे-धीरे लुप्त होती गयी। शायद माई वहाँ से अलग हो गयी होंगी। अब 'परदे के पीछे के मंच पर' दो ही कलाकार। शंकर और उमा। इधर एम. रमेश बता रहे हैं, 'रानी के बाग' के बारे में।

'निर्देशक को तय करना पड़ता है कि पात्र को क्या और कैसे बोलना है!...उसके तय किए अनुसार पात्र बोलते हैं!...एक अर्थ में निर्देशक पात्रों को व्यवहार की 'अनुमति' देता है!'

'कैसे बोलें यह सिखाने की प्रथा थी क्या?'

'तो ऽ? अभी नहीं होगी वैसी। उदाहरण देता हूँ! उमाकांत से बोलते समय उमा की आवाज का कंपन हर वाक्य के साथ बढ़ता जाता है!...यह मैंने तय कर दिया था!...रांगणेकर ने केवल उसके अनुसार किया!'

'अच्छा?'

'मतलब देखिए, 'हाँ, उमाकांत को!...उन्हें मैं दंड देना चाह रहा था, पर उस समय मुझे ही कितनी भयंकर सजा भुगतनी पड़ रही थी। (भर्रायी आवाज में) आपके प्रेम के शब्द मुँह से उच्चारते समय, जीभ को किस तरह डंक डसे थे।' यहाँ शरीर पर रोंगटे खड़े होने का अभिनय और हर वाक्य में स्वर का उतार-चढ़ाव इधर बताते हैं? मुझे नहीं लगता...उस जमाने में मैंने यह किया है।'

उमा : पर शंकर! तू नहीं बोला तो मुझे ही भुगतनी पड़ेगी न!

शंकर : सज़ा!

उमा : हाँ, सजा!...अन्यथा वे—मेरे घर के हैं...इसलिए कहती हूँ, तू बोल दादा के साथ।

'उस समय के अन्य कलाकारों के बारे में बताएँगे?'

'अन्य?'

'मतलब दूसरे!...जैसे कि के. नारायण काले आदि! या गणपतरावं मोहिते आदि! इन लोगों के बारे में जिन लोगों ने वह समय देखा है उन्होंने ही बताना चाहिए न!'

'हाँ! हम अन्तिम प्रतिनिधि!'

'कुछ बताएँगे?'

'किसके बारे में?...उस समय के अभिनेता-अभिनेत्रियों के बारे में?...उसमें बताने जैसा क्या है?'

तभी माई पानी का गिलास लेकर आईं। एम. रमेश को प्रकटतः आश्चर्य हुआ।

'अरे, आप क्यों आईं? उमा—'

'वह बातें कर रही है-शंकर के साथ!'

'शंकर!'

'वह आया है। आपसे भी उसे बातें करनी हैं!'

'आप भीतर जाइए! आपकी तबीयत ठीक नहीं है...।'

'पर ये मेरा भी इंटरव्यू लेने वाले हैं! है ना?'

'हाँ ऽ! हाँ ना!'

एम. रमेश ने कठोरता से देखा उनकी ओर—माई की ओर भी!

'आप चलिए—'

माई ने पानी का गिलास रखा। वे धीरे-धीरे गईं। ज्यों उन्हें कोई जल्दी नहीं

है। परन्तु जाते समय उन्होंने मुड़कर हँसते हुए देखा, माधव की ओर। ज्यों वे कहना चाह रही हों 'लीजिए हँ ऽ, मेरा भी इंटरव्यू!' या 'ध्यान में है न?' माधव के रोंगटे यूँ ही खड़े हो गये। वह बेचैन हो गया।

उमा : शंकर तुम बोलने वाले हो या नहीं?

शंकर : क्या मतलब? मुझे शादी करनी है!...पर उसकी अनुमति चाहिए।

एम. रमेश ने पाइप मुँह में रखा और एक बड़ा कश लिया। 'तत्कालीन कलाकार यानी बड़े-बड़े आर्टिस्ट–उनके नाम लेना हो तो...पर निर्देशक के सामने कौन बड़ा है?...इनकी अनुमति के बाद ही वे स्टेज पर बोलते हैं!...निर्देशक सारा जीवन उस मंच पर हिलता-बोलता रखता है!...पर आपको किसके बारे में क्या चाहिए?'

'तत्कालीन स्त्री-कलाकार!'

'हूँ!...वे थे अच्छे!'

माधव अलबम के पन्ने पलटने लगा, कुछ अधीरता से। कुछ लालची-सा। पुराने फोटो हैं। पुराने नाटकों के। पुराने सभी अभिनेताओं को पहचानना सम्भव नहीं। फोटो के नीचे लिखे नाटकों के नाम। वर्ष भी। कइयों के नीचे लिखा नहीं। एक फोटो में किसी प्रसिद्ध अभिनेता को कुछ बताते हुए एम. रमेश दिख रहे हैं। एक फोटो में शायद रांगणेकर। चर्चा चालू है। हास्य-विनोद चल रहा है। समय वहाँ थम गया है। पर नहीं। लीलावती नामक अभिनेत्री का नाम नहीं कहीं। एक मनमोहन नामक बढ़िया अभिनेता दिख रहा है।

'आपके द्वारा निर्देशित नाटक...?'

'आपको नहीं मालूम?' एम. रमेश ने कुछ कठोरता से कहा। माधव कुछ विचलित हुआ।

'मालूम है न!...'रानी के बाग' के बारे में आपने अभी बताया ही है!...

' 'अन्तिम प्याला' के बारे में पढ़ा है!...फिर 'शादी का बंधन'...मतलब उन्नीस सौ छत्तीस में बाल मोहन मंडली ने उसे मंचित किया था, पर उसके बाद वे...आपने...भी यह नाटक किया था–'

उसकी विचलित स्थिति एम. रमेश देखते रहे, कठोरता से। फिर कुछ हँसे।

'लिखित इतिहास पढ़कर राय बनाने वाले लोग!...आप लोगों के लिए मैं सूची लाता हूँ!...तब तक आप ये कतरनें देखें!...लिख लें–'

'हाँ!'

वे उठे। बेचैन होकर कुछ गहरी नजरों से, सोचते हुए उन्होंने माधव को देखा। इंटरव्यू ठीक से, समग्र हो ही नहीं पा रहा था। कुछ रुकावट, कुछ बेचैनी लग रही थी। उनकी नजर में शंका ऐसी उभर रही थी कि मेरे बारे में सटीक और महत्त्वपूर्ण यह क्यों नहीं पूछ रहा? माधव ने अब एक के बाद एक इंटरव्यू के रूप में प्रश्न

पूछने की तैयारी की। और फिर इसी में चतुराई से पूछना है 'लीलावती' के बारे में। उस जमाने के उसके नाटक के बारे में। उस अज्ञात कोने पर, नाटक में होता है वैसा, तेज प्रकाश डालना है। एम. रमेश उस बारे में कुछ बोल नहीं रहे हैं।

परदे के पीछे के नाटक में 'अब कुछ परिवर्तन' दो परछाइयाँ अब वहाँ से कहीं चली गयी हैं। शंकर केवल वहाँ अचल खड़ा है। आमतौर पर 'सरकते रंगमंच' के नाटक में ऐसा होता है। एक पात्र एक दरवाजे से बाहर गया तो दूसरा पात्र तुरन्त दूसरे दरवाजे से भीतर आता है। वैसा ही कुछ यहाँ हो रहा है। एम. रमेश सूची लाने के लिए कमरे से बाहर गये ही थे कि उमा और माई कमरे में आए। वैसे माई पहले और उन्हें रोकने के चक्कर में उमा पीछे-पीछे। माई हँस रही थीं।

'यह उमा! प्यारी लड़की है!'

'हाँ! आपने बताया था।'

'इसको न—'

'मतलब शंकर को री ऽ!...शादी करनी है इससे—'

'फिर?'

'अनुमति! अनुमति लगती है न ऽ!'

'क्यों भई?'

'जाने भी दें ऽ!...आप रानी के बाग के बारे में बातें कर रहे थे?'

'हाँ!...मतलब नाटक—'

'नाटक ही!...इसका भी नाम उमा है—'

उधर अब दो परछाइयाँ, नीचे से छत को भेदती हुईं। एक निश्चल। एक बेचैन। वे संवाद अब सुनाई देते हैं।

एम. रमेश : आ गया?

शंकर : कल चला जाऊँगा! सुबह, इसलिए—

एम. रमेश : सुन रखा था कुछ आपके बारे में!...मेरा इंटरव्यू चल रहा है उधर, इसलिए! नहीं तो...!

शंकर : आपकी अनुमति चाहिए!

एम. रमेश : मेरी अनुमति? हा ऽ! (नाटक में होता है वैसा निषेधात्मक उद्‌गार!)

शंकर : ऐसा क्यों कहते हैं दादा!

एम. रमेश : अनुमति कैसी चाहिए?

शंकर : हमें शादी करनी है!

एम. रमेश : लड़की चुनते समय मुझे पूछा था...फिर अब?

शंकर : (आहत-सा) दादा ऽ!...अनुमति नहीं होगी तो मैं रुक जाऊँगा?... आपके बिना मैंने कुछ किया है क्या!

माई कुर्सी पर बैठी। उमा संकोच में, बेचैन-सी खड़ी ही।

'चलिए माई!'

'कहाँ?'

'भीतर चलिए!...आपकी तबीयत ठीक नहीं!'

'आप मेरा भी इंटरव्यू लीजिए ऽ!...वह समय बहुत अच्छा था!...सारा याद नहीं आता!...पर बहुत अच्छे थे नाटक!—मुझे पूछिए!'

'हाँ-हाँ! पूछूँगा न ऽ! यह हो गया तो—'

उमा ने माई को उठाया। वे अनिच्छा से ही उठीं। जाने लगीं। फिर रुकीं। मुड़कर देखा उन्होंने, माधव की ओर।

'आप अध्ययन कर रहे हैं? नाटक इत्यादि का?'

'हाँ!...मतलब चालू है अध्ययन—'

'फिर बताएँ! अभिनेता बड़ा कि निर्देशक?'

माधव को बहुत आश्चर्य हुआ। वह भौंचक-सा देखता रह गया, उनकी ओर। वह प्रश्न अनपेक्षित है। कुछ गूढ़ है। या किसी पहेली की तरह है। माई को उमा ने लगभग भीतर खींच लिया।

'चलिए माई!'

उधर कुछ खुसुरफुसर। कुछ चर्चा, कुछ मिन्नतें। थोड़ी-सी विनम्र दलील। आहत होना और थोड़ा गुस्सा होना।

एम. रमेश : बाकी सबके लिए पूछा! ये करूँ क्या, वो करूँ क्या—

शंकर : दादा—

एम. रमेश : यहाँ तो निर्णय लेकर मुक्त हो गया!...फिर क्यों चाहिए अनुमति।

शंकर : अनुमति लगती ही है!

माधव ने अलबम फिर देखा। 'बालमोहन' के फोटो। उसके बाद के फोटो। 'आनंद-संगीत मंडली' का फोटो। कुछ दुर्लभ फोटो। मनमोहन नामक बढ़िया अभिनेता का फोटो। स्त्री पात्रों के, अभिनेताओं के फोटो, उसमें कोई 'लीलावती' होगी?...और चौंकाने वाला सवाल। अभिनेता बड़ा या निर्देशक? आदमी बड़ा या ईश्वर?

तभी उसी दरवाजे से शंकर भीतर आया। वह शंकर ही होगा। बढ़िया युवक। उमा वहाँ रुकी, थोड़ी हताश, दीवार से टिक कर। माई भीतर गयी।

'मैं शंकर!'

'हाँ!...मैं...सुना है!...और कुछ...समझा भी!'

'कल मैं जाऊँगा! फिर छह महीने में आऊँगा!...अभी दादा अनुमति नहीं दे रहे हैं!...पर मैं फिर बात करूँगा उनसे—'

माधव कुछ हँसा। उसने कहा 'बैठिए न!'

'बैठो न!'

'मुझे बैठने के लिए क्यों कह रहे हैं?'

'मैं ठीक हूँ!...आप इंटरव्यू ले रहे हैं न दादा का?'

'हाँ!'

'उनकी अनुमति के बिना मैं—'

उमा दीवाल से टिककर उसी तरह खड़ी रही। वह घोषित तौर पर दुःखी लग रही है। लगता है यहाँ, इस अलबम में 'रानी का बाग' की उमा का भी ऐसा ही फोटो है।

'तू नाटक में काम करता है?'

'थोड़ा-सा!...पर दादा के कारण मैं हूँ!'

'उन्होंने अनुमति नहीं दी तो?'

'मैं रुक जाऊँगा!'

उनका निश्चय, कुँआरा निश्चय। उधर परछाइयाँ बदलतीं, मिटतीं, छत पर, दीवाल पर।

'माई ने पूछा मुझे, अभिनेता बड़ा या निर्देशक?...क्या?'

शंकर तक यह प्रश्न पहुँचा नहीं जैसे। अब वह निश्चल खड़ा। स्तब्ध। उमा निश्चल। स्तब्ध। उधर संवाद शुरू हैं। वे स्पष्ट नहीं हैं।

एम. रमेश : मेरा इंटरव्यू चल रहा है! दुनिया के लोग मुझे खोजते आ रहे हैं यहाँ, मेरे बारे में पूछने के लिए और आप लोगों का क्या चल रहा है?

माई : आप ही बताइए तो ऽ?

एम. रमेश : अजी ऽ, मेरा इंटरव्यू लीजिए। यह क्या कहते हैं आप...उन्हें?

माई : वह लेने वाला है मेरा इंटरव्यू! मुझे बताना है...मैंने भी देखा है!

एम. रमेश : देखा है।

माई : सचमुच, देखा तो है! मैं नहीं दे सकती इंटरव्यू?

एम. रमेश : देंगे!

माई : पर आपकी अनुमति मिलेगी नहीं!...अनुमति देनी नहीं है, टूटने तक तानना है, बाद में उसे उम्र भर...मार ही डालना है!...शंकर को नहीं देंगे आप अनुमति! शंकर ऽ! बाबा ऽ, कर डाल शादी! अरे क्या राह देख रहा है?...नहीं मिलेगी रे तुम्हें अनुमति!...मालूम है मुझे!...मुझे भी देना है इंटरव्यू! (नाटक की तरह क्रमशः संवाद उत्कंठापूर्ण होता जा रहा है, ज्यों किसी निर्देशक ने वैसे स्वर का क्रम निर्धारित कर दिया है।)

एम. रमेश : बस! बस ऽ!

फिर वहाँ, उस परदे के पीछे के 'नाटक' में कुछ उद्वेग, कुछ संताप, कुछ

आवेग, कुछ उद्रेक। परछाइयाँ तितर-बितर हो रही हैं। सम्भवतः माई थककर नीचे बैठ गयी होंगी। या भावना-विवश हो उन्हें चक्कर आ गया होगा। या उनकी तबीयत खराब हो गयी होगी। या वे वहाँ से जा चुकी होंगी। उनकी छायाकृति अब दिखाई नहीं देती। अब 'परदा' भर-दीवाल भर केवल एक-अकेली निश्चल, स्थिर, कठोर, तनकर खड़ी परछाईं। व्यापक, विस्तृत होती जाने वाली।

नाटक में जिस पर पात्र 'फ्रीज' होते हैं—स्थिर हो जाते हैं और फिर सजीव होते हैं, वैसा कुछ हुआ इधर। शंकर और उमा फिर 'सजीव' हो गये। उमा को पहले भान हुआ। उसने शंकर को खींचा। कहा, 'लगता है माई बीमार हो गयी हैं!' दोनों फिर जल्दी ही दूसरे दरवाजे से निकल गये। और दो ही क्षण के अन्तराल में एम. रमेश ने प्रवेश किया। वे गुस्से में थे। उनके हाथ में सूची होगी। पर वे जल्दी ही शांत भी हो गये। उन्होंने पाइप फिर खोजा, सुलगाया। गले में मफलर फिर शान से लपेटा।

'हूँ!...कतरनें देखी होंगी!...अब पूछो! माधव ने तुरन्त इंटरव्यू के लिए तैयार किए गये प्रश्न एक के बाद एक पूछने शुरू किए। पहला नाटक कौन-सा?... निर्देशन की ओर क्यों मुड़े, अभिनेता होने की वजह? उन्नीस सौ अमुक से अमुक तक यह रंगभूमि का स्वर्णकाल था क्या? कौन थे बड़े-बड़े अभिनेता आपके मातहत? आपने स्वयं 'आखिरी प्याला' का अलग इंटरप्रिटेशन क्या किया था? 'रानी का बाग' रांगणेकर ने किया है। आपने उन्हें मदद की या आपकी ही थी सारी रूपरेखा! और 'शादी का बंधन' और बापूराव माने? और के. नारायण राणे? और लीलावती? एम. रमेश यहाँ कुछ रुक गये। कुछ आश्चर्यचकित हुए। उन्हें अच्छा न लगा होगा।

'लीलावती?...उनका क्या?'

'कैसी थी? अभिनेत्री के रूप में!...यहाँ अस्पष्ट-सा उल्लेख है ग्रंथ में!...आप तो चलते-फिरते इतिहास हैं...!'

'वह एक अच्छी अभिनेत्री थी। मैंने उसको निर्देशित किया है—'

माधव बहुत आनंदित हुआ। मतलब, अब जो चाहिए था, वह धीरे-धीरे मिलने लगा है।

'पर उनका उतना नाम नहीं हुआ, जितना होना चाहिए था!...कहते हैं, उन्होंने उस कालखंड में नाट्य-प्रेमियों का दिल जीत लिया था!...अन्य अभिनेत्रियों के नाम ध्यान में रहे—उनका उल्लेख भी हुआ!...लीलावती के बारे में—'

'पर एक मनमोहन नामक अभिनेता में उलझती चली गयी!...सच तो यह है कि वह उसके योग्य नहीं था! उन्होंने, जैसा कि इस क्षेत्र में थोड़ा-बहुत होता है, वैसा प्रेम किया! उसका दंड उसे मिला! बाद में वह उपेक्षित रही!...अँधेरे के गर्त में फिसलती चली गयी!...उसे दंड भुगतना पड़ा।'

'पर ऐसी कैसी शिक्षा?...अपराध क्या?'

'अपराध?...वह विवाहित थी!...वह कालखंड ध्यान में लाइए।'

'लीलावती अब कहाँ रहती हैं?'

'मुझे बहुत जानकारी नहीं है! पर उन्होंने वह 'शहर छोड़ दिया,...उसी समय!–'

'उनके नाटक के बारे में, अभिनय के बारे में बताएँगे?'

'जरूर!'

भर्रायी आवाज में, काली आँखों से देखते, धुएँ की एक-एक तरंग से लीलावती के बारे में माधव को थोड़ी-थोड़ी जानकारी मिलती गयी, पर फिर एम. रमेश स्वयं की ओर मुड़ते। उन्हें अपने बारे में बोलना था।

'उनका फोटो या कोई जानकारी वगैरह?'

'नहीं! शायद कहीं कुछ नहीं मिलेगा!' माधव निराश हो गया।

'आपके पास भी नहीं?'

'मेरे पास भी नहीं!...जो फोटो हैं, वे सामने हैं!...बाकी कल दिखाऊँगा!...पर वे मेरे नाटकों के बारे में हैं!...उनके नहीं!'

कल का उल्लेख आया है, तो कल इंटरव्यू का दूसरा पड़ाव सुझाया जा रहा है। अब जाइए, यह भी सुझाया जा रहा है और हाथ में बहुत कुछ नहीं लगा है। वे कुछ वर्ष। कुछ तारीखें। कुछ नये नाम। कुछ पुराने नाटक। कुछ अलिखित इतिहास के पन्ने। काफी बुराई। कुछ आश्चर्यजनक जानकारियाँ। पर इस प्रपंच में लीलावती कहीं नहीं। वह मिली नहीं।

पर 'परदे के पीछे का नाटक' खत्म हुआ है। वहाँ अब परछाइयाँ नहीं। दीवार एकदम खाली। अब पात्र विंग में चले गये हैं। अब माई, उमा, शंकर कहीं भी नहीं हैं। उनकी भूमिकाएँ हो चुकी हैं। वे अब घर में कहीं नहीं हैं। आहट नहीं। अब निर्देशक अकेला ही बैठा ज्यों खाली मंच पर। नाटक अब खत्म हो गया है।

विदा देते समय 'कल आइए' कुछ उन्होंने आदेशात्मक ही कहा। विदा देते समय वे दरवाजे तक आए। उनकी परछाईं बहुत बड़ी हो गयी थी। माधव उस परछाईं में गुम हो गया क्षण भर। अस्त-व्यस्त, छोटे-से घर की ओर उसने फिर देखा। तब के लोग सचमुच नहीं हैं अब। परछाइयाँ नहीं। नाटक भी नहीं। वह लौट आया। दूसरे दिन सुबह ही वह चला आया। असली अध्ययनकर्त्ता-सा उसका व्यवहार नहीं था। दूसरे 'सीटिंग' के लिए वैसे तो उसे जाना चाहिए था। पर वह सुबह ही लौट आया। सुबह की गाड़ी में उसे शंकर भी दिखा नहीं। शायद वह पहले के किसी गाड़ी से गया होगा। हैम्लेट के बाप के भूत का गहरी भर्रायी आवाज में बोलना उसे सुनाई देता रहा।

कुछ दिनों बाद ही उमा उससे मिलने आयी खोजते हुए। उसके साथ एक वयस्क स्त्री भी। सूखकर काँटा हुई, दुःखी दिखनेवाली। माधव को बहुत आश्चर्य

हुआ। वह उस समय अधनंगा बैठा था घर में और एम. रमेश के इंटरव्यू के नोट्स देख रहा था। उसने जल्दी में भीतर जाकर कमीज चढ़ाई। स्वागत किया–'आइए' कहा।

'कैसे मिला पता?'

'आपने पत्र लिखा नहीं था, दादा को?'

'अरे हाँ! पर कैसे, अचानक?'

'इनके पास आयी थी! ये यहीं रहती हैं न, इसी गाँव में!'

'ये कौन?'

'माई की बहन लगती हैं।'

'अच्छा!' (आपको अनुमति मिल गयी?)

'यह आपको देना था!...माई ने दिया है!'

'मुझे? क्या है वह?'

'वैसे यह तो इन्हीं के घर में सुरक्षित था! आपको देने के लिए कहा! इसलिए आयी, लिया और हम चले आए!'

'पर क्या है वह?'

'दोनों चुपचाप बैठी रहीं, क्षणभर। फिर उमा बोली, 'माई ही लीलावती थीं, यह मालूम था, इंटरव्यू के लिए आने से पहले?'

'क्या?'

उसे विश्वास ही नहीं हो रहा था। वह देखता रह गया, कुछ देर।

'न...नहीं! सच?'

'फिर आप बिलकुल सही जगह कैसे आ गये?...संयोग?'

'हाँ! एम. रमेश का नाम पढ़ा था!...उस जमाने के आखिरी प्रतिनिधि के रूप में।'

'पर माई को लगा, आपको उनका ही इंटरव्यू लेना है!...क्योंकि उनका विश्वास था कि कोई न कोई जरूर ध्यान देगा, इसलिए!...वे भूल जातीं!...बीमार थीं!...उन्हें सजा ही मिली ज्यों!...फिर चली गईं!'

'गईं?'

'गुजर गईं!...इसमें उनके लीलावती के नाटक के फोटो हैं पुराने! कतरनें हैं, पत्र हैं! बचा हुआ सब कुछ दादा ने फाड़ डाला था! यह इनके पास सुरक्षित था!...इंटरव्यू नहीं ले सके, वे बोलीं, इनका कुछ कीजिए!'

माधव बैठा रहा, कुछ बधिर-सा। उमा भी उसकी ओर देखती रही शांति से और आँखों से आते पानी को लौटाने की कोशिश में। फिर बोली–

'उन्हें मंच के बारे में अपार प्रेम था!...वही छिन गया!...बाद में वे बहुत छटपटाती रहीं!...लीलावती के रूप में उनका अस्तित्व ही पुँछ गया!...ये ही बचे हैं,

कुछ फोटो!...आप तक पहुँचाने के लिए कहा है!...इसलिए आयी हूँ!'

वे दूसरी स्त्री कुछ हरकत में आईं। बोलीं–

'और वह बताओ न, उमा!...क्या कहा वह?'

'हाँ!...बोली, पूछिए अभिनेता बड़ा या निर्देशक?'

माधव अवाक् हो गया। अभिनेता बड़ा या निर्देशक? आदमी बड़ा या ईश्वर? सच तो यह है कि नाटक बड़ा, जीवन बड़ा, उसने मन ही मन कहा, स्वयं से और वे फोटो और कागज उसने स्वीकार किए। सच तो यह है कि लीलावती की खोज पूरी हुई, सच यह भी है कि लीलावती की खोज शुरू हुई। लीलावती गईं और नाटक समाप्त। अब दीवालों पर छायाकृतियों का खेल नहीं होगा। अब दीवाल पर नाटक नहीं होगा। अब निर्देशक अकेला है। पर वहाँ नाटक नहीं, उसके पास और यदि कहा कि नाटक समाप्त हुआ तो सच तो यह है कि नाटक कभी समाप्त नहीं होता। माधव ने फिर मन ही मन कहा और उसकी आँखें थोड़ी भर आईं। उमा की ओर और उस लिफाफे की ओर देखते समय लीलावती के देहांत के बारे में पूछने का और शंकर के बारे में पूछने का तय करते समय हैमलेट के बाप के भूत का स्वगत मस्तिष्क के बहुत गहरे गर्त से बाहर आकर माधव को सुनाई देने लगे–

'...मुझे मनाही है अपने
कारागृह की गोपनीयता बताने की
नहीं तो, ऐसी कहानी सुनाई होती कि
जो तुम्हारी आत्मा को छेद देती ऽ...'

अभिनेता बड़ा नहीं, निर्देशक बड़ा नहीं, नाटक बड़ा होता है। आदमी बड़ा नहीं, ईश्वर बड़ा नहीं, जीवन बड़ा होता है। माधव ने कहा, स्वयं ही, स्वयं को और–'लीलावती' की कहानी जिस लिफाफे में बंद है, उस लिफाफे की ओर वह देखता रहा। उसे महसूस हुआ, नाटक खत्म नहीं होता। वह तो अभी शुरू हुआ है।

जादू

बारिश हो रही है। बहुत ज्यादा नहीं। रिमझिम। चारों ओर दमघोंटू, गीला-गीला, मटमैला, उबाऊ, सुस्त-सा वातावरण हो गया है। कोई हलचल नहीं। भागमभाग नहीं। किसी चीज में कोई जान नहीं। पहले ऐसा नहीं था। पब्लिक खुश रहती थी। कद्र करती थी। अधिक नहीं पर थोड़े-थोड़े पैसे इनाम के रूप में जेब से निकालती थी। रेजगारी जमा होती। अब पब्लिक में जान नहीं है। अब पब्लिक हँसती नहीं है। अब पब्लिक टीवी देखती है। इस कारण उधर ही रहती है। यहाँ मनोरंजन किया तब भी सुस्ती नहीं जाती। अब नहीं जाती। चारों ओर कैसा काला-कबरा, सुस्त, मटमैला वातावरण हो गया है। बारिश हो रही है। बहुत तो नहीं। रिमझिम। हल्की-हल्की। आवाज न करती हुई। मालूम न होते हुए। जल्दी न मचाते हुए। चिपचिपी। जिद्दी। जादू में अब पब्लिक खुश नहीं। 'तहसीलदार' बैठे हैं अब कुर्सी पर। उसके पीछे कर्मचारियों की कतार। कर्मचारी धूमिल, निरुत्साही, न हँसने वाले, दुःखी लगने वाले। निजामशाही के काल से पुरानी कबरी-काले रंग की जालीदार कमानी की इमारत। बीच-चौक। सब पर, सभी इमारतों पर, सब पर राहू के केंद्र से प्रसारित होने वाला काला जादू ज्यों पसरता जा रहा है।

तहसीलदार के सामने इब्राहिम जादू का खेल दिखा रहा है। हँसी-मजाक करता है। पर कोई ठीक से हँसता नहीं। उसने चपरासी को बीच में खड़ा किया। उससे कहा, घबराओ नहीं। उसकी नाक से रस्सी बाहर खींच कर दिखाई। रस्सी निकल ही रही है, इब्राहिम खींच ही रहा है। रस्सी का बंडल तैयार हो गया। शायद ही कोई हँस रहा है। बाकी सब उदास-से देख रहे हैं। उन्होंने पिछले मौसम में भी इब्राहिम से जादू का खेल देखा। उन्हें अब मजा नहीं आता। पर उससे अधिक उन्होंने जीवन का जादू देखा है। थोड़े से मेहनताने के बदले में निरर्थक, व्यर्थ, पहाड़-सा काम किया है। वे थक गये हैं। उनके जीवन में समस्याएँ हैं। महीना समाप्त होने आया है। जादू की तरह जेब की रकम गायब हो गयी है। हाथ का सिक्का या रूमाल के भीतर का अंडा गायब हो जाए, वैसी उनकी हँसी गायब हो गयी है। चारों ओर काला, चितकबरा, उबाऊ वातावरण है। इब्राहिम ने पहले क्लर्क को फाँसी देने का नाटक

किया। दो को रस्सी खींचने के लिए कहा। फाँसी लगी नहीं। सच तो यह है कि तालियाँ बजनी चाहिए थीं, पर बजी नहीं। तहसीलदार हँसे नहीं। वे ऊब गये हैं। जादू में मजा ही नहीं बचा। इब्राहिम जी-तोड़ कोशिश कर रहा है।

इब्राहिम ने अब अन्तिम उपाय के रूप में सुरक्षित खेल शुरू किया। उसने तहसीलदार साहब की अँगूठी माँगी। यह खेल भी नया नहीं था। पिछले मौसम में इब्राहिम ने दिखाया था। उसके पहले मौसम में इब्राहिम के पिता ने दिखाया था। तहसीलदार साहब ने अँगूठी निकालकर दे दी। इब्राहिम ने गले का काला रूमाल झटका, सबकी ओर नाटकीयता से देखा, फिर वह चिल्लाया, 'पीर ऽ सा ऽ की बर क ऽ ऽ त!' बाद में, उसने अपने पंथ की अन्य कुछ ललकारपूर्ण पुकार लगाई। उसकी मदद करने वाला लड़का भी उसके साथ-साथ चिल्लाया, इस कारण तहसील कार्यालय की पुरानी ऊब भरी इमारत की खोह में आवाज गूँज उठी। कुछ चमगादड़ उड़े। बस इतना ही। इब्राहिम ने लड़के को अँगूठी दी। बोला–

'बड़े साब की अँगूठी है!'

'जी है!'

'कागज में बाँधो!'

'बाँध दिया!'

'फेंक दो!'

लड़के ने आश्चर्य के हावभाव किए। साहब की अँगूठी फेंक कैसे दें ऐसी बात उसने अपने हावभाव और अभिनय से सबसे पूछा। इब्राहिम ने उसके कान पकड़े। सामान में से काला पड़ा चाँदी का ताबीज बाहर निकाला। लड़के पर वार दी, अँगूठी को लगाई, फिर बोला–

'अब फेंक दो!'

'किधर?'

'उधर...कचरे के ढेर में...'

लड़के ने कागज की पुड़िया सचमुच फेंक दी। तहसीलदार अपनी ही जगह पर कुछ तन गया, आँखों में कुछ भाव उभरे। कर्मचारियों में थोड़ी-सी खलबली। पर इतना ही। सारे कुतूहल से अगला खेल देखने लगे। इब्राहिम ने घबराने का नाटक किया। अँगूठी फेंकने के लिए कहा तो सही, पर तहसीलदार साहब की अँगूठी क्या इस तरह फेंकी जाती है? अब वह कैसे मिलेगी? तुम्हें और मुझे तहसीलदार साहब की नौकरी करनी पड़ेगी...आदि...आदि वह बड़बड़ाने लगा। पर यह भी पुराने कर्मचारियों के लिए नया नहीं था। एक नया कल ही लगा क्लर्क सारी उम्र का आश्चर्य आँखों में भरकर देखने लगा। आसपास की पब्लिक विशेष रूप से बुलाकर लाई गयी थी। वे लोग नीचे बैठे थे। उन्हें कुछ उत्सुकता थी। राशनकार्ड माँगने के लिए आए काफी मुसलमान और उनकी गंदे बुरखे में काली बीवियाँ भी कुतूहल से

देख रही थीं। वे कुछ हँसीं। उस हास्य पर रिमझिम बारिश उतर आयी। चारों ओर दमघोंटू, काला-चितकबरे, राहू की जादू की तरह, पोटली के काले कपड़े-सा वातावरण पसरता रहा। इब्राहिम ने अपनी बड़बड़ाहट पर लगाम कसी। बाद में निर्माण हुए 'सस्पेंस', उत्सुकता खींचते हुए उसने पोटली से एक अंडा बाहर निकाला, सबको दिखाया, सामने खड़े क्लर्क के हाथ पर रख दिया। ब्राह्मण होकर अंडे को हाथ लगाता है, यह विनोद किया। बाद में, एक चपरासी को अंडा फोड़ने को कहा, उसमें से अँगूठी निकली। सारे हैरान रह गये! तहसीलदार ने जादू का यह खेल पहले भी देखा था, फिर भी उन्हें आश्चर्य हुआ। इब्राहिम ने पानी से अँगूठी धोयी। पोंछी काले रूमाल से। अत्यंत अदब से, झुककर उसने अँगूठी तहसीलदार के सुपुर्द की और जोर से चिल्लाया, 'पीर सा की बरकत!'

यह अन्तिम खेल था। सबसे बड़ा। चकित करने वाला। खुश करने वाला। इसके पहले छोटे-छोटे काफी खेल किए। जीभ काटकर दिखाई। लोहे की कड़ियों से कड़ियाँ निकाल कर दिखाईं। अब कृत्रिम फूलों का एक नया खेल आया है। आदिलाबाद से आए चचेरे भाई ने सिखाया था। नया खेल सीखने के लिए कुछ विधि करनी होती हैं। चाहे वह भाई ने ही सिखाया हुआ क्यों न हो। बकरा नहीं मिला तो कम से कम मुर्गा काटना होता है। कुछ उपासना की तरकीब। कुछ मंत्र अवगत करना। कुछ दस्तूर, कुछ रीति-रिवाज, गोपनीयता की शपथ। पीर ऽ सा ऽ का वास्ता। एक छोटी-सी नली से ढेर सारे कृत्रिम फूल निकालना। वे पहले ही उसमें ठूँस-ठूँसकर भरे होते हैं। उधर ही तैयार होते हैं, आदिलाबाद में। मंच पर कार्यक्रम करने वाले बड़े जादूगर यह खेल दिखाने लगे हैं। उनकी बात अलग है। उनके पास पैसा है। तरकीब है। आयोजन है। उन्हें इस तरह दर-ब-दर भटकना नहीं पड़ता। उन्हें पंथ के दस्तूर नियमों का डर नहीं। फिर भी वे अपने भाई-बंद ही हैं। राहू की उपासना के सहयात्री।

तहसीलदार बोले—

'कितने दिन वही-वही खेल दिखाते रहोगे? कुछ तो नया ला! तुम्हारा यह अँगूठी वाला जादू अच्छा है, पर भंडाफोड़ होगा एक दिन!'

इब्राहिम काँप गया। उसे डर लगा। जादू के खेल का रहस्य-भेद यानी मौत। फजीहत। भारी फजीहत। शर्म से जादूगर जमीन में समा जाए।

'नहीं जी, आपके राज में ऐसा क्यों होगा?'

तहसीलदार ने उसे दस का नोट निकालकर दिया। इब्राहिम ने माथे से लगाकर, पेट से लगाकर और माँगे। तहसीलदार ने और दस रुपये दिए। फिर वे उठकर भीतर चले गये। शेष कर्मचारियों ने थोड़े-थोड़े सिक्के इब्राहिम की टोपी में डालने की शुरुआत की। पैसे देने में उत्साह नहीं था। तहसीलदार के उठकर जाने के बाद तो उत्साह खत्म ही हो गया। राशनकार्ड माँगने आयी उदार जनता ने इब्राहिम

को कुछ नहीं दिया। पर कल लगे नए क्लर्क ने दो रुपये दिए। फिर बारिश होने लगी। कर्मचारी उठकर काम पर चले गये। इसका यह मतलब नहीं कि उन्हें काम का उत्साह था। पर उन्हें सफेद पर काला करना था। भीतर के कमानदार, प्राचीन कमरे अँधेरे में घिर गये। वहाँ थिर-जमे हुए, ऊबा हुआ प्रशासन अपनी गति से रेंगने लगा, बिलबिलाने लगा, धीमी गति से सरकने लगा। इब्राहिम ने अपनी चीजें उदास मन से समेटनी शुरू कीं। जादू की छड़ी, बड़ी हड्डी, खोपड़ी, सिंदूर और काजल, काले कपड़े की थैलियाँ, धातु के गोले, पीतल के कड़े, बाघनख, उल्लू के पंख, कौड़ियाँ, नीबू, छुरी, बेंत की टोकरी, कबूतर, रस्सी के बंडल, तुमड़ी, बांसुरी, डमरू, बड़ी काली चादर, देवी-देवताओं की तस्वीरें। सब पर अब पानी उतरने लगा, आकाश से। लड़के को उसने इशारा किया, पोटली कांधे पर टाँगी। मतलब दो घंटे जी-तोड़ मेहनत से दिखाए करतब के केवल पचीस रुपये।

पुरानी कमान से, तहसील कार्यालय की इमारत से बाहर आये तो लाल साहब और उनका भांजा प्रतीक्षा कर रहे थे। उन्होंने बँधा ऊँट छोड़ दिया, वे दोनों इब्राहिम के साथ चलने लगे। गुजराती मुसलमान से कुछ ऊँट लाए हैं। उधर बारिश नहीं हुई। एक ऊँट के साथ दो-तीन होते हैं। ऊँट नीम के पत्ते खाते हैं। लड़कों की सवारी मिल गयी तो आठ आने में गली का एक चक्कर हो जाता है। गले की घंटी बजती है। घुँघरू बजते हैं। थोड़ी कमाई होती है। पर ऐसी सरकस करना उनका उद्देश्य नहीं। जानवर को जिलाना, स्वयं भी जीना यह उद्देश्य है। पंथीय ताना-बाना, सूत्र एक-दूसरे की पहचान के लिए काफी है। एक-दूसरे की मदद से, साक्षी से, साथ कुछ दिन रहना और अगला गाँव। फिर अगले मौसम में आना है। लाल साहब इब्राहिम की बिरादरी के ही।

'कुछ हुआ?'

'नाय!'

ऊँट चलने लगा। इब्राहिम और उसका साथी लड़का चलने लगा। लाल साहब चलते रहे। बारिश होती रही। राहू के केंद्र से प्रसृत होने वाला काला जादू सब पर, सब लोगों पर पसरता रहा। धीमे-धीमे।

जहाँ वे रुके थे, वह तो एक गंदी धर्मशाला। मतलब उस इमारत के सामने के मैदान में उन्होंने मोटे कपड़े का पार्टिशन बनाया था। ऊँट वहीं बाँधे थे। एक अलाव वहीं। एक बकरी। एक कुत्ता। दो लंगड़ी घोड़ियाँ। एक ट्रांजिस्टर। उसमें से बाहर आता गाना। रोटी की गंध। दारू की भी कुछ। वहीं नीम का एक पेड़ है। आधे चाँद से उतरता थोड़ा-थोड़ा चंद्र प्रकाश पेड़ों से छन कर तंबूनुमा पार्टिशन पर जालीदार नक्काशी फैला रहा है। बाकी सब ओर अँधेरा है।

इब्राहिम की बीवी ने लालटेन धीमा किया। उसने पति को चिंता से देखा, 'काय को रोता है—चुप बैठ!'

'रोता नै मैं—रोता नै—'

उसने गुस्से से कहा। फिर उसे बताया जो बात हो गयी। वैसे सारी बात उसे बताना आवश्यक नहीं। मर्दों की दुनिया में उसे कमाना है और इसे साथ देना, सहना है। उसकी मार भी खानी है। उसका शौक पूरा करना है। पर वह सहयोगिनी भी है ही। वह जादू में भाग लेती है। सीखती है, सिखाती है। इसालिए उसने उसे बताया। वह ध्यान से सुनती रही। उसका कहना था कि अब पहले-सा मजा रहा नहीं। अब खुले हाथों से नहीं देते। हाथ ढीला नहीं छोड़ते। अब पोसाता नहीं। शायद उन्हें। शायद हमें। उनका तो ठीक है। मस्त जीते हैं...पब्लिक टी. वी. भी देखती है! जलेबी भी खाती! उनका ठीक है।...पर हमारा क्या? सारी जिंदगी तो इसी हुनर पर है। वह भी ठीक नहीं हुआ तो?...कैसा होगा?...उसके पास उत्तर है, ऐसा भी नहीं। 'पीर ऽ सा ऽ का वास्ता ऽ' और 'मालिक पर भरोसा' यह उसका कहना। पर उसने भी घुमक्कड़ी की है। उसका बाप भी जादूगर ही था। उसने भी साधना की है। शादी के बाद प्रत्यक्ष 'दहेज'-सा कुछ नहीं होता, पर तरकीब सिखाई जाती है, दामाद को। वैसे कुछ नई तरकीबें उसने भी सीखी हैं, इसके पास। उसका पिता बाद में, 'अल्लावाला दरवेश' होकर चला गया है। उसे मालूम है, बुल्लेशाह के पाकिस्तान की दरगाह से गुजरात के रास्ते यहाँ तक बहुत बड़ी जमीन फैली है—विस्तीर्ण। चिंता क्यों करनी है? हो जाएगा, निभ जाएगा सब। पर नई तरकीब सीखनी चाहिए यह सच है। दुनिया बदल रही है। हमें भी बदलना होगा 'हुंचा' ने हर बार पहनावे में परिवर्तन किया है और परिवर्तन स्वीकार किया है। ('हुंचा'—मुस्लिम जादू परम्परा का आप जादूगरों में से एक। यह 'चार दरवेशों' में से भी एक है। इसने कुछ नियम बना दिए हैं।) हमें भी नया सीखना चाहिए, तभी निभेगी। हमारे पिता ने यही सिखाया और दुनिया में छोड़ दिया, इस आदमी के साथ। उसने आशावाद सिखाया और चुनौती भरे हालातों में संघर्ष करना सिखाया। और यह पति-मर्द हाथ-पैर ढीले कर बैठा है।

'होगा ऽ! कुछ न कुछ!...मरद है तू!...इत्ती बड़ी दुनिया—'

वह समझाती रही। वह समझाना सभ्य, उचित, संयत जैसे शब्दों में नहीं था, पर सारांश यही कि धीरज नहीं खोना चाहिए। हमें भी अच्छा जीवन मिल सकता है। पर नया हुनर सीखना पड़ेगा। नया प्रयोग सीखना पड़ेगा, यह सच है।

वह सहमत था भी और नहीं भी। मतलब वह सिखा रही है, इसलिए दोयम स्थान लेने के लिए वह तैयार न होता। कारण पुरुष का अहंकार। गालियाँ देते बड़बड़ाने लगा। दूर-दूर तक अँधेरा। पार्टिशन के बाहर और भीतर भी! और कुत्ते भौंक रहे हैं...अन्न की गंध, दारू की भी। दो लंगड़ी घोड़ियाँ, दो-एक गधे, ऊँट उस पार, कुछ दूरी पर कुछ तंबू। वहाँ भी दुःख की कहानियाँ। आदिम भटकन और संघर्ष की कहानियाँ। वह उसकी गालियाँ निर्विकार सुनती रही। क्योंकि वह सारा निरर्थक

और वेदनापूर्ण है, यह उसे मालूम था। अर्थपूर्ण बात पूरी हो चुकी है। मतलब यह है कि नया हुनर सीखना होगा। नई कला सीखनी होगी, नया नुस्खा जान लेना होगा तभी निभ सकेगा। क्योंकि, दुनिया बदलती जा रही है...यह कहता है वह सही ही है।

बाहर कुत्ते भौंक रहे हैं। 'लाल साहब' ने पुकारा है और पंथीय गर्जना की है। इब्राहिम ने भी, 'पी ऽ र सा ऽ-' की घोषणा की। हड़बड़ी में उठ बैठा, स्वागत किया, ठिगने-से तंबू में लाल साहब शांत बैठा रहा, ज्यों कुछ निर्णय लेकर आया हो। उसने आते ही बताया कि वह कल सुबह जाएगा।

'हम तो चले ऽ...हम जाएँगे अब–'

'जाएँगे?...कहाँ?'

'तय किए रास्ते से ही!...हुंचा के नियम नहीं बदल सकते -'

'सच है–'

'पर वापस जाएँगे! गुजरात-राजस्थान!...फिर पाकिस्तान बॉर्डर!...बुल्लेशाह की दरगाह!...'

'और? हौर?'

'और उसकी मजार पर भी जाएगा!...फिर वो आखिरी मुकाम!...अब ये झमेले में पड़ना नहीं–'

इब्राहिम काँप गया। लाला साब क्या कह रहा है, यह उसके ध्यान में आया। हर जादूगर की अन्तिम इच्छा होती है। एक बार उसकी 'मजार' पर जाएँ। आप जादूगरों में से एक। परम्परा बनाने वाला। खड़ा काम करने वाला। उसका दर्शन लेना है। उसकी तो कितनी ही कथा सुनाते हैं। रेत का तूफान शांत किया। दुखद भविष्य के राक्षस को (फातेस को) बंदी बनाया। उसी ने काला वाला (राहू) की उपासना प्रचलित की। और कुछ मंत्र बताए। वह 'हुंचा' का शिष्य था। प्रत्येक जादूगर को उसकी मजार पर जाना होता है। वह अन्तिम ध्येय.। पर उसका नाम नहीं लेना है। पर, वहाँ जाने पर उसे 'अल्लावाला' होना होता है। या वैसी इच्छा तो होती ही है। लाल सब वहाँ जाएँगे। हमने तय किए मार्ग से कालक्रमण करते हुए, जादू का खेल दिखाते, पैर घिसते-घिसते मर जाएँगे।

'नसीब वालों ऽ! जा ऽ ओ!...हमको मरने दो इधरीच!'

'क्यों...क्या हुआ?'

'क्या होना है?...होना है वह तुम्हारा? हमारा क्या?...हम तो ऐसे ही मरेंगे ना!...'

'ठीक से बताइए!'

उसने बताया। बताया कि पब्लिक जादू पर खुश नहीं, उतनी। बरकत नहीं होती। कमाई नहीं होती। भटकने को हमारा वंश डरता नहीं, पर कुछ परिवर्तन करना होगा। हमारी तरकीब, हमारा जादू स्टेज के जादूगर उड़ा ले जाते हैं, वाह-वाह हासिल

करते हैं। हम ऐसे ही रह गये। नया नुस्खा सीखना चाहिए। फिलहाल हमारे हालात ठीक नहीं। पुरानी जादू की चतुराई अब बच्चे पहचानने लगे हैं। इससे अधिक जादू के लिए शर्म की और क्या बात होगी?

नया प्रयोग सीखना सरल बात नहीं होती। उसके लिए रुकना पड़ता है। बारिश में महबूब नगर में जादूगर लौटते हैं। वहाँ पंचायत है। वहाँ शादी-ब्याह की बैठकें होती हैं। वह नये प्रयोग सीख सकते हैं। लेना-देना वहाँ चलता है। बंद दरवाजे के भीतर। विधिपूर्वक, शपथपूर्वक। कहते हैं, पहले गोपनीयता को भंग करने पर सिर उड़ा देने की सजा हुआ करती थी। (क्योंकि राहू को 'काला वाले' को सिर्फ सिर ही है।) अब वैसी नहीं है, फिर भी सजा तो होती ही है। पर वहाँ भी आसन नहीं है। लेना-देना पड़ता है। गजब का देना हो तो गजब का माँगा जाता है। तभी नया प्रयोग, नया नुस्खा दिया जाता है। उसमें बुजुर्गों की अनुमति, पंथियों की मान्यता, उपासना, अल्लाह का निरंतर स्मरण, ये सारा कुछ आता है, पर यहाँ अब इतना समय नहीं है। अभी तो जीने की चुनौतियाँ ही उग्र रूप धारण कर चुकी हैं।

लाल साब ने विचार किया। उसकी ओर देखा। वह भी उनकी ओर अपेक्षा से देख रही है, मंद प्रकाश में, प्रखर आँखों से, वह कुछ हिचकिचाया, पर फिर बोला—

'देखो भैया, हम तो चले!...हम अल्लाह की यात्रा पर जा रहे हैं!...अब फिर मुलाकात होगी या नहीं, पता नहीं!...जीने की हमारी चुनैतियाँ भी बहुत उग्र हैं!...मारे-मारे फिरते रहने पर मौत भी आ सकती है!...अजमेर दरगाह की यात्रा पिछली बार पैदल ही की थी, तो एक बार मौत करीब से निकल गयी!...तो बताने की बात यह है कि मुझे मुसा मिला था!...'

'इब्राहिम और उसकी बीवी तन गये अचानक।'

'म...मुसा?'

'दस मील पीछे है! आज कल में आएगा!...'

'उसका क्या?'

'उसके पास नया प्रयोग है। नया नुस्खा है!'

मुसा दूसरे पंथ का है। उसकी यात्रा का मार्ग अलग है। वह भी जादूगर है। उसका और अपने जादूगर अब्बा का झगड़ा हुआ था। कारण यही थी-ये पास बैठी—काली रांड। पर उसका सही था। उसने हमसे शादी की।

'क...कैसा नया प्रयोग?...सब कुछ नया है क्या?...ईमान से?...'

'हौ...! खाली रूमाल से कबूतर निकालता है!...सबको दिखाता है, पहले रूमाल! दस्ती खाली रैती!...फिर उसमें से कबूतर निकलता है!...सबकी आँखें सफेद फक्क हो जाती हैं!'

'देखा?'

'हौ!...देखा! स्वयं देखा!...हौर इत्र भी सूँघता!...जी चाहे उस इत्र की गंध उड़ा

सकता है!...गुलाब बोले तो गुलाब!...चमेली बोले तो चमेली!–'

'वो कैसे?'

'ये दोनों प्रयोग माँग लीजिए!...दस्तूर से!'

'देगा वह?'

'दस्तूर से माँगो! उसूल से देना पड़ेगा ऽ'

बाद में गहरी साँस लेते हुए 'लाल साब' ने विदा की भाषा का उच्चार किया। पुरानी यादें ताजा कीं। इनके पिताजी के (वे भी जादूगर थे) हाथ चालाकी के खेल होते। इब्राहिम के 'अब्बा' के...उनका जेल में ही देहांत हो गया। बखेड़ा जरूर हो गया था, पर वे क्या अकेले ही जिम्मेदार थे? मेहबूबनगर की बस्ती (अब वह बड़े शहर का परगना हो गया है, पर वहाँ अब भी मोहल्ला है, मिट्टी के घरों का। वहाँ बारिश में आज भी बिरादरी वाले, पंथीय जादूगर एकत्र आते हैं।) इब्राहिम की शादी इत्यादि। फिर कहा, अब मुलाकात होगी नहीं फिर से। अब लौटना है। पर आप परम्परा से चली आ रही दस्तूर का पालन, निर्धारित मार्ग से कालक्रमण करते हुए जिंदगी की जादू देखते जीते रहें। खुदा हाफिज!

तुरन्त, बारिश होने लगी। चारों ओर गीला, पिचपिचा वातावरण। तंबू में थोड़ा चूने लगा था। हवा से हिलने लगा था। ऊँट बेचैन हुए। गर्दन हिलाने लगे। उनके गले की घंटियाँ बजने लगीं। वह देखती रही, उन दोनों की ओर। विदा लेते हुए, आलिंगन देते हुए। फिर उसने पोटली और जादू भीगेगा नहीं इसका ध्यान रखा। --वो एक सफेद दीवाना पक्षी। वह न भीगे। रस्सी न भीगे। लोहे का सामान, यानी गोला, कड़ियाँ भीग गये तो चल जाएगा। रूमाल न भीगे। रंगीन, आदिलाबाद वाले फूल भीग गये तो लोटे की नली में समाएँगे नहीं। फिर कल का खेल कैसे होगा? उसकी जल्दी चलती रही। कुत्ते भौंकते रहे। राहू के केंद्र स्थान से प्रसृत होने वाला काला-कबरा-मटमैला जादू चारों ओर पसर रहा।

बगल में रहने वाले उनके चचेरे भाई ही मिलने आए, सुबह। वे भी जाने वाले हैं। क्योंकि, एक गाँव में ज्यादा जादूवाले टिकते नहीं। उनके भी बुरे अनुभव हैं। उनके खेल में भी आजकल रंग नहीं भरता। सड़कों पर भीड़ जमा नहीं होती। किसी कार्यालय में जाकर प्रयोग करें तो इस गाँव में कार्यालय ही कितने हैं?...अब यहाँ रहना नहीं।...चलो, वापस चलो!...इनके पास ऊँट नहीं हैं, पर घोड़ियाँ हैं। उनके थैले, बोरे भरकर तैयार हैं। पुसाता नहीं। जीना मुश्किल हो गया है। इब्राहिम रहने वाला है और आगे चलते रहने वाला है। उन्हें ये मिलने आए हैं।

दोनों बैठे हैं। उनके भी मन में कुछ तो है। पंथीय संबोधन देकर उन्होंने कहा, 'ताश के दो हाथ हैं!...लेंगा क्या?'

पत्तों के काफी खेल पास में हैं। पर अधिक से अधिक खेल पास में रखना होता है। पर, वह बहुत मुश्किल है। उसमें फँस जाने की सम्भावना होती है। पर

बच्चों के सामने ठीक है।

'क्या है?'

उसने कहा। इब्राहिम ने विचार किया। यह खेल उसके पास नहीं है। यह आम पब्लिक के लिए है। 'टाइम पास' का प्रयोग है। रानी रखनी है। उस पर 'बाश्शा—रखना है। अश्लील मजाक करता था। वैसे यह सब पब्लिक देखकर। फिर, रानी जरा ज्यादा...कहते हुए आगे बोलता कि 'बाश्शा' इस कारण भाग गया है। फिर सारे पत्ते दिखाता। 'बाश्शा' उसमें नहीं। वह सचमुच भाग गया है (वह कोट की बाँह के भीतर इलेस्टिक से बँधा है।) पब्लिक हँसती है। प्रयोग अच्छा है।

'क्या बोलता?'

दस्तूर तय है। विधिवत् गोपनीयता का भंग कर खेल दिखाया जाता। उसकी कीमत देनी होती है। शपथ लेनी होती है। राहू का मंत्र कहना होता है 'हुंचा' की शपथ, अल्लाह की सौगंध। और फिर कुछ विधि।

'तू बोल!'

'ज्यादा नहीं। दस रुपिया, मुर्गा और खंबा ऽ ऽ...'

'मंजूर!'

दूसरा चचेरा भाई जरा नाराज हो गया। इतनी सहजता से इब्राहिम ने कबूल कर लिया है। सौदा शायद ज्यादा ही सस्ता हो गया।

'माँ की...!...ज्यादा तो बोलना था ऽ...' पहले ने हँसकर कहा—

'अपने ही हैं!...क्या बोलना?...पीर ऽ सा ऽ का वास्ता ऽ!...पीर ऽ सा ऽ की बरकत ऽ!'

इब्राहिम, उसकी बीवी, सभी ने छोटे-बड़े उच्च स्वर में—निश्चयपूर्वक उस दूरस्थ 'पीरशाह' की दुहाई दी। शायद इससे जीना सरल हो जाए।

सच तो यह है कि पहले उसने मुसा को देखा। कमानी के नीचे से, 'नूरानी' गेट से वह आ रहा था, ऊँट के साथ। एक घोड़ा भी था। दो सहायक लड़के भी। उनमें से एक युवा है। एक ज ऽ मुरा होगा। मुसा वैसा ही है। काला, उग्र, कठोर। लगभग एक आँख वाला। काले कपड़े में। वह धीरे-धीरे शहर में प्रवेश करता है।

इब्राहिम ने उसे देखा नहीं है। वह अपने खेल में मग्न है। उसने एक रुपये के सिक्के को रस्सी की गाँठ लगा दी है। वह बड़बड़ाने लगा है। बता रहा है कि मैं कुछ 'मदारी' नहीं। मैं पेटार्थी भिखारी नहीं। मैं जादू की दीर्घ परम्परा चला रहा हूँ। अपनी परम्परा 'रेगिस्तान' से आयी है। चौदह सौ पालकियाँ आईं। संत आए, उनके साथ हम भी आए, करतब दिखाने। परन्तु, हेतु? हेतु, अल्लाह का स्मरण है। भगवान का स्मरण है। मंदिर-मस्जिद का, राम-रहीम का स्मरण कीजिए। और इस रस्सी की ओर देखिए। ज्यादा पब्लिक जमा नहीं हुई। पाँच-दस। वे रस्सी की ओर देख रहे हैं। यह जादू है। पर 'हाथ की सफाई' है। माई-बाप, जादू आता तो पैसों

की बरसात न की होती? तो देखिए, कद्र कीजिए—इस जादूगर की। साथी लड़का साथ दे रहा है। सवाल-जवाब कर रहा है। थोड़ा असभ्य, थोड़ा अश्लील, थोड़ा आध्यात्मिक-सा बोलना चल रहा है। और वह मुसा को देख रही है।

मुसलमान जादूगर अपनी बीवियों को सड़कों पर नहीं लाते। पर वह उपस्थित हो सकती है। वह पूर्व तैयारी कर देती है। मदद करती है। हाथ-सफाई करती है। ध्यान रखती है। वह अब मुसा को देख रही है। नहीं, अभी मन में कोई हलचल नहीं।

मुसा धीरे-धीरे चलते आता है, ऊँट के साथ। धूप है। सड़क उखड़ी हुई है। परम्परागत पुराने मकान। मिट्टी के, कुछ पत्थरों के। कुछ जमा लोग। उन्हें कोई काम-धाम नहीं है। और वे तंग आ चुके हैं। जादू में भी उन्हें कोई रुचि नहीं है। यह जादू कल भी देखा है। नया कुछ नहीं। इब्राहिम बांसुरी बजा रहा है। रुक कर कुछ कह रहा है और फिर उसका ध्यान मुसा की ओर जा रहा है।

इब्राहिम रुक गया। उसके हाथ थर्रा उठे कुछ। वह स्वयं को कुछ भूल गया। दोनों एक-दूसरे को देखते रह गये। लोग भी उत्सुकता से नये ऊँट की ओर देख रहे हैं। मुसा धीरे-धीरे चलते हुए निकल गया। उसकी घोड़ी, उसके साथी सब चले गये। थोड़ी-थोड़ी बारिश होती रही। जमा हुई भीड़ बिखरने लगी। खेल जम नहीं पाया। इब्राहिम बेचैन हो गया। पैसे जमे नहीं ठीक से। फिर भी काला-कबरा बेचैन करने वाला कुछ तो, उसके बाद, सब पर फैला रहा।

बाद में, कुछ बोलना हुआ नहीं। वहीं, दूर न जाकर, एक पेड़ के नीचे वे बैठे रहे। जमूरे के लाए भजिए वह धीरे-धीरे खाती रही, पर प्रखरता से वह उसकी ओर देखती रही। उसका तीव्रता से देखना उसके लिए असह्य हो गया।

'क्या देखती माँ की...'

उसने उसे गुस्से में ढकेलने-सा, मारने-सा किया। भजिया मिट्टी में गिर गया। उसने उसे उठाया। वे बासी पदार्थ उसने तन्मयता से फूँककर साफ किए और फिर मुँह में डाल लिए।

'मारता काय कू?...मैंने क्या किया?'

सचमुच उसने कुछ नहीं किया। 'हालात' वैसे हो गये। जिंदगी का जादू ही वैसा हो गया। अतर्क्य। समझ में न आने वाली।

बेटे की शादी की परिणति जेल में होना और वहीं मृत्यु आना इन घटनाओं का कोई उचित अर्थ नहीं लगता। पर यह रांड, कहते हैं, तेरा साल की थी, तब मुसा की ओर देखकर हँसी थी। कहते हैं, उसके पिता ने उसे (और उसकी बिरादरी को) वचन भी दिया था। शादी यानी केवल शादी नहीं। शादी यानी लड़की अपने घराने की कुछ विद्या इधर लाए। इसके अन्तर्गत दामाद को कुछ नये प्रयोग भी सिखाए जाते हैं। बुजुर्गों की मान्यताओं से, बंद दरवाजे में। रस्म होती हैं, विधि होती हैं। दामाद अल्लाह का स्मरण कर उस्ताद के सामने अभ्यास करता है। उसे थोड़ा-सा

अन्न देते हैं। लिखित मामला कुछ नहीं। सब मुँह जबानी और स्मरण पर आधारित। नये प्रयोग और घराने की नई विद्या का अर्थ—बरकत। कमाई और जिंदगी को कुछ नई चमक। इसका पिता, मेहबूबनगर में पंचायत के सामने जब यह बखेड़ा पहुँचा, तो वचन देने वाली बात से मुकर गया। पंथीय भेद होने पर भी बेटी व्यवहार होता है। यह कुछ अलग बात है। मतलब चार शाखाओं में से एक, पर अलग। इब्राहिम के पिता ने इसके पिता को बहकाया यह आरोप। ऊपर से उसने पंथ भेद उपस्थित किया। बखेड़ा हुआ। वह वहीं मिटना था, मेहबूबनगर में, पंचायत के सामने। परन्तु, मामला पुलिस में गया। मार-पिटाई में कहते हैं, मुसा की आँख चली गयी। इब्राहिम का पिता जेल गया। पुलिस ने उसे छोड़ा ही नहीं। कच्ची कैद या ऐसा ही कुछ उसे हुआ। और भीतर ही मर गया। कैसे, मालूम ही नहीं हुआ। शादी हुई, इसके साथ, पंचायत के निर्णय के अनुसार। तबसे यह भटक रही है मेरे पीछे-पीछे। गाँव-गाँव। वंश की कड़ुवाहट सिद्ध करती हुई। उसने कुछ नये प्रयोग लाए, यह भी सच है। पर अब वे पुराने पड़ गये हैं। पर यह सच है, इसका कोई दोष नहीं। बैर बाकी रह गया है, पर वह भी जिंदगी का जादू है।

वह प्रखरता से देख रही है। ज्यों उसके मन की बात पढ़ रही हो। ये मुसा आ पहुँचा है। और उसके पास जादू का नया प्रयोग है। नया नुस्खा है। उसने अचानक पूछा—

'कितने पैसे मिले?...कित्ते जमा हो गये?'

उसका सवाल अप्रिय था। वह कुछ नहीं बोला। ऊपर से तब बारिश होती रही थी। लौटने के सिवा कोई चारा नहीं था।

बाद में, दो घराने वापसी की दिशा में लौट गये। वैसे वे लौट ही रहे थे। बरसात जल्दी शुरू हो गयी है। बरकत किसी की नहीं। खेल में मजा नहीं। लोग जमा नहीं होते। इस कंगाल गाँव में तो बिलकुल नहीं। फिर बेकार में रुकने का क्या फायदा? मिलकर, गले-मिलकर, विदा लेकर और आगे न सरकने की नसीहत देकर वे लौट गये। इब्राहिम ने रुकने का निर्णय लिया। देखेंगे, और राह देखेंगे। तहसील का छोटा-सा गाँव। वही रास्ता और वही बाजार। कुछ जमा नहीं हुए पैसे। बरकत बिलकुल नहीं। कद्र भी नहीं। वाह-वाह नहीं। दूसरा दिन और बाद में तीसरा दिन भी निकल गया। स्कूल एक ही बड़ा था। उसमें कार्यक्रम हुआ है। फिर-फिर कैसे होगा? तहसीलदार ने एक बार मौका दिया है। लोग ऊब गये हैं। डमरू बजाने पर कुछ लोग जमा होते हैं, यह सच है, पर पब्लिक अब पैसे नहीं डालती। और खेल में रंग नहीं जम पाता। कुछ तो नया चाहिए।

नयी जगह खोजते समय मुसा से भेंट हुई, बाजार में! इब्राहिम इधर से जा रहा था, मुसा खेल जमाने की—करतब दिखने की जगह ठीक कर रहा था। उनका ऊँट बँधा था। उसका घोड़ा, उसका सामान। सामान कुछ अधिक आकर्षक, रंगीन,

लोहे की कड़ियों में चमक अधिक है। फूलों के गुच्छ अधिक रंगीन हैं, अपनी तुलना में। कुछ नया सामान भी है। अपना सब पुराना हो गया है।

दोनों एक-दूसरे की आँख में आँख डालकर देखते रहे। स्तब्ध रहकर। बिना हँसे। बाद में इब्राहिम ने प्रथानुसार पंथीय आवाज ठोंकी 'पी ऽ र सा ऽ की बरकत!'

मुसा ने कहा, कुछ अधिक आत्म विश्वास से—

'मही ऽ सवार। गोगाबाबा की बरकत ऽ!'

(मही सवार : मछली पर बैठा हुआ। इसकी दरगाह पानी के पास नहीं। इमारत पर लेकिन मछली की आकृति दिखाते हैं। इसको माननेवालों का एक पंथ होता है।)

लौटते समय ये लोग पहले महीसवार की दरगाह जाते हैं। फिर मेहबूबनगर। इब्राहिम भी पीरसाहब की दरगाह को जाता। पर पहले कुछ कमा लें। कुछ जी लें। फिर कुछ नूतनीकरण की बात सोच सकेंगे।

दोनों चलते रहे, इब्राहिम और वह, मुसा के पास से, अपना सामान लेकर। उसने निःसंकोच उसकी ओर देखा। उसने भी देखा उसे कुछ कुतूहल से। कुछ भूतकाल से। अब कुछ दूर का स्थान चुनना चाहिए। पर वैसा ही हुआ। नया ऊँट देखने के लिए लोग मुसा के खेल की ओर गये। कुछ दुकानदार और कुछ तमाशबीन लोगों द्वारा इधर फेंके सिक्कों का जोड़ कुछ रुपये। फिर भी कुछ चिढ़कर, जी-तोड़ बांसुरी बजायी—डमरू बजाया। कबाड़ी ऊबा हुआ बैठा था, कुछ हँसकर, कुछ सहानुभूति से बोला—

'इब्राहिम!...कुछ नया लाओ!'

नया चाहिए पब्लिक को। नया चाहिए।

दो दिन उसके प्राणों को चैन नहीं। नींद नहीं। दो दिन तो वह बेचैन है। दो दिन कमाई नहीं केवल यही एक मुददा नहीं, क्योंकि इस प्रकार की स्वीकृत जिंदगी में ऐसे उतार-चढ़ाव आते ही हैं। पर खेल में मजा नहीं। तालियाँ नहीं बजतीं। कला को—विद्या को मान्यता नहीं मिलती। तरकीब गलत होते-होते बच जाती है। मुश्किल होती है। जादूगर की गलतियाँ शर्म की बात। ऐसे प्रसंग सामने आने लगे हैं। मुसा दिखाई देता है, नजरों के सामने। काला, कठोर, शायद एक आँखवाला। बैर अपनी ओर से नहीं। पर कहते हैं वह भीड़ खींच ले जाता है। उसका ऊँट नाच दिखाता है। उसके नये कबूतर के प्रयोग पर यहाँ की तमाशबीन पब्लिक खुश है बोले। स्वतः तो नहीं देखा, पर इधर भीड़ नहीं है। सब उधर जाते हैं। कहते हैं, उसका 'जमूरा' फिल्मी धुन पर नाच दिखाता है। पब्लिक यहाँ भी तालियाँ बजाती है। (इब्राहिम यहाँ तिरस्कार से थूकता है। ऐसी पेटार्थी विद्या मैं भी दिखा सकूँगा। पर ऐसा करना नहीं होता। 'हुंचा' के नियम हैं। जादू महान ऐसी गम्भीर बात है।) पर कुछ भी हो, मुसा भीड़ खींच रहा है। यहाँ कमाई नहीं होती। नया चाहिए, नया। दो दिन प्राणों को चैन नहीं। दुःख पर, अनिद्रा पर, सब पर, राहू के केंद्र से प्रसृत होने वाला काला-कबरा मटमैला जादू पसरता जा रहा है।

लोहार से कड़ियों की मरम्मत करवाते समय ही 'सहायक लड़का' जमूरा आया। वह कुछ बेचैन और घबराया था।

'क्या हो गया रे, माँ का—'

उसने हकीकत बयान की। उधर मुसा ने बड़ा आकर्षण पैदा किया है। उसके विषय चर्चा के होने लगे हैं। यह गया था तो उसे पीटकर भगा दिया। बोले, जासूसी करने आया है क्या। (एक जादूगर, दूसरे जादूगर का जादू नहीं देखता। यह नैतिक नहीं है। 'हुंचा' का यह नियम है। पर वैसे अपवाद है।) फिर इसने ऊँचे पेड़ पर चढ़कर मुसा का खेल देखा। ऊँट नाचता है। जमूरा 'औरत-सा' नाचता है। (यहाँ इब्राहिम उपहास से हँसता है, तिरस्कार से थूकता है।) पर मुख्य है, उसके खाली रूमाल से कबूतर निकालने के 'जादू' का बड़ा बोलबाला है। इत्र सुँघाता है कोई भी, यह भी एक करतब। ऐसा ही चलता रहा तो हमारा क्या होगा? 'जमूरे' की चिंता सही है। अब कमाई आने पर आ गयी है।

मरम्मत की हुई कड़ियाँ थैली में रखते-रखते वह प्रखरता से इब्राहिम की ओर देख रही थी, ज्यों उसके मन में कुछ है। और होंठों पर कोई गूढ़ मौन। उसे अकारण गुस्सा आया। उसे पीटने की मुद्रा में वह बोला—

'क्या देखती?...उसके साथ शादी होती तौ—' तो तुझे फांके खाने न पड़ते न, इतने? मजे में रहती। वह भीड़ खींचता जा रहा है। पैसा कमा रहा है। उसका सामान, उसके कपड़े—इन सबसे लगता है, उसका सब ठीक चल रहा है। अपने जैसा नहीं। यहाँ क्या है? केवल दुःख?...इसलिए तो नहीं देख रही न, इस तरह गौर से?

वह केवल कुछ हँसी। उसने ध्यान नहीं दिया। सोच में पड़ गयी। सामान ठीक से बाँधा। पीतल के गोले, लोहे की कड़ियाँ। मरम्मत की हुई कबूतर की पेटी (जो छह ओर से खुलती है।)

फिर कहा—

'ऐसा कायकू नै करते?'

'क्या?'

'कबूतर का खेल माँगते क्यों नहीं?'

'देगा वह?'

'देंगा!...दस्तूरन माँग सकते—दस्तूरन दे देंगा—'

'हुंचा' का नियम है। संकट समय जादूगर, जादूगर के सामने हाथ पसारता है। दूसरों के सामने नहीं। यह प्रसंग वैसा ही है। दिन भर की श्रम की परिणति कुछ आने?...दिनोंदिन सब कुछ बहुत मुश्किल होता जा रहा है।

मान्य है, गाँव वैसे तो गरीब-दरिद्र है। पर थोड़ा-बहुत जो शौकीन वर्ग है, वह उधर ही जा रहा है। कबूतर के खेल की चर्चा है बाजार में। साथ ही, 'इत्र' के खेल की भी चर्चा है। बाजार के दिन वही। भीड़ उधर ही। इधर कोई नहीं। उधर ऊँट

नाचता है। उधर नया प्रयोग है। उधर आश्चर्य है। बड़ा आश्चर्य है। इधर कुछ नहीं। जमूरे ने थोड़ा देखकर बताया है, पर इब्राहिम को समझ न पड़ता। कहाँ छिपाते होंगे। कबूतर? कोट की बांह में?...देखना चाहिए एक बार। देखने पर समझ में आ जाएगा। पर वह चौंककर, घबराकर बोली—

'नै...नै!...तू देख नै सक्ता!...वैसा उसूल नहीं—'

अनैतिक है वह। नियम बाह्य है। एक जादूगर दूसरे जादूगर के प्रयोग न देखे। गोपनीयता नहीं रह पाती। 'हुंचा' का नियम भंग किया तो विद्या छोड़ जाएगी, ऐसा' रेत का तूफान लौटाने वालों' ने कह रखा है। वैसे अपवाद हैं। संकट समय अपवाद हैं। एक बार कबूतर का खेल देखने का मौका मिले। अन्यथा, बाकायदा माँगा जाए—कीमत देकर। वैसे भी उसका 'रूट' अलग है, हमारा 'रूट' अलग है!...हम इधर से लौटेंगे। महीसवार वाले उधर से लौटेंगे। नुकसान किसी का नहीं।

बड़े साब आएँगे और तहसील के 'तंबू थियेटर' बंद हैं बारिश के दिनों में, इसलिए तहसीलदार ने मुसा का कार्यक्रम रखा है, 'रेस्ट हाउस' पर। रेस्ट हाउस दूर है, पर अधिकारी कर्मचारी जाएँगे। उनके बाल-बच्चे जाएँगे। वैसे भी दूसरा क्या मनोरंजन है यहाँ? इब्राहिम ने अपना कार्यक्रम रखवाने के लिए बिनती की थी। पर तहसीलदार के दिमाग में नया प्रयोग था। नाचनेवाला ऊँट। रूमाल से निकलनेवाला कबूतर, पुराने खेल क्यों दिखाना? उनमें अब दम बचा नहीं।

जीप से मुसा को और उसके जमूरे को बैठा कर ले गये। ऊँट दौड़ाते ले गये। घोड़े दौड़ाते गये। सामान जीप में ले गये मुसा का। कितनी चर्चा दोपहर से ही। बड़े साहब खुश होने चाहिए। इतने लोगों का (अधिकारियों का) भोजन भी उधर ही, रेस्ट हाउस में। विधायक भी आएँगे। निश्चित तीन-चार सौ इकट्ठा होंगे ही। बड़े साब, विधायक इनाम देंगे वो अलग से। मुसा करता है वे सारे प्रयोग मैं भी कर सकता हूँ।...कबूतर और इत्र का प्रयोग छोड़कर। पर उसे प्रचार और पैसा मिल रहा है। इब्राहिम को कुतूहल लगने लगा। पर उधर खुले आम जाना सम्भव नहीं।

बाजार के दिन भीड़ इकट्ठा होने पर भी अपेक्षित कमाई नहीं हुई। लोगों ने फुटकर सिक्के डाले। उसमें काफी सिक्के न चलने वाले थे। आज डमरू ठीक से नहीं बजा। बांसुरी बजाते समय गला सूख आया। पंथीय पुकार गँजी नहीं। बाकी प्रयोग ठीक हुए, पर ध्यान संध्या समय के मुसा के प्रयोग की ओर था। इनमें से कुछ पब्लिक उधर भी जाएगी।

लौटते समय दूर रेस्ट हाउस का पिछवाड़ा दिखाई दिया। पहले खेत, फिर बाड़, फिर इमारत। दीये दिखे, कुछ रोशनाई भी। कुछ जल्दी, भीड़ भी। चपरासियों का जल्दी में आना-जाना। इब्राहिम ने सामान जमूरे के पास और 'उसके' पास रखा।

'...लोग चलो आगे!...मैं आता हूँ!'

'नौ!...तू नहीं जा सक्ता!...नै देख सक्ता!'

'जा तू!...मैं देख नहीं रहा!'

उसने बड़ी कठोरता से उनको भेज दिया। स्वयं रेस्ट हाउस के पीछ आ गया, खेत के रास्ते से। आकाश से झरता हुआ, अन्तिम प्रकाश था, लाल-केसरी जादू चारों ओर फैला हुआ था।

तार से भीतर आते समय कुछ कमीज फट गयी। पर आसपास होश ही कहाँ था। कोई तंद्रा, कोई मोहिनी। कोई, कुछ काली जादू।

'क्या होना?'

'पानी!'

उसने चपरासी से कहा, फिर किसी ने ध्यान ही नहीं दिया। उसकी ओर। कितने ही कंगाल, फटेहाल लोग यहाँ-वहाँ फैले थे। उन्हीं में से यह कोई होगा। और यह कि उसने सिर पर सादा सफेद रूमाल लपेट रखा था। उसे किसी ने पहचाना नहीं।

बड़े साब और विधायक बैठे हैं आँगन में। दूसरे कौन-कौन हैं पास-पड़ोस में। तहसीलदार और नायब तहसीलदार, सभापति और ढेर सारे प्रतिष्ठित सरकारी 'कर्मचारी'। नौकर-चाकर। कुछ जनता भी। पब्लिक भी। प्रयोग शुरू हो गये। हम सबसे पीछे, रेस्ट हाउस के पीछे की इमारत से, दरवाजे की चौखट से पीठ किए चपरासी के सिर से देख रहे हैं, जादू के खेल की ओर। सब कुछ वही तो है। वही कड़ियाँ। वे ही धातु के गोले। वही जादू की छड़ी। खोपड़ी, नीबू, छुरी। सब वही। मैं उसूल तोड़ रहा हूँ। कानून तोड़ रहा हूँ। मैं चोरी से देख रहा हूँ। मुझे ये प्रयोग नहीं देखना चाहिए। 'हुंचा' का नियम नहीं तोड़ना चाहिए। वैसा किया तो विद्या निकल जाएगी। मंत्र याद नहीं आएँगे। हाथ की चालाकी सुझायी नहीं देगी। फजीहत होगी। उसका सारा शरीर पसीने से भीग गया। आँखों में प्राण सिमट आए। डर लगा कि वह देखे नहीं। यह तो शर्म की बात होगी। कोई पहचाने नहीं। वैसे अब यहाँ से सारा दिखाई नहीं देता और उसका वह खेल कबूतर का सबसे बाद में होगा। यह इधर पीठ किया मुसा। यह जमूरा। अब यह ऊँट नाच रहा है। डमरू बजाता है। तालियाँ बज रही हैं। हाथ का सिक्का गायब हो गया है। हँसी पैदा हो रही है। विधायक की टोपी से फूल बाहर आया है। बड़े बाबू आश्चर्यचकित हो रहे हैं। मैं विस्फारित आँखों से देख रहा हूँ। कबूतर उसने कहीं भी छिपाया हो, इत्र के रसायन की कुछ भी चालाकी हो, चोरी-छिपे नहीं देखना है। वैसा दस्तूर नहीं है। अपवाद जरूर है। प्रसंग अच्छा नहीं। समय कठोर है, पर यह अनैतिक है। मैं देख सकता नहीं।

इब्राहिम आगे अधिक देख नहीं सका। धड़धड़ाते दिल से, भयानक दबाव में, अल्लाह का स्मरण करता वह धीरे से पिछवाड़े से झट् से पिछले दरवाजे से बाहर निकल आया। वहाँ कोई नहीं। हर कोई जादू का प्रयोग देख रहा है। हम अपनी जिंदगी का ऐसा जादू हुआ देख रहे हैं। 'रेत का तूफान लौटाने वाले' से क्षमा माँगते वह फिर अचानक अँधेरे में दौड़ता रहा, खेतों से, रास्तों से, बेसुध-सा उसे उस गुनाह

से दूर जाना था। सर्वत्र अँधेरा है। राहू के केंद्र से प्रसृत होने वाला काला-कबरा जादू उस पर, उसके मन पर, दुःख पर व्याप्त हो गया है। रात उतर रही है।

दूसरे दिन जादू का खेल दिखाते समय उसे आत्मविश्वास न आता। किसी बात का डर लगता। डमरू जोर से न बजता। तब वह अचानक सामने आयी। वह डमरू बजाने लगी, किसी भीतरी सामर्थ्य से, किसी आंतरिक शक्ति से। उसका बजाया डमरू जोर से बजा। कुछ भीड़ इकट्ठी हुई। लोग उसकी ओर देखने लगे। तमाशबीन, बेकार, आवारा, भरपूर समय जिनके पास है। पर ठीक है, वही उद्देश्य भी है, भीड़ इकट्ठी करने का। उसने इस खेल में कुछ अधिक ही मदद की। बाद में खेल पूरा होने पर उसे बताया–

'कबूतर का खेल माँग के आ-जा ऽ! देख क्या बोलता है–'

उसके मन में यही था। वह नीचे बैठा। निःश्वास छोड़ा। राहू का मंत्र कहने लगा, स्वयं से, स्वयं को समझाने के लिए, कल रात जो हुआ उसे भूलने के लिए, 'ऐ ऽ काला-वाला, तेरा बोल-बाला ऽ, तूने सबको मार डाला ऽ, ऐ ऽ ताकतवर रहम कर!'

उसका कहना था कि तूने कबूतर का प्रयोग चोरी से देखा नहीं, तू थोड़ी देर था, तूने कोई धोखा नहीं किया, तूने नियम भंग नहीं किया, तूने 'हंचा' से माफी माँग ली है।' रेत का तूफान लौटाने' की क्षमा माँग ली है। फिर डर कैसा? तूने दस्तूर नहीं तोड़ा है, तू लौट आया है, भागते लौट आया है। तू अपराधी नहीं। तो भूल जा। भयभीत मत हो। और जाओ उसके पास और 'दस्तूरन-बाकायदा 'कबूतर का खेल' माँग ले उससे। क्या कहता है, देख। 'जादूगर, जादूगर की मदद करता है' हुँचा की यह उक्ति उसे बता। अल्लाह का वास्ता दे...कुछ न कुछ हो ही जाएगा? घबराता क्यों है!...में दम है न? मरद है तू ऽ!...डरो मत।

वह सुनता रहा। इस बार उसके उपदेश का उसे गुस्सा नहीं आया। थोड़ी देर पहले ही उसने उसकी चमक देखी थी।

वे रह रहे थे वहाँ गंदी धर्मशाला यानी उनका मैदान ही। भटकते लोगों के लिए अस्थायी निवास। चंद्रमा आधा है। मटमैला उदास प्रकाश नीम के पेड़ से उतरकर, झोंपड़ियों, तंबुओं, लंगड़े घोड़ों पर गिरा है। अन्न की गंध, धधकती आग, दारू की गंध, अगम्य, आदिम दुःखों का आख्यान। आक्षेप और आरोप। आक्रोश और शिकायत। सब पर राहू का काला जादू पसरा है।

इब्राहिम रहता है वहाँ से आगे के मैदान में श्मशान है। वैसे गाँव यहाँ से दूर ही है। उस मैदान में मुसा ने दरी बिछायी है। वहाँ आग का प्रकाश है, मतलब अलाव। ऊँट बाँधा है। घोड़ा बाँधा है। भौंकने वाला कुत्ता है। जवान भाई का पहरा है। नाच जमूरे का जागरण है। इब्राहिम आने वाला है, यह संदेश होने के कारण सारे लोग सतर्क हैं। पता नहीं किस मानसिक स्थिति में हैं। बखेड़ा-झगड़ा तो नहीं करेंगे? समय ही आ गया तो अपना छुरा भी है न पास। पर बैर अपनी ओर से नहीं।

अपनी मुलाकात कायदे से है।

इब्राहिम के पहुँचते ही कुत्ता भौंकने लगा और अचानक चुप हो गया। मुसा अलाव के पास बैठा रहा, हिला नहीं, केवल देखता रहा। उसका भाई भी सचेत हो देख रहा है। ऊँट की घंटी टुनटुनाती रहती है। चंद्रप्रकाश है।

'सलाम वालेकूम!'

'वालेकूम सलाम!'

'पी ऽ र सा ऽ का वास्ता-पी ऽ र सा ऽ की बरक ऽ त—'

'महीसवार-गोगाबाबा की बरक ऽ त!'

फिर शांति। इब्राहिम उकड़ूँ बैठा, अलाव की रोशनी में, मुसा की ओर देखते हुए।

'क्या है?'

उसने भौंकने-सा, बेअदबी से पूछा। इब्राहिम ने बताया। सब बताया। स्थिति भयावह है, जीना मुश्किल हो रहा है। सवाल बहुत विकट है। परिवर्तन जरूरी है। खेल में मजा नहीं। कमाई होती नहीं। नया चाहिए पब्लिक को। जादूगर का ऐसे समय दूसरे जादूगर के पास जाना 'हुंचा' के नियम के अनुसार ही है, उक्ति है।

'फिर?'

'कबूतर का खेल होना! कायदे से!...दस्तूरन!...'

ऐसा खेल माँग सकते हैं संकट के समय। अन्ततः माँग सकते हैं, विधिवत्। उसकी कसमें खा सकेंगे। कीमत तय की जा सकेगी। प्रथा के अनुसार सब कुछ किया जा सकेगा। पर यह खेल चाहिए। वैसे भी आपकी यात्रा दूसरे रास्ते से होगी, हमारी दूसरे। नुकसान किसी का भी नहीं होगा।

'क्या बोलता तू?'

मुसा को आश्चर्य हुआ होगा। वह काफी देर तक केवल देखता ही रह गया। फिर उसने भगा देने-सा कहा—

'कल आ ऽ ओ!...सोचता मैं—'

इब्राहिम उठा। कुत्ता भौंका। चाँद डूबा। अलाव भड़क उठा। इब्राहिम लौटा। जिंदगी का जादू गहरा हो गया। खेल में मजा नहीं। खेल में भीड़ नहीं। कबाड़ी सहानुभूति से हँसता है। कहता है कि कुछ नया लाओ। ऐसी बरसात में, भूखे-कंगाल, आवारा, खाली पड़े, व्यर्थ समय नष्ट करने वाले लोगों को नया चाहिए। पब्लिक को नया चाहिए। उधर देखिए, ऊँट नाचता है। कहते हैं, बड़े साहब ने तीन सौ रुपये इनाम में दिए हैं। बहुत गल्ला जमा हुआ है। इब्राहिम कुछ नया ला ऽ ओ। हुंचा' का नियम तोड़ा है लगभग! इसलिए अपने ऊपर शाप तो नहीं टूट पड़ा? जादूगर से जादू की विद्या निकल जाए तो बाकी कुछ नहीं बचता। केवल मौत बाकी, तब। वैसा हुआ है? यहाँ बाँसुरी ठीक से बजती नहीं। यहाँ डमरू जोर से बजता नहीं। शाप गहरा होकर राहू के केंद्र से प्रसृत होने वाले काले जादू में घुलकर अनिद्रा

पर पसर गया है। इससे मुक्ति?

'वह' अब बाँसुरी बजाती है। डमरू बजाती है। आवाजें देती है। मदद करती है। उसका कहना है, कुछ नहीं होंगा ऽ,—जा तू!...आखिरी का माँग। कायदे से माँग। दस्तूरन माँग सक्ते-दस्तूरन दे सक्ता। तय कर ले। वह कहती है।

अलाव धधक रहा है। कुत्ता भौंक रहा है। सतर्क जवान भाई चारों ओर रात का काला जादू। मुसा उसी तरह पुतले-सा जमीन पर बैठा, तनकर, उग्र, काला। इब्राहिम उसके सामने उकड़ूँ बैठा। अलाव का भभकता प्रकाश उसकी आँखों में। उसके चेहरे पर, आशा-निराशा पर। उसका कहना है, अब्बा तो मेरे मर गये जेल में। नुकसान तो हमारा हुआ। बैर हमारी ओर से नहीं। स्थिति अन्तिम मोड़ पर है। पुराने नुस्खे काम नहीं आ रहे। नये चाहिए। कबूतर का खेल दे दो दस्तूरन-कायदे से माँग रहा हूँ, कायदे से दे।

'फिर क्या बोलता?'

मुसा ने तिरस्कार से देखा। उसका जवान भाई यहाँ सांकेतिक हँसा। ज्यों अब क्या उत्तर होगा उसे मालूम है। ऊँट के गले की घंटी का टुनटुनाना बढ़ा। अँधेरा बढ़ा। रात बढ़ी।

'मैं क्या बोलूँ?'

'दस्तूरन!...उस बदले में—क्या बोलता?'

'बोलूँ?'

'हाँ! बोलो ऽ! सोचा होंगा ना!...मैं भी जादूगर हूँ—अल्लाह के वास्ते—'

'अँगुली होना!'

'क्या?'

'अँगुली-अँगुली!...हाथ की अँगुलियाँ चाहिए...!'

'अँगुली' का अर्थ नहीं मालूम? अरे, हाथ की अँगुली चाहिए, अँगुली। तू जहाँ, जिस फीरोज रंग की अँगुठियाँ पहनी हैं ना, वे अँगुलियाँ चाहिए। सच तो यह है कि एक ही अँगुली चाहिए। ज्यादा नहीं।

'अँगुली?...हाथ की अँगुली?'

'हौ ऽ...'

इब्राहिम को लगा, कोई मजाक होगा। वह हँसा। कुछ मजबूरी में बोला—

'ऐसा कैसा जी? अँगुली में तो हम हैं—'

अँगुली से तो डमरू बजता है, बाँसुरी बजती है। अँगुली से ही तो हाथ-सफाई के करतब होते हैं। अँगुली के कारण सिक्का गायब कर सकते हैं। कड़ी से कड़ी आरपार किया जा सकता है। सारी 'टिरिक' तो अँगुली की ही तो होती है न। तुम्हें यह बताने की आवश्यकता नहीं। तू भी जादूगर है। आद्य जादूगर दरवेश की सैलानी परम्परा चला रहा है तू। अँगुली कैसी दी जा सकेगी?

'कल आ ऽ ओ! सोच के आ ऽ ओ—'

खदेड़ देने-सा मुसा ने कहा, बाद में कहने जैसा कुछ रहा नहीं। शिकायती रात। दारू की गंध। इधर पेट की आग। इब्राहिम लौट आया।

फिर वही। कुछ भी न होना। रुक-रुककर बारिश का होना। भीड़ इकट्ठी न होना। कोई खास कार्यक्रम आयोजित न करना। पैसे न मिलना। उधर ऊँट का नाचना। उधर कबूतर का रूमाल में फड़फड़ाना। इत्र का महमहाना। इधर वही पुराने खेल। आना-दो आना, अधेली, रुपया, बहुत हुआ तो बेचैनी। अनिद्रा। नियम-भंग का डर, शाप का डर। उसका धीरज बँधाना। सबसे ऊपर राहू के केंद्र से प्रसृत होने वाला-व्याप्त रहने वाला अतर्क्य काला जादू।

अलाव की भभकती रोशनी। फिर-फिर भौंकने वाला कुत्ता। फिर बैठक। फिर इब्राहिम का उकड़ूँ बैठना मुसा के सामने। मुसा का निर्विकार, कठोर चेहरा।

'क्या बोलता मुसा?'

'मैंने कल बताया ही है!.. मंजूर?'

अँगुली कैसे दी जा सकती है? उस पर सारा पेट, सारा जीना, सारा अस्तित्व निर्भर है। 'हुंचा' के नियमों का पालन करते हुए, आदिम प्रेरणा से भटकते हुए, सैलानी दरवेश की तरह जीते हुए, गाँव-गाँव जादू के खेल दिखाते रहने की सारी राहू की शक्ति अँगुली में होती है। अँगुली जादूगर कैसे दे सकता है?

'देखो ऽ, पानी में डूबने वाला भी तीन बार ऊपर आता रहता—'

नियम ही है वह जीने का। अल्लाह का। राहू का मंत्र भी यही कहता है। 'हुंचा' की उक्ति भी यह कहती है। अँगुली कैसे दे सकेंगे?

'फिर?'

'दूसरा बोलो ऽ!...दो बा ऽ रे!'

'अँगुली नै तो जुबान दो!—'

'जीभ? जीभ काटकर देनी होगी?'

'जुबान?...ये मँ में की?'

'हौ! जुबान!—मंजूर?'

इब्राहिम आश्चर्य से देख रहा है। जीभ तो जादूगर का अस्तित्व। प्राण। बड़बड़ाना होता है। बोलना होता है। पब्लिक को आकर्षित करना होता है। निरंतर बातों में उलझाकर रखना पड़ता है। कदरदान-मेहरबान पब्लिक का मनोरंजन करना होता है। जो प्रेरणा, जो वाणी जादूगर की है, वह राहू का जादू ही है। मीठी जुबान, बड़बड़ाती जुबान राहू की शक्ति है।

'जु...बान, जुबान कैसे देंगे जी?'

पिछली पीढ़ी में एक ने जीभ काटकर दी है। नई बात नहीं है। मेहबूब नगर में पंचों के सामने यह घटना घटी है। 'अकरम बाश्शा' जादूगर था। तीसरी बोली में,

परवाह न करते हुए, बड़ी शान से उसने जुबान काटकर पंचायत के सामने फेंक दी थी। जुबान ही काटकर देने के कारण खास दस खेल उसे सिखाने पड़े, उस्ताद के पास के। बाद में, वह स्वयं चिल्लाया नहीं होगा, बड़बड़ाया नहीं होगा, 'जमूरा' बड़बड़ाया होगा, पर फिर भी वह शान से गर्व से जादू के प्रयोग करता रहा। उसने 'ऐं-ऐं-ओ ऽ' कहते हुए ऐसी भाषा ही विकसित कर ली, लोग 'गूंगा जादूगर' देखने आते। यह अनेकानेक आवाजें निकालकर जादू के प्रयोग करता है। यह एक दंतकथा बनकर रह गयी, उसके अभिमान की, उसकी आंतरिक शक्ति की। उसके बाद किसी ने जुबान काटकर नहीं माँगी, न ही किसी ने काटकर दी...। जुबान कैसे दे सकते हैं?

'अँगुली नै तो जुबान!...मंजूर?'

'ऐसे कैसे देंगे?'

'सोचो!...कल आ ऽ ओ...दो बार हो गया—दस्तूरन!'

नियमानुसार, कानूनन दो बार बोली हो चुकी है। महत्त्वपूर्ण लेना है तो महत्त्वपूर्ण देना होता है। विचार करो। अँगुली नै तो जुबान!...कल आओ, वैसे भी प्रस्ताव आपकी ओर से आया है। हुंचा के नियम हमें भी मालूम हैं। महीसवार की बर क ऽ त!...जा ऽ, कल आओ—

अलाव से उठती लपटें। हिलता, मंद होता, प्रखर होता प्रकाश। मन में थर्राहट। अँगुली नहीं तो जुबान! दूर की बेचैन काली होती रात।

फिर अनिद्रा, फिर-फिर शाप का डर। फिर प्राणों में थर्राहट 'हुंचा' का नियम ऐसा था कि, एक जादूगर ने दूसरे जादूगर का खेल 'सीख लेने के' उद्देश्य से चोरी से नहीं देखना चाहिए, मैंने लगभग वैसा किया है। अब? अब यह विद्या नष्ट होगी? फिर उसके बाद? मौत?...बेचैनी और डर। चिंता और अनिद्रा। दुःख और छटपटाहट। सब पर फैली राहू के केंद्र से प्रसृत होने वाला काला-कबरा मटमैला जादू। खेल दिखाते-दिखाते उसका हताश होना, बीच-बीच में स्वयं से ही हँसना और रोना। खेल खत्म होते ही नीचे धूल में बैठा रहना। अल्लाह-अल्लाह करना। नहीं तो राहू का मंत्र पढ़ना कि ए ऽ कालेवाले ऽ, तेरा बोलबाला ऽ, ए ऽ, तूने तो मेरे को मार डाला ऽ या पीरशाह का स्मरण करना, रोना।

'वह' देख रही है, उसके अनाम दुःख की ओर छटपटाहट की ओर, प्रखरता से। फिर अचानक उसका हाथ पकड़ लिया। किसी आंतरिक प्रेरणा से। सामर्थ्य से। किसी गूढ़ राहू की शक्ति से। वह शांति से बोली—

'रोता कायकू?...चल उसके पास जाएँगे—'

वह कुछ चकित हुआ, कुछ रुककर देखता है। जमूरा पैसे एकत्र करता है। आज एक मुड़ा-तुड़ा, फटा हुआ दो रुपये का नोट आया है। कबाड़ी वाला ऐसा नोट डेढ़ रुपये में लेता है। बाकी सारे पुराने सिक्के। उनमें से कुछ न चलने वाले। बाद में, अचानक, सारे पैसों पर, सारी मेहनत पर आकाश से छिड़काव की तरह पानी

बरसने लगा। भीड़ छँट रही है। अब जादू का खेल नहीं होगा। आकाश काला, भरा-भरा-सा, कबरा। राहू के जादू की तरह हो गया। इब्राहिम ऊपर देखता है, उसकी बीवी उसकी ओर, उसे देख रही है।

उसका, उसके पास जाना इब्राहिम को पसंद नहीं। पर उसका कहना है, वह जादूगर की बेटी है। पिता ने अन्तिम समय तक लड़ने की सीख दी है। हम पेट के लिए भिखारी नहीं हैं। केवल सैलानी नहीं हैं। हम आद्य जादूगरों की महान परम्परा का जतन करते हैं। हम नियमों से बँधे हुए हैं। नियम हमको मालूम हैं। नियम धर्म-ग्रंथों के हैं—हुंचा के हैं। डूबने वाला तीन बार ऊपर आता है। महत्त्वपूर्ण देना है तो महत्त्वपूर्ण माँगने का भी कायदा है। महत्त्वपूर्ण देने वाला अन्तिम महत्त्वपूर्ण देते समय प्रस्ताव देगा, यह भी नियम है। तीसरी बोली बाकी है अभी भी। चलो, उसके पास जाएँगे।

प्रत्येक बात का अन्त होता है। शाप मुक्ति होती है। मार्ग है...अल्लाह बहुत बड़ा है!

उसने उसे कुछ दूर बबूल के पेड़ के नीचे बिठाया। वह अन्यमनस्क, भयभीत-सा, विकल-सा बैठा रहा। दूर कहीं ऊँट दिखाई दे रहा है। धधकता अलाव, पर वह शांत बैठी है। मुसा का छोटा-सा तंबू दिख रहा है। वह उस दिशा में चलती रही। वह मिलने आएगी, यह जानकर मुसा चकित था। कुछ चिढ़ा हुआ भी था। भौंकने वाले कुत्ते, रात का अँधेरा। कुछ-कुछ जल-कण ऊपर से उतर रहे हैं। चारों ओर भीगा-भीगा और डबडबाया वातावरण। मुसा उसे तंबू में ले गया। वहाँ जादू का सामान रखा था कोने में। एक संदूक में। फैलाकर भी। लोहे की कड़ियाँ, पीतल के गोले, रस्सियाँ, तार, खोपड़ियाँ, काला थैला, छुरी, नीबू, महासवार की दरगाह का फोटो। बाहर बिजली चमक रही है। यह एक आँख वाला, कठोर, काला आदमी अपनी ओर देख रहा है। पिता का स्मरण उन्होंने दरवेश बन निकल जाने से पहले संघर्ष करना, लड़ना सिखाया था और इतनी बड़ी दुनिया में पति के साथ छोड़ दिया था जीने के लिए। अब नियमानुसार, कानूनन भटकते रहना है। पर संकट समय संघर्ष भी करना है। दूसरा स्मरण पीरशाह का—अल्लाह का। उसने ऊँची आवाज में पुकार लगाई—

'पीर ऽ सा ऽ का ऽ वास्ता!...बरक ऽ ऽ त!'

वह कुछ चौंका। पंथीय नियमानुसार सीने से हाथ लगाकर वह बोला,

'हौ जी! मही ऽ सवा ऽ र की बरक ऽ त!'

वह बैठी, नीचे जमीन पर। देखते, एकटक। जवान भाई सतर्क पहरेदार। कंदील है भीतर नया। नया कंदील। चमकने वाला, चमकाने वाला। उसकी आँखें चमक रही हैं। वैसे तो एक ही आँख। वह भी देख रही है। फिर बिजली कौंधती है बाहर। बाहर रात है। अँधेरा है। यहाँ कुछ प्रकाश और स्तब्धता।

'बोलो ऽ'

'कबूतर का खेल होना! दस्तूरन!'

'...मैंने बताया उसे!...अँगुली होना, नै तो जुबान होना!'

'मंजूर!'

'मंजूर?'

'हौ! मंजूर!...अँगुली अब मिलेगी!...छुरा लाया है...!'

मुसा आश्चर्य से देख रहा है। जवान भाई भी स्तब्ध। कैसा तो अनामिक भय दोनों को घेर लेता है, थोड़ा-सा। बाद में कुछ गुस्सा।

'नै ऽ!...तेरी अँगुली नै होना ऽ'

'अभी मिलेगी!...मैं तैयार हूँ–'

'नै!...तेरी नहीं–'

'फिर जुबान?...जीभ काटकर दूँ?'

जीभ कहोगे तो जीभ मिलेगी अब, तुरन्त। अभी जीभ काटकर मुँह पर मारती हूँ। है क्या बहुत बड़ी चीज? प्रस्ताव है हमारा। अन्तिम माँगने का अधिकार आपका। अन्तिम रूप से देते समय, देने वाले का अधिकार...मंजूर?

'मंजूर?'

उसका स्थिर, संपूर्णता में दिखना। उसका प्रकट होने वाला निश्चय। उसका आविर्भाव। वह भयभीत होता रहा।

'नै!...तुम्हारी जीभ नहीं चाहिए!...कानूनन दो बार बोली बोला मैं!...नहीं, जीभ चाहिए, पर तेरी नहीं!–'

उसने गहरी साँस ली। ज्यों यह अब अन्तिम, आखिरी युक्तिवाद, ज्यों अन्तिम फैसला। डूबने वाले का सिर दो बार ऊपर आया है। अब तीसरा मौका। 'हंचा' के नियम हैं। तीसरे बोली के। और यह अन्तिम अधिकार इधर से होता है, मरने वाले का। हाथ फैलाना यानी मौत ही। याचना की है। मौत हुई है। अब तीसरा प्रस्ताव हमारा फिर गहरी साँस। सारी शुभ शक्तियों का स्मरण। जादू की दुनिया के सभी आद्य शक्तियों का स्मरण। और जादू की कसम। क्योंकि वही जीने का कारण। जीने की एकमेव प्रेरणा। इसलिए जादू का स्मरण। जाहिर है, अल्लाह का भी!

'देख!...तूने अँगुली बोला!...मैं देने को तैयार! तू नामंजूर बोलता!...मैं जुबान काट के देती अब्बी। मैं तैयार। तू न बोलता! अब हमारे पास क्या है?...जो लेना सो ले लो ऽ ऽ–'

उसका संकेत उस तक पहुँच गया था। वह भौचक होकर देख रहा था।

...अरे, देख क्या रहा है ऐसे? सारा तो तर्क से बँधा है। नियम से साधा है। मान्य है, तुम्हारी अन्तिम बात हमने माँगी। (क्योंकि माँग सकते हैं, दस्तूरन) मान्य है, तुम्हारा सर्वोत्तम खेल हमने माँगा है। उसकी गोपनीयता माँगी है। (पहले

गोपनीयता के बदले में कहते हैं, सिर माँगते थे।) तूने पहली बोली में अँगुली तो जादूगर का सर्वस्व। उसके बिना वह प्रयोग कैसे करेगा? खेल कैसे दिखाएगा? तूने दूसरं बोली में जुबान माँगी गोपनीयता के बदले में। जादूगर की वही तो उपासना होती है। वही (जीभ) तो शक्ति उसकी। वही तूने माँग ली। अब मैं उन दोनों चीजों को देने के लिए कबूल हूँ, तो तुझे नामंजूर। फिर तीसरी बोली हमारी। कानूनन। अधिकार से। अब मैं दोनों ही नकार के बदले सर्वस्व देने को तैयार हूँ। नैतिकता के सामने, मूल्यों के सामने वह चीज भी तुच्छ ही है, श्रेष्ठ होने के बावजूद। क्योंकि उसके बाद सिर्फ बाकी रह जाते हैं प्राण ही। तो बताओ फिर, मंजूर?...जो ले ना सो ले लौ...देखता क्या है अचरज से?

धीरे-धीरे उसे गुस्सा आया। अपमान होने-सा लगा।

'ये खराब काम मैं नै करूँगा!...मुझे तुम्हारी चाल समझ में नहीं आती?... मतलब शाप मुझ पर पड़ेगा!...नामंजूर!'

'तेरे भाई को बोल!...वो जवान है—'

'मेरा भाई ये खराब काम नहीं करेगा—'

'नामंजूर?'

'नामंजूर!'

उसने निःश्वास छोड़ा, उसने गहरी साँस ली। सब कुछ समाप्त। सारा विवाद, युक्तिवाद, तर्क, नियम-कानून, उसूल-कायदा, सब समाप्त। एक तो हुनर (अँगुली!) माँगा। दूसरी अभिव्यक्ति माँगी (जुबान!) दोनों सम्भव नहीं था इसलिए शील देने की तैयारी दिखाई। वह भी नामंजूर होगा तो उसूलन-कानूनन अब बाकी कुछ नहीं बचता। कुछ बचता नहीं। अब केवल मरना-मारना बच जाता है। आखिरी मुकाम वही...अन्तिम पड़ावं, अन्तिम छलाँग, अन्तिम बस्ती, अन्तिम निर्णय यही अब। दूसरा रास्ता नहीं। अब प्रारम्भ। यही, अन्त यही। उसने फिर आह भरी। उसने फिर सबका, सबका स्मरण किया। फिर गहरी साँस भरी। कहा—

'ए ऽ कालावाला के राहगीर...अरे राहू के उपासक...मैं अँगुली देती...तू नै बोला...मैं जुबान काटकर देती...तू नै बोला! मैं इज्जत देती...तू नै बोला!...हौर हमको कबूतर का खेल होना!...अब तू रहेंगा या मैं—'

उसने थैली से अचानक छुरा निकाला। वह खड़ी ही हो गयी अचानक। अब या तो तू रहेगा या मैं। अब मरना-मारना इतना ही रह गया है। क्योंकि उसके पार तर्क जाता ही नहीं। सारा युक्तिवाद यहाँ समाप्त हो गया। सारे कायदे-कानून, सारे दस्तूर, सारे नियम यहाँ समाप्त हुए। इज्जत के मुद्दे पर। उसके भी पार मूल्य है। जादू है। (और जादू महान-सी बात है।) उसकी तुलना में अँगुली, जुबान और इज्जत कुछ भी नहीं। वे चीजें तो मैं फेंक देने को तैयार हूँ न। पर तुम ना कह रहे हो, तो अब रास्ता ही बंद हो गया। यही रास्ता अब। या तो तू नहीं तो मैं! मारना या मरना!...राहू के

जीवन का जादू किसी की समझ में नहीं आया, समझ में आएगा भी नहीं। हो गया बेड़ा पा ऽ र। आ गयी मंजिल! अब अन्तिम, आखिरी मुद्दा। जीना या मारना...तो वो भी मंज़ूर!...पीर सा ऽ का वास्ता ऽ...पीर सा ऽ की बरक ऽ त-ए ऽ कालावाला ऽ, तेरा बोलवाला ऽ...

मुसा और उसका भाई हिला नहीं। ज्यों उनकी शक्ति ही किसी ने निकाल ली हो। वे आश्चर्य से उसकी ओर, उसके हाथ के छुरे की ओर देखते रहे। उस निर्णय का, उस आविर्भाव का अर्थ उन तक पहुँचता नहीं। पर एक आसमानी भय उन्हें महसूस हो रहा है, व्याप्त हो रहा है। वे अविश्वास से देखते हैं। वे नहीं समझ पाए। छुरा चमकता है, उसके हाथ का।

बाहर अलाव भभका, बुझ गया। बाहर कुत्ता भौंका। बाहर ऊँट बेचैन हो गया। बाहर अँधेरा फैल गया। बिजली चमकी। तंबू पर, लंगड़े घोड़े पर बारिश होने लगी। दूर-दूर के बेचैन इब्राहिम की चिंता पर, अँधेरे पर, बबूल के पेड़ पर, दस्तूरन की गयी माँग पर, कायदा और नियमों पर, सब पर फिर, राहू के केंद्र से प्रसृत होने वाला काला-कबरा-मटमैला जादू फैल रहा है।

सैलानी जादूगर अब वापस जाएँगे। महीसवार वाले उधर से। पीरशाहवाले इधर से। तयशुदा रास्ते से वर्ष-वर्षों से यात्राएँ। स्थलांतर और प्रवास होता रहेगा।

इब्राहिम तंबू की ओर देखता है, देखता रहता है। उसे कोई जादू महसूस हो रहा है। अपने अगम्य तंतुमय जाल में घेर रहा है। वह राह देख रहा है। रात बढ़ती जा रही है।

लेखक की टिप्पणी : विशेष देना हो तो विशेष माँगने की प्राचीन परम्परा है। धनुर्विद्या के बदले अँगूठा माँगने की कथा इस परम्परा को रेखांकित करती है। प्राण रक्षा की या अभयदान की बोली पर उनके लग्न-सम्बन्ध करने के उदाहरण हैं। देने और लेने की संधि पर मानवीय परस्पर सम्बन्धों की परम्परा खड़ी हुई होगी। अमुक किसी रानी के मुख-दर्शन की शर्त पर सर्वनाश न करने का आश्वासन और इधर से भी फिर मुख-दर्शन का आयोजन। सर्वस्व यदि चाहिए तो सर्वस्व माँगना होता है। वह देना सम्भव न हो तो अन्तिमतः या देकर भी उपयोगी न होगा तो अन्तिमतः मारना या मरना। उधर जौहर और इधर केसरिया। इतिहास ने राजा-रजवाड़ों की आदिम परम्पराओं के ऐसे संघर्षों को कलमबद्ध किया, परन्तु, सामान्य आदमी के इस स्तर के संघर्ष हमें कभी नहीं दिखे।

❑❑❑